KB262238

국어학 개론

국어학 개론

김 태 엽

도서출판 역락

| 머리말

　우리는 국어로 생각하고 국어로 표현한다. 국어로 생각한다는 것은 우리의 정신세계와 사고방식이 국어에 담겨져 있다는 말이고, 국어로 표현한다는 것은 우리의 사상과 느낌이 국어에 의해 전개된다는 말이다. 따라서 국어에 대한 연구는 우리의 정신을 탐구하고 우리 문화의 바탕을 찾는 일이다.

　국어를 연구 대상으로 하는 국어학의 과제는 국어의 구조 체계와 그 변화 과정을 정밀하게 분석·기술하고 설명하는 것이 중심을 이루며, 이러한 과제를 성실하게 풀어나가는 일은 곧 우리 겨레의 정체성을 계승·발전시키는 길이 된다. 이런 점에서 국어학 연구는 하나의 개별 언어학을 단순하게 연구하는 데 머물지 않고, 우리로 하여금 겨레정신의 어제·오늘·내일을 생각하게 하는 소중한 사명인 것이다.

　이 책은 중등학교 임용고시를 준비하는 학생들이 국어학의 기본적인 내용을 이해하고, 나아가 '문법' 시험에 대비할 수 있게 엮어졌다. 제7차 교육 과정에서 '문법'과 '국어 지식' 영역의 내용 체계는 음운, 낱말, 어휘, 문장, 의미, 담화 등이 핵심을 이룬다. 따라서 이 책의 중심 내용은 '문법'과 '국어 지식' 영역의 모든 내용 체계를 차례대로 살펴보는 방법을 취하고, 각 장의 마지막 부분에 연습문제를 덧붙여서 학생들이 반드시 알아야 할 학습 내용을 다시 정리함으로써 심화 학습이 이루어지도록 하였다.

　'문법'과 '국어 지식' 영역의 내용 체계 중에서 현실적으로 주목을 받는 중요한 내용이 담화이다. 우리의 일상적인 국어생활에서 주고받는 대

화가 곧 담화임에도 불구하고, 담화에 대한 학습 내용을 충실하게 담은
국어학 분야의 학습 교재는 찾아보기 쉽지 않다. 이 책에서는 국어의 음
운, 낱말, 어휘, 문장, 의미, 담화 등을 균형 있게 다루었지만, 그 중에서
도 문장과 담화에 대한 기본적인 학습 내용을 충실하게 채우기 위해 더욱
관심을 기울였다. 그리고 담화가, 국어과의 하위 영역에 포함되는 듣기,
말하기, 읽기, 쓰기, 문학 등과 무관하지 않은 점에 주목하여 각 영역의
목표를 중심으로 담화와의 관련성을 간단하게 살폈다.

　이 책의 원고를 작성하는 과정에 많은 국어학 관련 저서와 논문을 참
고하고 또 중요한 내용은 그대로 옮기는 경우도 있었다. 이 자리를 빌려
저자들께 고마운 인사를 드린다. 그리고 부족한 내용의 원고를 한 권의
책으로 만들어 주신 도서출판 역락의 편집진 여러분께도 감사의 마음을
전한다.

2007. 12.

김 태 엽

제 1 장 **언어와 국어** ___ 11

　1. 인간과 언어 ·· 11
　2. 언어의 개념과 성격 ·· 13
　3. 국어와 한국어 ·· 15
　4. 국어의 특질 ·· 16
　5. 국어의 연구 방법 ·· 20

제 2 장 **음운** ___ 25

　1. 음향과 음성 ·· 25
　2. 음성과 음운 ·· 26
　3. 음운의 발견 절차 ·· 28
　4. 음소와 이음 ·· 30
　5. 국어의 음운 체계 ·· 32
　6. 음운의 변이와 음운 규칙 ···································· 40
　7. 음운 현상 ·· 46

제 3 장 **낱말** ___ 59

　1. 낱말과 형태소 ·· 59
　2. 형태소와 이형태 ·· 61
　3. 형태소의 분석과 유형 ·· 65
　4. 낱말의 구조와 정립 기준 ···································· 68
　5. 낱말의 짜임새 ·· 72
　6. 낱말의 갈래 ·· 83
　7. 활용과 곡용 ·· 91

제4장 **어휘** ___ 103

   1. 어휘소와 어휘 ·· 103

   2. 어휘의 특징 ·· 104

   3. 어휘의 양상 ·· 105

   4. 어휘의 체계 ·· 122

제5장 **문장** ___ 133

   1. 문장의 구성 ·· 133

   2. 문장의 생성과 변형 ·································· 134

   3. 문장의 성분 ·· 136

   4. 문장의 유형 ·· 156

   5. 문장의 구조 ·· 159

   6. 문법 범주 ··· 172

제6장 **의미** ___ 201

   1. 의미와 의미관 ·· 201

   2. 의미의 유형 ·· 205

   3. 의미소와 의미 분석 ·································· 208

   4. 의미 대립과 의미 관계 ···························· 212

   5. 문장 의미 ··· 221

   6. 발화 의미 ··· 226

제7장 담화 ___ 235

    1. 담화의 개념 ·· 236

    2. 담화의 기능과 유형 ··· 238

    3. 담화의 구성요소 ··· 239

    4. 담화성 ··· 240

    5. 담화의 표현 ·· 245

    6. 담화의 구조 ·· 248

    7. 담화 표지 ·· 260

    8. 담화와 국어과의 하위 영역 ···························· 262

제8장 국어의 변화 ___ 271

    1. 국어사의 시대 구분 ··· 272

    2. 차자 표기 ·· 274

    3. 훈민정음 ·· 275

    4. 음운의 변화 ·· 281

    5. 문법의 변화 ·· 284

    6. 어휘 / 의미의 변화 ··· 297

    7. 표기의 변화 ·· 299

제1장 **언어와 국어**

1. 인간과 언어

　인간은 언어적 동물이다. 인간에게 붙여진 여러 가지 학명이 있지만, 우리의 관심은 인간이 언어적 존재라는 사실에 있다. 다른 동물의 경우에도 그 동물들 사이에 의사소통을 위한 어떤 수단이 있는 것으로 알려져 있으나, 이것은 인간이 사용하는 언어와 같이 구조적인 체계를 가진 것으로 볼 수 없다. 그리고 언어가 흔히 인간의 생각이나 느낌을 전달하는 도구의 하나로 인식되고 있지만, 실제 언어는 수단인 동시에 목적 그 자체이기도 하다. 따라서 언어에 담겨진 내용이 곧 인간의 사상이요 생각이다.

　이 세상에서 인간이 체계적인 언어를 사용하고 있는 유일한 존재라는 것은, 인간만이 고차적인 사고 기능을 가지고 있음으로써 높은 수준의 문화를 창조하는 주체자임을 말해 준다. 인간이 가진 고도의 사고 기능과 언어 사용 기능은 서로 표리 관계에 있다. 즉 인간이 가진 고도의 사고력은 언어의 사용을 통해 실현되며, 한편으로 논리적이고 체계적인 언어의 사용은 인간의 사고 능력을 더욱 확대하고 심화하게 되는 것이다. 인간의 언어 기능과 사고 기능이 차츰 발달하여 오늘날과 같이 빛나는 문화를 창조하고 계승하게 되었다. 실제로 인간이 다른 동물과 달리 오늘날과 같은 높은 수준의 문화생활을 영위할 수 있게 된 사실은, 주로 인간의 언어 기능과 사고 기능에 의해 이루어졌음을 누구도 부인하기 어려울 것이다.

이렇게 인간의 언어는 인류 문화 창달에 결정적으로 이바지해 왔다. 이러한 언어가 매우 조직적인 구조체계를 가지고 있음에도 불구하고, 인간은 누구나 3~4세 정도의 어린 나이에 그가 사는 사회에서 사용되는 언어를 쉽게 습득하게 된다. 인간은 그의 언어 능력을 후천적인 경험에 의해 터득한다기보다 선천적으로 가지고 태어난다고 보기 때문에, 인간은 아주 어릴 때 언어를 쉽게 습득할 수 있다고 한다. 인간이면 누구든지 어린 나이에, 그리고 짧은 기간에 습득한 언어를 통해 원만한 사회생활을 수행하고, 나아가 그들 나름의 독특한 문화를 형성한다. 따라서 언어는 인류가 형성한 문화의 중심에 있는 핵이라 말할 수 있다.

우리 인간은 잠시도 언어와 떨어져 살 수 없다. '하루의 삶은 언어로부터 시작하여 언어로 끝난다 하여도 지나치지 않다.'는 말은 곧 언어를 통해 인간의 삶을 영위해 간다는 뜻인데, 올바른 언어의 사용이야말로 건전한 삶의 지표가 되는 것이다. 그리고 언어에는 그 언어를 사용하는 사람의 정신과 개성이 반영된다. 한 사람의 글이나 말은 그 사람이 가진 사고방식과 가치가 잘 드러난다. 따라서 우리는 모두 자신의 건전하고 성실한 언어생활을 위해 언어를 소중하게 여기고 바르게 사용할 수 있도록 각별한 관심을 가져야 할 것이다.

2. 언어의 개념과 성격

언어는 흔히 '자의적인 음성기호의 체계' 또는 '관습적인 음성기호의 체계'로 정의한다. 전자가 언어에 대한 공시적 관점의 정의라면 후자는 통시적 관점의 정의라 할 수 있다. 우리가 지금 사용하고 있는 언어는 일시에 만들어진 것이 아니고, 긴 시간의 변화 과정을 거치면서 조상 대대로 사용해 온 것이다.

언어가 가진 중요한 속성의 하나가 '자의성(arbitrariness)'이다. 이것은 구조주의 언어학의 창시자인 소쉬르(Saussure)가 언어의 양면성을 '랑그(langue)'와 '빠롤(parole)'로 구분하고, '랑그'를 다시 '시니피앙(signifiant, 음성형태)'과 '시니피에(signifie, 의미)'로 나누어 이 둘의 관계를 자의적이라 규정한 이후, 자의성은 언어 기호의 형식과 내용 사이에 상관성이 없다는 뜻으로 널리 인식되고 있다.

언어의 자의성에 대한 인식은 구조주의 언어학과 변형생성주의 언어학이 중심이 되는 자율언어학에서 적절한 개념으로 받아들여지고 있다. 하지만 최근에 관심을 끌고 있는 인지언어학[1]에서는 언어 기호의 형식과 내용 사이에 유연적인 관계를 가지고 있는 것으로 파악하기도 한다. 언어의 자의성을 주장하는 자율언어학에서는 언어 기호의 형식과 의미 사이에 유연적인 관계가 없는 것으로 파악하지만, 인지언어학에서는 언어 기호의 형식과 의미 사이에 유연적인 관계가 있는 것으로 파악하고 있다. 언어 기호의 형식과 내용 사이의 유연적인 관계를 인지언어학에서는 '도상성(iconicity)'이라 한다. 따라서 인지언어학에서 언어 기호의 형식과 내용 사이의 관계를 나타내는 도상성은 자의성과 의미적으로 대조가 된다.

이를테면 '나무', '하늘', '땅' 등과 같은 낱말은 이 언어 기호의 형식과

---

1) 인지언어학에 대해서는 임지룡(1997), 김종도(1999) 등을 참조.

내용 사이에 유연적인 관계를 가지고 있지 않으나, '해바라기', '뻐꾸기', '개구리' 등과 같은 낱말의 언어 기호는 이 언어 기호의 형식과 내용 사이에 유연적인 관계를 가지고 있다. 따라서 지금 우리가 사용하고 있는 낱말들의 대부분은 자의성을 가진 것으로 볼 수 있으나, 부분적으로 도상성을 가지고 있는 낱말도 있다는 사실을 알아둘 필요가 있다. 이러한 사실은 언어 기호의 형식과 내용 사이의 관계가 자의적인 경우도 있고 도상적인 경우도 있음을 보여준다.

한편 언어는 하나의 사회적 약속과 같은 성격을 지닌다. 언어가 가진 이런 성격으로 말미암아 어느 한두 사람에 의해 널리 사용되는 언어를 갑자기 바꿀 수가 없다. 그리고 언어에는 그 사회의 여러 가지 측면이 종합적으로 반영된다. 즉 건강하고 안정되어 있는 사회의 언어는 혼탁하고 어지러운 사회의 언어에 비해 더 세련되고 건전하다. 이런 언어의 성격을 언어의 사회성이라고 말한다. 하지만 언어가 사회성을 가지고 있다고 하여, 언어가 언제나 고정되어 있는 불변의 존재는 아니다. 시대가 변함에 따라 언어도 천천히 변화한다. 언어의 형태가 변화하기도 하고 언어의 의미가 변화하기도 하며, 또 어떤 경우에는 언어의 형태와 의미가 동시에 변화하기도 한다. 이를테면 15세기 국어의 '여름', '어리다'가 현대 국어에서 각각 '열매', '어리석다'로 바뀐 것을 보면, 시대의 변화에 따라 언어가 상당히 많이 변화한다는 사실을 확인할 수 있다. 이와 같이 시대의 흐름에 따라 변화하는 언어의 속성을 언어의 역사성이라고 말한다.

어떤 언어이든 보편적인 공통 속성을 가지기도 하지만, 개별적인 언어마다 독특한 특성을 가지기도 한다. 앞에서 살펴본 언어의 자의성과 도상성, 그리고 언어의 사회성과 역사성 등은 모든 언어가 공통적으로 가진 언어의 보편성이라 할 수 있다. 따라서 국어는 이러한 언어의 보편성을 가지고 있으면서 한편으로 국어만의 개별성(특수성)을 가지고 있다.

3. 국어와 한국어

국어는 주권을 가진 국가에서 공식적으로 인정되며 그 국가 안에서 널리 통용되는 언어를 말한다. 그러므로 주권이 없는 국가에서는 국어라는 용어가 성립되지 않는다. 과거 일본이 우리나라를 강점한 시기에 우리말을 국어라 부르지 못한 뼈아픈 역사적 사실은 우리에게 나라와 국어에 대한 중요성을 다시 한 번 일깨워 준다. 이런 측면에서 보면 국어는 국가를 배경으로 하는 절대적인 가치를 지닌다고 할 수 있다. 따라서 주권을 가진 국가에서는 저마다 그 나라의 공인된 국어가 있는 것이 보통이다. 하지만 한 국가에는 반드시 한 개의 언어만 공인되는 것은 아니고, 스위스와 같이 한 국가에서 두 개 이상의 언어가 공인되어 사용되는 경우도 있다.

한편 한국어라고 할 경우에는 우리나라에서 지금 공인되어 널리 사용되고 있는 표준어와 각 지방의 방언, 그리고 옛날에 사용된 고어는 물론이고, 해외의 한국 동포들이 사용하는 우리말을 모두 포괄한다. 국어라고 할 때는 주로 표준어를 가리키는 것이 보통인데, 한국어라고 할 때는 표준어를 비롯하여 방언, 고어, 해외 동포들의 우리말 등을 모두 가리킨다. 따라서 한국어는 국어보다 그 범위가 넓다고 할 수 있다. 그리고 한국어는 국어와 달리 주권을 가진 국가를 배경으로 하지 않더라도 성립되는 용어이다. 따라서 한국어는 한국 사람들이 두루 사용하는 말을 포괄적으로 부르는 용어이다.

오늘날 세계화라는 미명하에 우리말과 우리글을 대수롭지 않게 함부로 생각하는 사람들이 많다. 하지만 우리가 국가의 주권을 지켜야 함은 물론이고 우리 겨레의 혼과 역사, 그리고 전통과 문화를 간직하고 있는 우리말과 우리글을 온전하고 품위 있게 유지하고 발전시켜야 하는 우리들의 시대적 사명감을 잊어서는 안 될 것이다.

또 국어가 절대적 가치를 가진 용어로 사용되는 반면, 한국어는 상대적 가치를 가진 용어로 사용된다. 국어는 나라 안에서 주로 사용되지만, 한국어는 나라 안과 나라 밖에서 두루 사용되는 용어이다. 그래서 흔히 한국어라고 할 때는 영어, 일본어, 중국어, 독일어, 프랑스어, 이탈리아어 등과 상대적으로 구별되는 언어라는 뜻으로 사용된다.

4. 국어의 특질

국어는 언어 일반의 보편성을 가지면서 한편으로는 다른 언어와 구별되는 독자적인 특징, 즉 개별성을 가지고 있다. 여기에서는 국어가 가지고 있는 개별적인 특징을 음운, 문법, 어휘 등으로 나누어 살펴보기로 한다.

(1) 음운적 특질

첫째, 국어에 상관을 이루는 자음이 많이 존재한다. /ㄱ/과 /ㄲ/, /ㄷ/과 /ㄸ/, /ㅂ/과 /ㅃ/, /ㅈ/과 /ㅉ/ 등의 각각은 켕김(성문폐쇄)의 유무에 따라 대립하며, 동시에 이들은 모두 비례대립의 관계를 가지고 있어서 상관[2]을 이룬다. 그리고 /ㄱ/과 /ㅋ/, /ㄷ/과 /ㅌ/, /ㅂ/과 /ㅍ/, /ㅈ/과 /ㅊ/ 등의 각각은 거센소리(유기성)의 유무에 따라 대립하며, 동시에 이들은 비례대립의 관계를 가지고 있어서 역시 상관을 이룬다.

둘째, 문장 끝에 놓이는 억양에 따라 문장의 종류가 결정되는 경우가 있다. 국어의 마침법은 주로 문장 끝에 결합하는 종결어미의 형태에 의해 결정된다. 하지만 국어의 종결어미 중에서 '-어', '-지', '-으오' 등과 같은 문법 형태가 문장의 끝에 결합한 경우에는, 그 종결어미의 형태에

---

2) '상관'에 대해서는 허웅(1984)을 참조.

의해 마침법의 하위 영역이 결정되지 않고 그 형태에 얹히는 억양에 의해 마침법이 결정된다. 이와 같이 서술어에 결합하는 종결어미의 형태에 얹히는 억양에 따라 마침법이 결정되는 현상은, 국어가 가지고 있는 언어유형론적 특징이라 할 수 있다.[3]

셋째, 국어의 음운은 비교적 제약이 많다. 우선 어두의 음운 제약을 들 수 있다. 이를테면 'ㄴ'과 'ㄹ'이 어두에서 제약을 받는데, '녀자→여자', '닉명→익명', '로인→노인', '력사→역사' 등의 보기에서 음운의 어두 제약을 볼 수 있다. 또 어말의 음운 제약도 있다. 이를테면 '낫[낟]', '잎[입]', '부엌[부억]' 등과 같이 음절 끝의 위치에서 음성적으로 중화되어 실현된다.

(2) 문법적 특질[4]

첫째, 국어의 낱말은 교착적인 방법으로 형성되는 경향이 많다. 다시 말하면 어근에 접사나 어미가 결합하여 새로운 낱말을 형성한다는 것이다. 이러한 보기로 '짓밟았더라', '높이', '맏며느리' 등을 들 수 있다. 동사 '짓밟았더라'는 어근 '밟-'의 앞에는 접두사 '짓-'이 결합하였고, 뒤에는 '-았-, -더-, -라' 등의 어미가 결합하였다. 명사 '높이'는 본디 형용사의 어근 '높-' 뒤에 파생접미사 '-이'가 결합하여 명사로 바뀐 낱말이다. 그리고 명사 '맏며느리'는 어근 '며느리' 앞에 접두사 '맏-'이 결합하여 새로운 낱말이 형성되었다. 이렇게 국어의 낱말은 어근에 접사나 어미가 결합하여 형성된 경우가 많은 특징을 가지고 있다. 국어의 낱말 형성에서 이러한 교착성이 곧 국어의 언어유형론적 특징이라 할 수 있다. 따라서 국어를 교착어라 한다.

---

3) 권재일(2002, 2004)을 참조.
4) 남기심·고영근(2002)을 참조.

둘째, 국어의 문장은 '주어+목적어+서술어'의 어순으로 문장 성분들이 배열되는 것이 기본적이다. 하지만 담화에서 위와 같은 어순의 배열순서가 서로 바뀌는 경우가 있는데, 이런 문장은 그 성분들이 기본적인 어순에서 자리가 이동하여 변형된 문장이라 할 수 있다. 이를테면 '영수가 그 책을 읽었다.'는 '그 책을 영수가 읽었다.'와 같이 문장 성분의 어순이 바뀌어 사용되고 한다. 이렇게 국어가 문장을 이루는 성분의 자리 이동이 비교적 자유로운 것은 문장 성분을 나타내는 조사가 결합해 있기 때문이다.

셋째, 국어는 의미의 중심이 뒤쪽에 놓이므로 후핵 언어라 할 수 있다. 문장의 중심 역할을 수행하는 서술어가 문장 성분 중에서 가장 뒤에 배열되는 점이나, 수식을 받는 말이 언제나 수식하는 말의 뒤쪽에 놓이는 점들이 모두 국어가 후핵 언어라는 사실을 보여주는 현상이다.

넷째, 국어는 두 개 이상의 주어, 목적어, 관형어, 부사어 등이 잇달아 나타나는 문장이 많다. 이를테면 국어에 '코끼리가 코가 길다.', '그 학생은 사과를 세 개를 먹었다.', '나의 새 책을 이리 다오.', '자동차가 매우 빨리 달린다.' 등의 문장과 같이 주어, 목적어, 관형어, 부사어 등이 잇달아 나타나더라도 정상적인 문장으로 받아들여진다.

다섯째, 국어는 상황의존적 언어이다. 화자가 문장을 발화할 때는 화자 중심으로 발화하지 않고 대개 상대방의 물음에 따라 발화한다. 이를테면 '이것이 너의 연필이 아니냐?'와 같은 상대방의 부정 의문문에 대해 만약 화자가 '예'라고 대답하면 '이것은 나의 연필이 아니다'는 뜻이고, '아니오'라고 대답하면 '이것은 나의 연필이다'는 뜻이다. 그러나 영어의 경우에는 동일한 물음에 대한 대답으로 'yes'라고 하면 '이것은 나의 연필이다'는 뜻이고, 'no'라고 하면 '이것은 나의 연필이 아니다'는 뜻이다. 이러한 현상은 영어가 화자 중심적인 언어인데 반해, 국어는 청자 중심적인 언어이다. 이것은 국어가 상황의존적인 언어적 특징을 가지고 있음을 잘 보여준다.

여섯째, 국어는 어미나 조사와 같은 문법 형태가 다양하게 발달하여 용언과 체언 뒤에 결합하여 여러 가지 문법적 기능을 수행한다.

(3) 어휘적 특질

첫째, 국어의 어휘는 조어 과정에서 배의성(motivation)에 의지하는 경향이 크다. 배의성이란 낱말의 조어 과정에서 기본적인 요소가 본디 의미를 그대로 유지한 채 다른 언어 요소와 결합하여 파생어나 합성어를 형성하는 성질을 말한다.5) 국어 낱말의 조어 과정에 관여하는 배의성은 형태적인 층위와 함께 의미적인 층위에서도 중요한 의의를 지닌다. 따라서 배의성이 강하게 관여한 낱말에 대한 개념을 이해하고 습득하는 것이 그렇지 않은 낱말에 대한 개념을 이해하고 습득하기보다 훨씬 쉽다(김종택, 1992·2003). 이를테면 '눈물', '콧물', '빗물' 등은 이들 낱말의 조어 과정에서 기본 요소인 '물'이 가지고 있는 의미를 그대로 유지하면서 '눈', '코', '비' 등의 낱말과 각각 결합하기 때문에 이들 낱말의 의미 파악이 아주 쉽다. 영어의 경우에는 '눈'을 나타내는 'eye'와 '물'을 나타내는 'water'가 결합하여 낱말이 형성되는 것이 아니고 '눈물'의 뜻을 나타내는 낱말 'tear'가 별개로 존재하기 때문에, 3개 낱말의 뜻을 각각 이해하고 습득해야 한다. 하지만 국어의 경우에는 '눈'과 '물'의 2개 낱말의 뜻만 이해하면 '눈물'이라는 낱말의 형태는 물론 그 뜻까지 자연스럽게 알게 된다.

둘째, 국어의 어휘는 그 숫자가 매우 많아서 개별적으로 하나씩 그 뜻을 인지하기가 무척 어렵다. 그래서 서로 대립하는 어휘를 한데 묶어서 이해하는 것이 편리한데, 다행히도 국어의 어휘는 여러 종류의 대립 기제를 가지고 있다. 다시 말하면 국어의 어휘는 위상 대립, 정서 대립, 자타 대립,

---

5) 조어 과정에 배의성이 강하게 관여하는 언어를 투명어라고 하는데, 한국어와 독일어가 여기에 속한다.

생사 대립 등의 기제에 따라 달리 사용되는 특징이 있다. 이를테면 '밥—진지', '먹다—잡수다'는 평대와 존대의 위상적 대립을 이루는 어휘소의 짝이고, '슬며시—살며시', '슬쩍—살짝'은 부정과 긍정의 정서적 대립을 이루는 어휘소의 짝이며, '아버지—아버님', '어머니—어머님'은 나와 남의 자타적 대립을 이루는 어휘소의 짝이다. 그리고 '가친—선친'은 살아 있는 아버지와 돌아가신 아버지의 생사적 대립을 이루는 어휘소의 짝이다.

한편 어휘는 문법이나 음운에 비해 아주 광범하기 때문에 짧은 시간에 그 많은 어휘를 모두 습득할 수 없다. 따라서 누구나 문법과 음운은 어릴 때 어느 정도로 습득이 거의 완료되지만, 어휘는 어릴 때부터 나이가 많아질 때까지 개인의 노력에 따라 끊임없이 습득이 이루어지므로, 어휘 습득에는 사람에 따라 개인차가 많이 나타난다. 이러한 특징은 국어를 포함하여 다른 언어의 경우에도 공통적이다.

5. 국어의 연구 방법

국어의 연구 방법은 크게 두 가지가 있다. 하나는 공시적인 연구 방법(synchronic study)이고 나머지 하나는 통시적인 연구 방법(diachronic study)이다. 이러한 국어의 연구 방법은 다른 일반 언어학의 연구 방법과 다르지 않다.

언어는 고정된 모습으로 파악할 수도 있고, 변화하는 모습으로 파악할 수도 있다. 전자와 같이 고정된 언어의 모습을 공시태(synchrony)라 하고, 후자와 같이 변화하는 언어의 모습을 통시태(diachrony)라 한다. 공시태는 일정 기간 동안 변하지 않는 언어의 모습을 말한다. 이를테면 '15세기', '개화기', '해방공간' 등과 같이 특정한 기간의 언어를 말할 때도 있지만, 대개는 1세기 동안의 동질적인 언어를 말하기도 하고, 많게는 수백 년 동안의 언어를 한 개의 공시태로 보기도 한다. 국어사의 시대 구분을 할 때

흔히 사용되는 고대 국어, 중세 국어, 근대 국어, 현대 국어 등과 같은 것
이 모두 공시적인 한 시대의 국어를 나타내는 용어들이다. 그리고 일정한
시기의 언어와 다른 시기의 언어 사이에 변화하는 언어의 모습을 통시태
라 하는데, 이를테면 현대 국어의 대우법이 15세기 국어의 대우법에서부
터 어떻게 변화해 왔는가를 자세하게 살피는 것은 곧 통시태를 대상으로
연구하는 방법이라 할 수 있다.

따라서 국어의 공시태를 대상으로 연구하는 방법을 공시적인 연구 방
법이라 하고, 국어의 통시태를 대상으로 연구하는 방법을 통시적인 연구
방법이라 한다. 국어의 전반적인 모습을 제대로 연구하기 위해서는 이 두
가지 연구 방법이 병행되어야 하며, 일반적으로 공시적 연구가 먼저 이루
어진 뒤에 통시적 연구가 이루어지는 것이 바람직하다. 하지만 공시적 연
구에 앞서 통시적 연구가 먼저 이루어지는 경우도 없지 않다. 그런데 '암
닭'과 '좁쌀'은 공시적으로 '암+ㅎ+닭', '조+ㅂ+쌀'과 같이 분석될 수
있지만, 각각의 두 낱말 사이에 개재된 'ㅎ'과 'ㅂ'에 대한 설명은 통시적
방법에 의존해야 한다. 따라서 한 개의 낱말을 대상으로 공시적 방법으로
분석할 수도 있고 통시적 방법으로 분석할 수도 있다. 이를테면 현대 국
어의 '낚시'를 대상으로 공시적인 방법으로 분석하면 '낚+시'가 되고, 통
시적 방법으로 분석하면 '낛+이'가 된다. 또한 공시적 연구 방법과 통시
적 연구 방법을 포괄하여 함께 적용하는 연구 방법을 흔히 범시적 연구
방법이라 한다.

국어학의 연구 영역에는 공시적 방법의 연구 영역과 통시적 방법의 연
구 영역으로 크게 구분할 수 있다. 즉 국어의 음운, 낱말, 어휘, 문장, 의미,
담화 등에 대한 공시적인 구조 체계를 연구하는 분야도 있고, 이와는 달리
국어의 음운, 낱말, 어휘, 문장, 의미, 담화 등에 대한 통시적인 변화 체계
를 연구하는 분야도 있다. 전자와 같은 분야는 공시적인 방법으로 연구하
는 영역이고, 후자와 같은 분야는 통시적인 방법으로 연구하는 영역이다.

▦ 연습문제

1. 언어의 개념과 기능을 말해 보자.

2. 언어의 자의성과 도상성의 차이를 설명해 보자.

3. 언어의 사회성과 역사성을 설명해 보자.

4. 국어와 한국어의 차이를 설명해 보자.

5. 국어의 음운, 문법, 어휘의 특징을 각각 설명해 보자.

6. 국어학의 연구 방법을 말해 보자.

7. 국어의 언어유형론적 특징을 말해 보자.

8. 국어학의 연구 영역을 말해 보자.

| 참고문헌

고영근·남기심(2002), 표준국어문법론, 탑출판사.
권재일(1990), 외래 이론 수용과 한국어 문법 연구, 대구어문론총 8, 대구어문학회.
권재일(1991), 한국어 문법범주에 대한 언어유형론적 연구, 언어학13, 한국언어학회.
권재일(2002), 의문문의 실현 방법과 그 언어유형론적 특성, 한글257, 한글학회.
김영희(1989), 이론 수용과 통사론의 전개, 국어학19, 국어학회.
김종도(1999), 인지문법의 토대(1)(2), 박이정
김종택(1992), 국어어휘론, 형설출판사.
김종택 외(1993), 신국어학, 형설출판사.
남기심 외(1988), 언어학 개론, 탑출판사.
노대규 외(1987), 국어학서설, 정음사.
이기갑(1982), 전남 북부방언의 상대높임법, 언어학5, 한국언어학회.
이기동(2000), 인지언어학, 한국문화사.
임지룡(1997), 인지의미론, 탑출판사.
최현배(1971), 우리말본, 정음사.
허 웅(1963), 언어학 개론, 정음사.
허 웅(1984), 국어학－우리말의 오늘·내일, 샘문화사.
Saussure, F.(1916, 1955), Course in General Linguistics, Paris.

제2장 **음운**

1. 음향과 음성[1]

우리가 살고 있는 이 지구상에는 수많은 소리가 있다. 바람이 부는 소리, 빗방울이 떨어지는 소리, 천둥이 치는 소리, 개가 짖는 소리, 개구리 소리, 물이 흐르는 소리, 풀벌레 소리, 파도가 치는 소리, 사람들의 말소리 등 실로 헤아리기 어려울 만큼 많은 소리 속에 우리들이 존재하고 있다.

이 많은 소리 중에서 사람의 말소리는 다른 소리들과 구별되는 특성을 가지고 있다. 사람의 말소리를 제외한 모든 자연계의 소리는 구조적인 체계를 가진 소리라고 말하기 어렵지만, 사람의 말소리는 구조적인 체계를 가진 소리라 말할 수 있다. 그래서 구조적인 체계를 갖지 않은 자연계의 모든 소리를 음향이라 하고 사람의 말소리를 음성이라 한다. 자연계의 소리인 음향은 자음과 모음으로 분절할 수 없는 소리이고, 사람의 말소리인

---

1) 서보월(1993)에 기댐.

음성은 자음과 모음으로 분절할 수 있는 소리이다. 전자의 소리는 비분절음이라 하고 후자의 소리는 분절음이라 한다. 따라서 자음과 모음은 곧 분절음이다.

그런데 우리 한국인들은 자연계의 소리인 음향 중에서 개가 짖는 소리와 개구리의 소리를 각각 '멍멍'과 '개굴개굴'로 알고 있고 또 이렇게 사용하고 있다. 하지만 이 두 낱말은 어디까지나 한국인들이 언어생활의 편의를 위해 사회적 약속으로 사용하는 언어기호의 하나에 지나지 않을 뿐, 개와 개구리의 소리 그 자체는 아니다. 따라서 두 동물의 소리 그 자체는 자음과 모음으로 분절할 수 없는 음향이며, 이것은 사람의 말소리와 같이 자음과 모음으로 나눌 수 있는 분절음이 아니고 비분절음이다. 그러므로 음향은 자연과학 분야의 연구 대상이 되는 자연계의 소리인데 반해, 음성은 주로 언어학의 연구 대상이 되는 사람의 말소리이다. 자연계의 소리가 어떻게 나는가에 대해서는 우리가 쉽게 알 수 없으나, 사람이 내는 말소리는 보통 우리의 허파에 있는 공기를 입 바깥으로 내보면서 발음 기관의 작용에 의해 조음된다.

2. 음성과 음운

음성은 사람의 발음 기관을 통해 발화되는 말소리이기 때문에 생리적이고 물리적이며 구체적이고 개별적인 성질을 가진 소리이다. 이를테면 '사과'라는 낱말을 발음할 경우 사람에 따라 그 소리의 성질이 서로 다를 뿐 아니라, 비록 동일한 사람이라 하더라도 여러 번 발화할 때마다 그 소리의 성질이 같지 않다. 따라서 음성은 사람의 발음 기관을 통해 발화되어 의사 전달의 매개체로 사용되는 말소리이다.

이러한 음성을 물리적인 현상으로 연구하는 분야를 음성학이라고 말하

는데, 음성학은 화자의 입에서 청자의 귀에 전달되는 말소리의 전달 과정
에 따라 음향음성학, 청취음성학, 조음음성학 등으로 나뉜다. 음향음성학
은 화자의 입에서 청자의 귀에 닿기까지의 말소리의 성질이나 특성을 연
구하는 음성학이고, 청취음성학은 청자의 귀에 닿은 말소리가 고막을 통해
뇌에 전달되어 언어적 인식을 하게 되는 과정을 연구하는 음성학이며, 조
음음성학은 발음 기관의 위치와 조음하는 방법 등에 따라 발화되는 말소
리의 특징을 구체적으로 연구하는 음성학이다. 이 중에서 전자의 두 음성
학에 대해서는 자연과학적인 절차와 방법에 의해 연구가 가능하며, 조음음
성학에 대해서는 일반 언어학의 관점에서 어느 정도의 연구가 가능하다.

앞에서 언급한 바와 같이 음성이 가진 물리적이고 개별적이며 생리적
인 성질 때문에, 음성 그 자체가 바로 객관적인 언어의 기호 체계로 정착
되기는 어렵다. 다시 말하면 개별적이고 구체적인 음성을 바탕으로 추상
적인 기호 체계의 정립이 필요한 것이다. 따라서 다양한 음성 중에서 언
어적 의미의 차이를 드러내는 음성을 추상화하여 음운이라 하는데, 음성
은 [ ] 안에 표시하고 음운은 / / 안에 표시함으로써 음운과 음성을 구
별하여 나타낸다.

여기서 한 가지 보기를 들어본다. 국어의 자음 /ㄱ/은 분포 환경에 따라
[k], [g], [k̚] 등과 같이 여러 개의 음성으로 실현되고 있으나, 이들 음성
이 모두 의미의 차이를 가져오는 것은 아니다. 따라서 이들 음성 모두가
음운이 되지 못하고, 그 중에서 변별적[2]인 음성 [k]를 추상화하여 음운
/k/=/ㄱ/을 설정하는 것이다. 이와 같이 음운은 음성과 달리 관념적이고
추상적이며, 심리적이고 일반적이다. 그러므로 음운에 대한 관심은 곧 음
성의 언어적 기능에 대한 관심이라 할 수 있다.

---

2) 어떤 음성적 특성이 그 음성적 자질에 의해 발화의 일부를 다른 발화와 음성적으로뿐
   만 아니라 의미상으로 다르게 하는 특징을 가질 때, 이 음성적 특성을 변별적(distinc-
   tive)이라 한다(이정민 · 배영남, 1987).

음성이 발음기관에서 어떤 과정으로 조음되고, 화자가 발화한 음파가 어떻게 전해져서 청자의 뇌에 전달되어 언어적 의미 파악이 이루어지는가에 대한 음성적 특징을 과학적으로 연구하는 분야가 음성학이라면, 뜻의 차이를 가져오는 음성이 어떤 언어적 기능을 수행하는가에 대해 연구하는 분야가 음운학이다. 따라서 음운학에서는 음성의 상호 관계를 구조적으로 기술하고, 음운에 따라 뜻의 차이를 가져오는 변별적 특징을 기술하며, 다양한 음운 현상을 체계적으로 분석한다. 그러므로 우리는 음성학에 대한 기초적인 이해를 바탕으로 음운학에 대해 학습하는 태도가 필요하다.

3. 음운의 발견 절차

우리는 앞에서 뜻의 차이를 가져오는 음성을 음운이라고 규정하였는데, 실제로 음운이 어떻게 뜻의 차이를 나타내는지 그 보기를 통해 살펴보기로 한다. 이를테면 '발'과 '팔'이라는 두 개의 낱말을 형성하는 자음과 모음을 살펴보면, 첫소리만 서로 다를 뿐이고 가운뎃소리와 끝소리는 두 낱말이 동일하다. 첫소리 [ㅂ]과 [ㅍ]의 차이 때문에 '발'과 '팔' 두 낱말의 뜻이 달라졌기 때문에, 이 두 개의 첫소리를 각각 독립적인 음운 /ㅂ/과 /ㅍ/이라 할 수 있다. 또 '발'과 '벌'의 뜻이 서로 다른 것은 두 낱말을 형성하는 음성 [ㅏ]와 [ㅓ]의 차이에서 비롯된다. 따라서 이 두 음성은 뜻의 차이를 가져오기 때문에 각각 별개의 음운 /ㅏ/와 /ㅓ/로 구분된다.

음운은 흔히 음소와 구별하지 않고 사용되기도 하지만, 엄격하게는 음운과 음소가 구별된다. 즉 음운은 음소와 운소의 첫음절을 따서 부르는 용어이고, 음소는 음운에서 운소를 제외한 것을 말한다.

음소는 한 언어에 반복되어 나타나면서 뜻의 구별을 드러내는 데 쓰이는 변별적인 음의 최소단위이다.[3] 국어의 'ㄱ', 'ㄴ', 'ㄷ', 'ㄹ' 등의 자음과 'ㅏ', 'ㅓ', 'ㅗ', 'ㅜ' 등의 모음은 각각 한 개의 음소인데, 이것들은 또 분절음이라고 부르기도 한다. 자음, 모음이라는 용어는 언어 기능을 중심으로 붙인 이름이고, 분절음이란 용어는 언어 단위를 중심으로 붙인 이름이다. 그리고 운소에는 장단, 고저, 강세, 억양 등이 포함되는데, 이것들은 언어에 따라 뜻의 차이를 가져오는 변별적 기능에 차이가 있다. 이를테면 국어의 표준어에서는 장단의 운소가 변별적 기능을 가지는데, 이를테면 '밤'과 '밤:'의 뜻이 다르고 '눈'과 '눈:'의 뜻이 다르다. 한편 영어에서는 국어와 달리 강세의 운소가 변별적 기능을 가지는데, 이를테면 'content'와 'record'의 첫음절과 둘째 음절의 어디에 강세가 놓이느냐에 따라 명사가 되기도 하고 동사가 되기도 하는 차이가 있다. 운소는 운율소라고 불리기도 하고 초분절음소라고 불리기도 한다.

뜻의 차이를 가져오는 음성을 음운이라고 할 때, 음운을 찾는 방법으로는 크게 세 가지를 들 수 있다. 이 세 가지는 최소대립어, 상보적 분포, 유사한 음성 등인데, 이들 조건이 모두 갖추어지면 음운으로 인정된다.[4]

첫째, 최소대립어(minimal pair)는 최소의 차이로 뜻이 다른 한 쌍의 낱말을 말한다. 이를테면 '몸'과 '봄'의 두 낱말은 가운뎃소리와 끝소리는 동일하고 오직 첫소리만 다르다. 이 두 낱말은 첫소리 'ㅁ'과 'ㅂ'의 차이로 말미암아 뜻이 전혀 다른 최소대립어가 되었으므로, 두 낱말의 첫소리인 'ㅁ'과 'ㅂ'은 각각 음운의 자격을 갖는다.

둘째, 상보적 분포(complementary distribution)는 하나의 음운이 분포 환경에 따라 달리 실현되는 음성의 분포 조건을 말한다. 음운 'ㄱ'은 그 분포 환경에 따라 [k], [g], [k̚] 등의 음성으로 실현된다. 이를테면 '감기'[ka:mgi]와 '미각'[mi:gak̚]에서 음성 [g]는 유성음 사이에 분포하고 음성 [k̚]은 음절 끝의 내파 환경에 분포하며 음성 [k]는 유성음 사이도 아

---

3) 조성식(1999 : 900).
4) Daniel Jones(1957), *An Outline of English Phonetics*.

니고 내파 환경도 아닌 환경에 분포한다. 이들 세 개의 음성은 분포 환경이 고정되어 있어서 서로 넘나들며 분포할 수 없다. 즉 유성음 [g]가 분포하는 음성 환경, 무성음 [k]가 분포하는 음성 환경, 그리고 내파음 [k̚]이 분포하는 음성 환경이 각각 정해져 있어서, 이들 음성은 서로 다른 음성 환경에 분포하지 못하는 상보적 분포 특징을 가진다. 서로 상보적으로 분포하는 이들 세 개의 음성은 한 개의 음운 /k/로 묶이므로, 이 /ㄱ/은 음운의 자격을 갖는다.

셋째는 비록 상보적으로 분포하는 음성이라 하더라도 그 음성들이 유사성을 가진 음성인 경우에 한 개의 음운으로 묶일 수 있다. 앞에서 [k], [g], [k̚] 등의 음성이 상보적으로 분포하고 서로 음성적으로 유사하기 때문에 한 개의 음운 /k/로 묶였다. 그런데 국어에서 두 개 음성이 상보적으로 분포하는 특징을 가지고 있으나, 음성적으로 서로 유사성을 가지고 있지 않아서 한 개의 음운으로 묶일 수 없는 것이 있다. 이를테면 국어의 'ㅎ'[h]과 'ㅇ'[ŋ]은 서로 상보적으로 분포하는 양상을 드러낸다. 즉 목구멍에서 조음되는 'ㅎ'은 첫소리로 발화될 경우에 그 소리값이 잘 드러나는 반면, 연구개에서 조음되는 'ㅇ'은 끝소리로 발화될 경우에 그 소리값이 잘 드러난다. 따라서 이 두 개의 음성은 서로 상보적으로 분포하는 것으로 볼 수 있지만, 음성적으로 서로 유사성을 갖지 않기 때문에 한 개의 음운으로 묶이지 못하고 각각 별개의 음운으로 인정하게 된다.

4. 음소와 이음

음소(phoneme)는 뜻의 차이를 가져오는 음성이다. 이것은 어떤 음성 환경에서나 변함없이 언제나 동일한 음성으로 실현되는 것이 아니고, 그 음성 환경에 따라 다른 음성으로 실현되는 경우가 있다. 이를테면 국어의 음소 /ㅂ/은 언제나 음성 [p]로만 실현되는 것이 아니고, 유성음과 유성음 사이에서는 [b]로 실현되고 겉으로 파열되지 않는 내파의 음성 환경에서는 [p̚]로 실현된다. 이렇게 [p], [b], [p̚] 등의 세 개 음성이 실현되는 보기의 낱말을 살펴보기로 한다. '바보'[pa:bo]와 '밥'[pap̚]에서, 유성음 [b]는 유성음 [a]와 [o] 사이의 환경에서 분포하고 있고, 내파음 [p̚]는 겉으로 파열되지 못하는 음절말의 환경에서 분포하고 있으며, 무성음 [p]는 유성음 사이가 아니면서 파열될 수 있는 환경에서 분포하고 있다.

위에서 살펴본 대로 음성 [p], [b], [p̚] 등은 그 분포 환경이 서로 다르다. 다시 말하면 이들 음성의 각각은 그것이 분포하는 환경이 고정되어 있어서 서로 넘나들면서 분포하지 못한다. 즉 [p]가 분포하는 음성 환경에는 [b]와 [p̚]가 분포하지 못하고, [b]가 분포하는 음성 환경에서는 [p]와 [p̚]가 분포하지 못하며, [p̚]가 분포하는 음성 환경에서는 [p]와 [b]가 분포하지 못한다. 따라서 이들 세 개의 음성은 상보적으로 분포하는 특징을 가진다. 서로 상보적으로 분포하는 음성은 그 숫자가 많든 적든 추상화하여 한 개의 음소로 묶이는데, [p], [b], [p̚] 등의 음성은 한 개의 음소 /p/로 묶이게 된다.

이와 같이 상보적으로 분포하는 여러 개의 음성들이 한 개의 음소로 묶일 때, 그 여러 개의 음성을 이음(allophone) 또는 변이음이라 부른다. 따라서 변이음은 구체적이고 물리적인 각각의 음성이며, 음소는 여러 개의 변이음들을 하나로 추상화하여 나타낸 것이다. 일반적으로 이음끼리는 상보적으로 분포하는 특징을 가지고 있는데, 어떤 음성은 그 분포 환경이 고정되어 있지 않고 자유롭게 교체되는 경우가 있다. 이를테면 '바보'를 발화할 때 [pa:bo]로 발음하는 것이 보통이지만, 어떤 사람은 가끔 [pa:βo]와 같이 발음하기도 한다. 이렇게 '바보'를 발회히는 두 경우의 음성표시에서 유성음 사이에 분포하는 'ㅂ'을 사람에 따라 [b]와 [β]로 실현하는데, 이 두 음성은 서로 자유롭게 교체됨을 볼 수 있다. 이런 음성들을 가리켜

자유변이음이라 부르는데, 자유변이음은 서로 상보적으로 분포하지 않는
점에서 이음과 분명하게 구별된다.

5. 국어의 음운 체계

우리가 말소리를 낼 경우에 발음 기관의 모든 부분이 동시에 관여하는
것이 아니고, 그 말소리에 따라 어떤 발음 기관은 많이 관여하고 어떤 발
음 기관은 적게 관여하거나 또는 전혀 관여하지 않기도 한다. 다시 말하
면 어떤 음운은 발음 기관의 장애를 받으며 조음되는가 하면 또 어떤 음
운은 발음 기관의 장애를 받지 않고 조음된다.

발음 기관의 장애를 받으며 조음되는 말소리를 자음이라 하고, 발음 기
관의 장애를 받지 않고 조음되는 말소리를 모음이라 한다. 따라서 국어의
음운은 자음과 모음으로 크게 나뉜다. 아래와 같이 자음과 모음을 몇 가
지 기준에 따라 분류할 때는 여러 발음기관의 위치와 기능을 생각하면서
나누는 것이 편리하다.

(1) 자음의 분류

자음은 발음 기관의 장애를 받으며 조음되는 말소리인데, 자음은 보통
조음되는 위치와 조음되는 방법에 따라 분류한다.5) 즉 자음은 조음 위치
에 따라 양순음, 치조음, 경구개음, 연구개음, 성문음 등으로 나뉘며, 조음
방법에 따라 파열음, 마찰음, 파찰음, 비음, 유음 등으로 나뉜다.

---

5) 이 두 가지 기준 외에 또 자음 체계에 따라 분류하기도 하는데, 동일한 조음 방법에
   의해 조음되는 자음을 연음계열, 경음계열, 격음계열 등으로 나누고 동일한 조음위치
   에서 조음되는 자음을 같은 서열의 자음이라 한다. 그리고 성대 진동의 유무에 따라
   유성자음과 무성자음으로 나뉜다.

✔ 조음 위치에 따른 분류

❶ 양순음

아래와 위의 두 입술이 서로 닿아서 조음되는 자음이 양순음(bilabial)이다. 이것은 양 입술이 서로 맞닿으면서 공기가 순간적으로 막힌 다음 다시 공기가 입 밖으로 나가기 위해 양 입술이 터지면서 조음된다. 국어의 양순음에는 ㅂ[p], ㅃ[p'], ㅍ[pʰ], ㅁ[m] 등이 있다.

❷ 치조음

혀의 끝부분이 치조에 닿아 조음되는 자음이 치조음(alveolar)이다. 이것은 치조에 혀끝이 닿았다가 떨어지면서 조음되는데, 국어의 치조음에는 ㄷ[t], ㄸ[t'], ㅌ[tʰ], ㄴ[n], ㄹ[l / r], ㅅ[s], ㅆ[sʰ] 등이 있다.

❸ 경구개음

혀의 앞쪽 바닥 부분이 경구개에 가깝게 접근하여 조음되는 자음이 경구개음(palatal)이다. 이것은 혀와 경구개 사이가 좁혀진 사이로 공기가 입의 방향으로 빠져나가면서 조음이 되는데, 국어의 경구개음에는 ㅈ[c], ㅉ[c'], ㅊ[cʰ] 등이 있다.

❹ 연구개음

혀가 연구개에 닿아서 조음되는 자음이 연구개음(velar)이다. 이것은 연구개에 혀의 뿌리 부분이 닿았다가 떨어지면서 조음되는데, 국어의 연구개음에는 ㄱ[k], ㄲ[k'], ㅋ[kʰ], ㅇ[b] 등이 있다.

❺ 성문음

허파에서부터 입으로 나오는 공기가 목구멍을 통과하면서 조음되는 자음이 성문음(glottal)인데, 국어의 성문음에는 ㅎ[h]이 있다.

✔ 조음 방법에 따른 분류

➊ 파열음

공기가 허파에서 입 밖으로 나오는 과정에 발음기관의 장애로 공기의 흐름이 순간적으로 막혔다가 터지면서 조음되는 자음을 파열음(plosive)이라고 한다. 파열음은 조음되는 과정을 3단계로 정밀하게 구분할 수 있다. 첫째는 발음 기관에 의해 공기가 막히는 단계이고, 둘째는 공기가 막힌 상태가 순간적이나마 지속되는 단계이며, 셋째는 막힌 공기가 터지는 단계이다. 이 파열음을 정지음(stop) 또는 폐쇄음이라 부르기도 하는데, 파열음은 셋째 단계를 중심으로 붙인 용어이고 정지음은 둘째 단계를 중심으로 붙인 용어이며 폐쇄음은 첫째 단계를 중심으로 붙인 용어이다.

국어의 파열음에는 ㄱ[k], ㄲ[k'], ㅋ[kʰ], ㄷ[t], ㄸ[t'], ㅌ[tʰ], ㅂ[p], ㅃ[p'], ㅍ[pʰ] 등이 있다.

➋ 마찰음

두 개의 발음기관 사이가 아주 좁아지면서 그 사이로 흐르는 공기가 발음기관에 마찰을 일으키면서 조음되는 자음이 마찰음(fricative)이다. 이러한 방법으로 조음되는 국어의 마찰음에는 ㅅ[s], ㅆ[s'], ㅎ[h] 등이 있다.

➌ 파찰음

발음기관에 파열과 마찰이 함께 일어나면서 조음되는 자음을 파찰음(affricate)이라 한다. 파찰음이란 파열음의 첫음절과 마찰음의 둘째 음절을 따서 두 음절을 조합한 것이므로, 이 음은 파열성과 마찰성이 동시에 수반되는 자음이다. 국어의 파찰음에는 ㅈ[c], ㅉ[c'], ㅊ[cʰ] 등이 있다.

➍ 비음

공기가 허파에서 밖으로 빠져나오는 통로에는 입(口腔)과 코(鼻腔)가 있는데, 구강의 통로는 막히고 비강으로 공기가 나오면서 조음되는 자음이 비음(nasal)이다. 국어의 비음에는 ㄴ[n], ㅁ[m], ㅇ[ŋ] 등이 있으며, 비음은 조음될 때 성대가 진동하고 공명을 수반하므로 유성음에 속한다.

❺ 유음

공기가 입 안에서 밖으로 빠져나올 때 발음기관의 장애를 조금 받기는 하나 공기의 폐쇄와 마찰이 없이 조음되는 자음을 유음(liquid)이라 한다. 국어의 유음에는 ㄹ[l / r]이 있다. 이 유음도 조음될 때 성대 진동을 동반하므로 유성음에 속하며, 모음에 가장 가까운 자음이다.

(2) 모음의 분류

모음은 발음기관의 장애를 받지 않고 성대의 진동을 동반하면서 조음되는 말소리이기 때문에 모두 유성음이다. 모음을 분류하는 기준으로 보통 다음의 네 가지를 든다. 즉 ① 혀의 앞뒤 위치, ② 혀의 고저 위치, ③ 간극(입 벌림의 정도, 개구도)의 크고 작음, ④ 입술의 모양 등이다.

✔ 단모음

현대 국어의 단모음 10개를 앞의 기준에 따라 분류하면 아래와 같다.

❶ 혀의 앞뒤 위치에 따라[6]

- 전설모음 : ㅣ, ㅟ, ㅔ, ㅚ, ㅐ
- 후설모음 : ㅡ, ㅓ, ㅏ, ㅜ, ㅗ

❷ 혀의 고저 위치에 따라

- 고모음 : ㅣ, ㅟ, ㅡ, ㅜ
- 중모음 : ㅔ, ㅚ, ㅗ
- 저모음 : ㅐ, ㅏ, ㅓ

---

6) 중설모음을 별도로 설정하기도 하는데, 그런 경우 중설모음에는 'ㅡ'와 'ㅏ'가 포함된다.

❸ 간극에 따라

- 폐모음 : ㅣ, ㅟ, ㅡ, ㅜ
- 반폐 / 반개모음 : ㅔ, ㅚ, ㅗ
- 개모음 : ㅐ, ㅏ, ㅓ

❹ 입술의 모양에 따라

- 원순모음 : ㅟ, ㅚ, ㅗ, ㅜ
- 비원순모음 : ㅣ, ㅐ, ㅔ, ㅡ, ㅓ, ㅏ

✔ 반모음과 이중모음

국어의 모음에는 단모음 외에 반모음과 이중모음이 있다. 반모음(semi-vowel)은 말 그대로 모음 성질이 반 정도이고 자음 성질이 반 정도인 음운인데, 이것은 고모음을 조음할 때보다 혀의 위치가 입천장(구개)에 더 가깝게 접근시켜 조음된다. 국어의 반모음에는 'j', 'w'가 있는데, 반모음 'j'는 전설모음 'ㅣ'에 가까운 위치에서 조음되며 반모음 'w'는 후설 쪽에서 조음되며 원순성을 가진다.

이 두 반모음은 단독으로 조음되지 않고 반드시 단모음과 함께 이중모음을 형성하는 데 관여한다. 반모음이 앞에 오고 단모음이 뒤에 와서 이중모음을 형성하는 경우의 반모음을 상승적 반모음이라 하고, 단모음이 먼저 오고 반모음이 뒤에 와서 이중모음을 형성하는 경우의 반모음을 하강적 반모음이라 한다. 반모음 'w'는 상승적인 것뿐이고, 'j'는 상승적인 것과 하강적인 것이 있는데, 하강적인 'j'는 이중모음 'ㅢ[ij]'를 형성할 때뿐이다. 반모음은 모음과 자음의 중간적인 성질을 가지고 있어서 반자음이라 부르기도 하고, 상승적 이중모음을 조음할 때는 반모음이 조음되는 위치에서 단모음이 조음되는 위치로 이동하는 과정이 있기 때문에 반모음을 과도음 또는 활음(glide)이라 부르기도 한다.

이중모음은 두 개의 단모음으로 형성된 모음이 아니라 반모음과 단모음이 연계된 모음이며, 반드시 한 개의 음절 단위로 발음된다. 그러므로 이중모음의 중심이 되는 음성은 단모음이고 반모음은 부수적인 음성이다. 그래서 전자를 주음이라 하고 후자를 부음이라 부르기도 한다. 이중모음에서 주음은 그것만으로 한 개의 음절을 형성하지만, 부음은 그 자체만으로는 한 개의 음절을 형성하지 못한다.

이중모음은 크게 'j'계 이중모음과 'w'계 이중모음으로 나뉜다.

❶ j계 이중모음
- 상승적 이중모음 : ㅑ, ㅕ, ㅛ, ㅠ, ㅖ, ㅒ
- 하강적 이중모음 : ㅢ

❷ w계 이중모음
- 상승적 이중모음 : ㅟ, ㅘ, ㅝ, ㅞ, ㅙ

(3) 현대 국어의 음운 체계

음운은 서로 변별적으로 대립하며 언어에 따라 독자적인 음운의 체계를 형성한다. 국어의 음운 체계는 시대에 따라 다르게 나타나는데, 앞에서 살펴본 현대 국어의 음운 체계를 자음 체계와 모음 체계로 정리하면 다음과 같다.

〈자음 체계(19개)〉

조음방식		조음위치	순음	치조음	구개음	연구개음	후음
안울림소리	파열음 (정지음, 폐쇄음)	평음(예사소리)	ㅂ[p]	ㄷ[t]		ㄱ[k]	
		경음(된소리)	ㅃ[p']	ㄸ[t']		ㄲ[k']	
		격음(거센소리)	ㅍ[pʰ]	ㅌ[tʰ]		ㅋ[kʰ]	
	마찰음	평음(예사소리)		ㅅ[s]			ㅎ[h]
		격음(거센소리)		ㅆ[s']			
	파찰음	평음(예사소리)			ㅈ[c]		
		경음(된소리)			ㅉ[c']		
		격음(거센소리)			ㅊ[cʰ]		
울림소리	비 음		ㅁ[m]	ㄴ[n]		ㅇ[b]	
	유 음(탄설, 설측)			ㄹ[l / r]			

〈모음 체계(21개)〉

가. 단모음(10개)

혀의 전후 위치 입술모양 혀의높이	전설모음		후설모음	
	평순	원순	평순	원순
고　모　음	ㅣ[i]	ㅟ[y]7)	ㅡ[ï]	ㅜ[u]
중　모　음	ㅔ[e]	ㅚ[ø]	ㅓ[ə]	ㅗ[o]
저　모　음	ㅐ[ɛ]		ㅏ[a]	

나. 이중모음(11개)

‘ㅣ’ j(y)계 이중모음	ㅖ[je]　ㅕ[jə]　ㅠ[ju] ㅒ[jɛ]　ㅑ[ja]　ㅛ[jo]
‘ㅗ／ㅜ’ w계 이중모음	ㅞ[we]　ㅝ[wə]　ㅙ[wɛ]　ㅘ[wa]
‘ㅡ’ ɰ계 이중모음	ㅢ[ïj]

다. 반모음(2개)
　/ j, w /

(4) 운소와 음절

✔ 운소

　언어는 자음과 모음의 연쇄체로 발화되지만, 이 자음과 모음만으로 모든 언어적 기능을 수행하는 것이 아니고 자음과 모음에 얹혀 실현되면서 변별적 기능을 수행하는 요소가 또 있다. 즉 강세(stress), 고저(pitch), 장단(length) 등이 그런 것들인데, 이것들은 자음과 모음처럼 분절하기 어렵다. 따라서 이것들을 운소(prosodeme) 또는 운율소, 얹힘운소, 초분절음소(suprasegmental phoneme)라고 부른다.

　강세가 영어에서는 변별적 기능을 분명하게 갖지만 국어의 경우에는 변별적 기능을 전혀 갖지 못하고, 고저는 15세기 국어에서 변별적 기능을

---

7) [wi]로 발음하면 이중모음으로 취급된다.

가졌으나8) 현대 국어에서는 변별적 기능을 갖지 못하며, 장단은 현대 국어에서 '밤(夜)'과 '밤:(栗)', '눈(眼)'과 '눈:(雪)', '감수(鑑修)'와 '감:수(感受)' 등에서 드러나는 바와 같이 변별적 기능을 갖는다. 그리고 억양은 현대 국어에서 문장의 끝에 결합하는 종결어미 '―어', '―지', '―으오' 등에 얹혀서 마침법의 하위범주를 결정하는 변별적 기능을 수행하는데, 이 억양은 일반적으로 고저에 따른 변별적 기능에 포함시키고 있다.

또 억양은 용언이 활용함에 따라 다르게 실현되는 양상을 보인다. 이를테면 '(양말을) 신다'와 '신어라', '웃다'와 '웃어라', '살다'와 '살아라' 등에서 각각의 기본형 낱말의 첫음절 모음은 길게 발음하지만 뒤쪽 낱말의 첫음절 모음은 모두 길게 발음하지 않는다.

✔ 음절

음절(syllable)은 자음과 모음이 모여서 이루는 소리의 단위를 말한다.9) 음절은 자음, 모음과 같은 분절음보다 언어 단위가 크지만 형태소보다는 작은 언어 단위이다. 국어의 경우에 자음이나 반모음은 단독으로 음절을 형성하지 못하지만, 모음은 단독으로 음절을 형성한다.

국어의 음절 유형은 크게 네 가지로 나뉜다. 첫째는 모음만으로 음절을 형성하는 경우가 있는데, 이를테면 '아', '어', '오', '우', '으' 등과 같이 모음 하나가 한 개의 음절을 형성한다. 둘째는 자음과 모음이 모여서 음절을 형성하는 경우인데, '가', '나', '노', '누', '거' 등과 같은 음절이 여

---

8) 일부 경상도 방언에서는 고저가 변별적으로 기능하는 경우가 있는데, 말(馬) : 말(斗) : 말(語) 등이 고조 : 중조 : 저조로 대립한다.

9) 음절은 하나의 종합된 음의 느낌을 주는 말소리의 단위인데, 음소의 결합으로 이루어지는 언어 단위이다. 음절에 대한 설명은 소쉬르(Saussure)와 그라몽(Grammont)에 의해 구체적으로 이루어진 바 있다. 영어의 단어 'bottle[bɔtl]'을 그라몽에 따라 점약음(\ )과 점강음(/)으로 나타내면 ' / \ / \ '와 같이 드러나는데, 이 단어는 점강음과 점약음의 짝이 두 번이므로 두 음절로 이루어진 것으로 본다(허웅 : 1964, 99~104 참조).

기에 해당한다. 셋째는 모음과 자음이 모여서 음절을 형성하는 경우인데, '안', '언', '운', '온', '인' 등과 같은 음절이 여기에 해당한다. 넷째는 자음과 모음 그리고 자음이 모여 음절을 형성하는 경우인데, '학', '민', '곡', '길', '말' 등과 같은 음절이 여기에 해당한다.

이러한 국어 음절의 유형을 자음과 모음의 앞 글자를 따서 ① V형, ② CV형, ③ VC형, ④ CVC형 등과 같이 나타내기도 한다.

6. 음운의 변이와 음운 규칙

(1) 음운의 변이

언어는 말소리의 연쇄체이다. 자음과 모음이 연속적으로 연쇄된 것이 언어라고 할 때, 이들 음운은 앞뒤의 음운에 영향을 주기도 하고 또 다른 음운에 의해 영향을 받기도 한다. 그리고 연쇄된 음운 이외의 다른 요인들에 의해 음운이 변하게 되는 경우도 있는데, 이런 현상을 음운의 변이라고 한다.

음운의 변이에는 공시적인 음운 변이와 통시적인 음운 변이가 있는데, 공시적인 음운의 변이를 음운 변동이라 하고 통시적인 음운의 변이를 음운 변천이라 한다. 이렇게 음운이 변화하는 현상을 객관적인 음운 규칙을 이용하여 설명하는 방법이 과학적인 접근을 가능하게 한다. 그래서 음소보다 더 작은 단위인 음성자질을 설정함으로써 음운의 변화 양상을 더욱 정밀하게 설명할 수 있다.

(2) 음성자질

구조주의 언어학에서는 음소를 가장 작은 언어 단위로 보고 더 작은 단위로 분석하지 않았으나, 변형생성주의 언어학에서는 음소를 변별적인 음성자질의 묶음으로 나타냄으로써 음소의 대립과 음성적 특징을 더 정밀하게 설명하고자 했다.

변별적인 음성자질에는 주요음류 자질, 조음방법 자질, 조음위치 자질, 혓몸 자질, 입술모양 자질, 부차적 자질 등이 있다.

✔ 주요음류 자질

주요한 음류 자질은 주로 자음과 모음의 차이점과 특성을 드러내는 데 필요한 자질인데, 이것에는 성절적(syllabic) 자질, 낭음적(sonorant) 자질, 그리고 자음적(consonantal) 자질 등이 있다.

성절적 자질은 음절을 형성할 수 있느냐 없느냐의 특성을 나타내는 자질인데, 국어의 모음은 모두 [+성절적] 자질을 가지며 반모음과 자음은 모두 [−성절적] 자질을 갖는다. 즉 국어에서 자음이나 반모음만으로 음절을 형성할 수 없으나, 모음은 하나만으로 음절을 형성할 수 있다. 낭음적 자질은 공명의 유무를 나타내는 자질인데, 국어의 모음과 반모음 그리고 자음 중에서 비음과 유음은 모두 [+낭음적] 자질을 가지며, 그 밖의 자음은 [−낭음적] 자질을 갖는다. 자음적 자질은 그 음성을 조음을 할 때 발음기관의 장애가 있는 특성을 나타내는 자질인데, 모음과 반모음 그리고 자음 중에서 'ㅎ'은 [−자음적] 자질을 가지며, 그 밖의 모든 자음은 [+자음적] 자질을 갖는다. 여기서 주목할 것은 생성음운 이론에서 'ㅎ'을 조음할 때 입 안의 발음기관에 의해 장애를 받지 않기 때문에 이 자음은 [−자음적] 자질을 갖는다고 한다.

국어의 자음과 모음이 가지는 음성 자질을 나타내 보이면 아래와 같다.

구분	폐쇄음	마찰음	파찰음	비음	유음	ㅎ	반모음	모음
성절적	−	−	−	−	−	−	−	+
낭음적	−	−	−	+	+	−	+	+
자음적	+	+	+	+	+	−	−	−

✔ 조음방법 자질

조음방법 자질에 속하는 것으로는 속음적(continuant) 자질, 연음적(delayed release) 자질, 소음적(strident) 자질, 비음적(nasal) 자질 등이 있다.

속음적 자질은 공기가 완전하게 막히지 않고 계속적으로 빠져나가는 특징을 나타내는 자질인데, 마찰음과 유음, 그리고 반모음 등이 [+속음적] 자질을 갖고 그 밖의 자음은 모두 [−속음적] 자질을 갖는다. 연음적 자질은 막힌 공기의 터짐이 조금 지연되는 특징을 나타내는 자질인데, 파찰음만 [+연음적] 자질을 갖고 그 밖의 자음은 모두 [−연음적] 자질을 갖는다. 소음적 자질은 조음 과정에 마찰이 많이 생기는 특징을 나타내는 자질인데, 파찰음과 'ㅅ', 'ㅆ' 등이 [+소음적] 자질을 갖고 그 밖의 자음은 모두 [−소음적] 자질을 갖는다. 비음적 자질은 코 안을 울리며 조음되는 특징을 나타내는 자질인데, 비음은 [+비음적] 자질을 갖고 그 밖의 자음은 모두 [−비음적] 자질을 갖는다.

✔ 조음위치 자질

조음위치 자질은 자음이 조음되는 위치가 어디냐에 따른 특징을 나타내는 자질인데, 이것에는 전방적(anterior) 자질과 설첨적(coronal) 자질이 있다. 전방적 자질은 치조와 경구개를 경계로 그 앞쪽에서 조음되느냐 뒤쪽에서 조음되느냐에 따른 자질로서 양순음과 치조음은 [+전방적] 자질을 갖고 경구개음, 연구개음, 후음 등은 [−전방적] 자질을 갖는다. 그리고 설첨적 자질은 혀의 앞쪽 부분에서 조음되느냐 그렇지 않느냐에 따른 자질로서 치조음과 경구개음은 [+설첨적] 자질을 갖고 양순음과 연구개음은 [−설첨적] 자질을 갖는다.

✔ 혓몸 자질과 입술모양 자질

혓몸 자질은 모음이 조음되는 위치가 혀의 앞뒤 위치와 혀의 상하 위치에 따른 특징을 나타내는 자질이다. 혀의 앞뒤 위치에 따라 [±전설적] 자질로 구별하고, 혀의 고저에 따라 [±고음적] 자질로 구별한다.

입술모양 자질은 조음할 때 입술이 둥근 모양이 되는 모음을 [+원순적] 자질로 나타내고, 그렇지 않는 모음은 [−원순적] 자질로 나타낸다.

✔ 부차적 자질

앞에서 살펴본 여러 종류의 음성자질 외에 부차적인 자질로 유성적 자질, 유기적 자질, 경음적 자질 등이 있다. 유성적 자질은 조음할 때 성대의 진동이 동반되는 특징을 나타내는 자질이고, 유기적 자질은 기음 'ㅎ'을 동반함을 나타내는 자질이며, 경음적 자질은 성문폐쇄음을 동반함을 나타내는 자질이다. 모음과 반모음 그리고 비음과 유음은 모두 [+유성적] 자질을 가지며, 그 밖의 자음은 [−유성적] 자질을 갖는다. 그리고 'ㅊ', 'ㅋ', 'ㅌ', 'ㅍ' 등은 [+유기적] 자질을 가지며 'ㄲ', 'ㄸ', 'ㅃ', 'ㅆ', 'ㅉ' 등은 [+경음적] 자질을 갖는다.

(3) 음운 규칙의 유형

생성음운 이론에서 일반적으로 기저형의 음운표시에 음운 규칙이 적용되어 표면형의 음성표시로 바꾸는 규칙을 음운 규칙이라 하는데, 국어에서 음운 규칙의 보편적인 유형으로 크게 네 가지를 들 수 있다.

  ✔ 국어 음운 규칙의 유형

    ① A → B / X __ Y
    ② A → B / X __
    ③ A → B / __ Y
    ④ A → B

음운 규칙의 유형 ①은 어떤 음운 A가 X와 Y의 사이에 놓이면 B로 바뀌게 된다는 규칙이고, ②는 어떤 음운 A가 X의 뒤에 놓이면 B로 바뀌게 된다는 규칙이며, ③은 어떤 음운 A가 Y의 앞에 놓이면 B로 바뀌게 된다는 규칙이다. 그리고 ④는 A가 특정한 음운 환경에 관계없이 무조건 B로 바뀐다는 규칙인데, 이것은 규칙의 한 개 유형에 속할 뿐 별다른 의미를 갖지 못한다.

음운 규칙을 표시하는 방법에는 크게 두 가지가 있는데, 하나는 분절로 나타내는 방법이고 다른 하나는 해당 분절음의 음성자질로 나타내는 방법이다. 음운 규칙을 분절로 나타내는 방법이란 바로 자음과 모음으로 나타내는 방법이다. 분절과 음운(음소)은 동일한 대상을 달리 나타내는 용어인데, 분절은 언어의 단위적인 측면에서 말하는 자음과 모음을 가리키고, 음소 또는 음운은 언어의 기능적인 측면에서 말하는 자음과 모음을 가리킨다.

음운 규칙의 유형 ①에 해당하는 보기의 하나로 유성음화 규칙을 들 수 있는데, 이를테면 '고기'[kogi]에서 자음 'ㄱ'[k]이 유성음과 유성음 사이에 놓이면 유성음 'ㄱ'[g]으로 바뀌게 된다. 이런 현상의 음운 규칙을 분절로 나타내면 'k → g / o __ i'와 같이 나타낼 수 있을 것이다. 그리고 두 번째는 음운 규칙을 분절로 나타내지 않고 그 분절음의 음성자질로 나타내는 방법이 있는데, 이것은 자음이나 모음과 같은 분절로 나타내지 않고 그 자음이나 모음에 해당하는 음성자질의 묶음으로 나타내는 방법이다. 유성음과 유성음 사이에 놓이면 유성음으로 바뀌는 자음으로는 'ㄱ', 'ㄷ', 'ㅂ', 'ㅈ' 등이 있는데, 이들 자음이 유성음으로 바뀌는 현상을 각각 하나씩 나타내지 않고 묶어서 함께 나타낼 경우에 공통적인 몇 개의 자질로 아래와 같이 나타낼 수 있다.

✔ 음운 규칙의 실제

(가) [−속음적]
　　　[−성문적]
　　　[−유기적] → [+유성적] / [+유성적] ＿ [+유성적]
　　　[−유성적]

(나) 고기 : k → g / o ＿ i
　　　바다 : t → d / a ＿ a
　　　바보 : p → b / a ＿ o
　　　바지 : tʃ → ʤ / a ＿ i

위에서 유성음화 규칙을 (가)와 같이 표시하는 것은 음성자질로 나타내는 방법이고, (나)와 같이 표시하는 것은 분절로 나타내는 방법이다.

음운 규칙의 유형 ②에 해당하는 보기의 하나로 이른바 탈락 현상을 들 수 있다. 경구개자음 뒤에서 반모음 'j'가 탈락하는 경우이다. 이를테면 '가저'를 발음하면 [가저]로 실현되므로 이것은 '/kaci + ə/ → kacjə → [kacə]'와 같이 나타낼 수 있다. 반모음 'j'가 경구개자음 'ㅈ' 뒤의 환경에서 탈락하는데, 이러한 음운 현상을 음운 규칙으로 나타내면 ②와 같은 유형의 음운 규칙이 된다. 그리고 음운 규칙 ③에 해당하는 보기의 하나로 구개음화를 들 수 있는데, 경구개음이 아닌 자음이 모음 'ㅣ'와 반모음 'j' 앞에서 경구개음으로 바뀌는 음운 현상이 구개음화이다. 이를테면 '굳이'가 [구지]로 발음되는 현상은 '/kut + i/→[kuci]'와 같이 음운이 음성으로 나타나며, 여기에서 모음 'ㅣ' 앞에서 비구개음 'ㄷ'이 경구개음 'ㅈ'으로 바뀌는 것을 볼 수 있다.

7. 음운 현상

언어는 음운이 앞뒤로 이어진 연쇄체이다. 자음과 모음으로 연쇄된 음운은 서로 영향을 주고받기도 하고 또는 음운 이외의 다른 요인에 의해 영향을 받기도 한다. 이러한 여러 영향으로 말미암아 음운이 변화하는 것을 음운 현상이라고 하는데, 음운 현상이 일어나는 원인에 따라 다음과 같이 나뉜다.

① 음운의 결합관계에 의한 음운현상 : 제약
② 발음의 편의에 의한 음운현상 : 동화, 축약, 탈락
③ 청취효과를 높이기 위한 음운현상 : 첨가

(1) 제약

제약은 음운의 결합관계에서 비롯되는 음운 현상인데, 이것은 음절구조의 제약에 의한 음운현상과 단어구조의 제약에 의한 음운 현상으로 다시 구분된다. 전자는 음절 머리에 일어나는 제약과 음절 끝에 일어나는 제약이 있으며, 후자는 어두에 일어나는 제약이 있다.

✔ 어두의 '르' 제약

이것은 단어의 첫머리에 '르'이 분포하지 못하는 제약인데, 한자음 단어의 첫소리가 '르'인 경우에 이른바 두음법칙에 따라 어두에 '르'의 표기와 발음의 제약을 받는다. 이를테면 '로인→노인', '래일→내일', '례의→예의' 등에서 이 제약이 적용된다. 하지만 외래어에 속하는 '라디오', '리어카', '로마' 등에서는 어두음 '르'의 제약을 받지 않는다.

✔ 어두 'ㄴ' 제약

이것은 단어의 첫머리에서 'ㄴ'이 모음 'ㅣ'와 반모음 'j' 앞에 분포하지 못하는 제약인데, 이를테면 '닉명→익명', '녀자→여자', '뉴대→유대' 등의 보기와 같은 단어에서 이 제약이 드러난다. 하지만 외래어의 경우에는 '뉴스', '니스' 등과 같이 그런 제약을 받지 않는다. 그리고 '력사→녁사→역사', '료금→뇨금→요금' 등의 단어는 단어의 첫머리에 분포하는 '르'이 'ㄴ'으로 바뀌었다가 다시 모음 'ㅣ'나 반모음 'j' 앞에서 'ㄴ'이 탈락하는데, 이런 단어들 역시 어두 'ㄴ' 제약을 보여준다.

✔ 자음군 단순화

국어의 음절 끝 위치에서는 자음이 한 개만 실현된다. 표기상으로는 음절 끝에 두 개의 자음이 분포하지만, 발음상으로는 두 개의 자음 중에 어느 한 개는 탈락한다. 음절 끝에 두 개의 자음이 분포할 경우 뒤에 모음이 오면 두 개 자음이 모두 발화되지만, 뒤에 자음이나 휴지(pause)가 오면 두 개 자음이 모두 발화되지 못하는 음절구조 제약에 의해 한 개의 자음은 소리가 나지 않는다. 이런 음운 현상을 자음군 단순화라 한다. 이를테면 '맑다→[막따]', '늙지→[늑찌]', '읊다→[읍따]', '밟다→[밥따]', '넓다→[널따]', '여덟→[여덜]' 등과 같은 보기10)에서 자음군 단순화가 나타나는 음운 현상을 볼 수 있다. 한편 합성어의 경우에는 겹받침의 뒤에 모음이 오더라도 자음군 단순화가 일어나는 경우가 있는데, 이를테면 '값없다→갑업따→[가법따]', '넋없다→넉업따→[너겁따]' 등에서 합성어의 앞 요소인 '값'과 '넋'의 겹받침이 모두 실현되지 못한다. 이것은 합성어의 뒤 요소가 실사인 '없다'와 같은 어휘적 요소이기 때문이다.

✔ 중화

각기 변별적인 음운이 특정한 환경에서는 그 변별의 기능이 없어지고 한 음소처럼 실현되어 변별력을 상실하는 음운 현상을 중화(neutralization)라 한다. 다시 말하면 음절 머리의 위치에서는 변별적으로 구별되는 서로 다른 음운이 자음이나 휴지 앞인 음절 끝의 위치에서는 대립되는 변별력을 잃어버리고 중화된다. 따라서 음절 머리의 위치를 흔히 분화위치라 하고 음절 끝의 위치를 중화위치라고 부른다. 음절 끝의 자음이 중화되면 같은 서열의 자음이 모두 연음으로 바뀐다. 이를테면 연구개자음 'ㄱ', 'ㄲ', 'ㅋ' 등이 음절 끝의 위치에서 연음 'ㄱ'으로 중화되고, 경구개자음 'ㄷ', 'ㄸ', 'ㅌ' 등이 음절 끝의 위치에서 연음 'ㄷ'으로 중화된다.

이를테면 '부엌→[부억]', '옷→[옫]', '낫→[낟]', '낮→[낟]', '같다→[갇따]', '낮다→[낟따]', '앞→[압]' 등의 보기와 같이 중화위치라 할 수 있는 음절 끝에서 중화되는 음운 현상을 볼 수 있다. 그리고 자음 'ㄸ', 'ㅃ', 'ㅉ' 등을 제외한 모든 자음이 표기상으로는 음절 끝에 분포할 수 있으나, 음성적으로는 음절 끝의 위치에 실현될 수 있는 중화자음은 'ㄱ', 'ㄴ', 'ㄷ', 'ㄹ', 'ㅁ', 'ㅂ', 'ㅇ' 등의 7개 자음뿐이다. 이런 현상을 일컬어서 현대 국어에는 7종성법이 존재하는 것으로 본다.

음절 끝 위치의 자음이 모음 앞에서는 '높이→[노피]', '밭에→[바테]',

---

10) 겹받침의 발음에 대해서는 <표준어 규정> 제4장 10항과 11항을 참조.

'벗이 → [버시]' 등의 보기와 같이 그 음가대로 실현되지만, 합성어의 경우 뒤에 오는 요소가 실사인 어휘 형태소이면 '옷안→온안→[오단]', '나뭇잎→나묻입→[나문닙]' 등과 같이 앞 요소의 음절 끝 자음이 중화된다.

✔ 자음 뒤 'ㄹ' 제약

자음 'ㄹ'은 이 자음 이외의 다른 자음 뒤에서는 실현되지 못하는 제약이 있다. 이를테면 '백리→백니→[뱅니]', '담력→[담녁]', '협력→[협녁]', '강릉→[강능]' 등의 보기와 같은 단어에서 'ㄹ'이 'ㄱ', 'ㅁ', 'ㅂ', 'ㅇ' 등의 자음 뒤에서 'ㄴ'으로 바뀌어 실현된다.

(2) 동화

동화(assimilation)는 발음을 쉽게 하려는 화자의 편의에 의해 일어나는 음운 현상인데, 이것은 동화의 방향에 따라 순행동화와 역행동화로 나뉘고, 동화의 정도에 따라 완전동화와 부분동화로 나뉜다. 그리고 동화의 환경에서 중간에 개재하는 음운의 유무에 따라 인접동화와 원격동화로 나뉘는데, 두 음운 사이에 개재음운이 없으면 인접동화이고 개재음운이 있으면 원격동화이다. 한편 동화와 대립되는 음운 현상에 이화(dissimilation)가 있는데, 이를테면 '붑>북', '거붑>거북', 'ᄆᆞᅀᆞᆷ>마음', '아ᅀᆞ>아우' 등에서 자음의 이화 현상과 모음의 이화 현상을 볼 수 있다.

동화에는 유음화, 비음화, 구개음화, 모음조화, 움라우트, 조음위치 동화 등이 있다.

✔ 유음화

유음이 아닌 자음이 유음의 앞과 뒤에서 유음으로 발음되는 음운현상

을 유음화라 한다. 이를테면 '난로→[날로]', '신라→[실라]', '칼날→
[칼랄]', '할는지→[할른지]' 등에서 유음화가 나타난다. 앞의 두 낱말은
자음 'ㄴ'이 유음 'ㄹ' 앞에서 'ㄹ'로 발음되는데, 이것은 역행동화, 완전
동화, 인접동화라 할 수 있다. 그리고 뒤의 두 낱말은 자음 'ㄴ'이 유음
'ㄹ' 뒤에서 'ㄹ'로 발음되는데, 이것은 순행동화, 완전동화, 인접동화라
할 수 있다.

✔ 비음화

비음이 아닌 자음이 비음 앞에서 비음으로 발음되는 음운현상을 비음
화라 한다. 이를테면 '먹는→[멍는]', '닫는→[단는]', '잡는→[잠는]',
'깎는→깍는→[깡는]', '흙만→흑만→[홍만]', '앞마당→압마당→[암
마당]' 등에서 비음화가 나타난다. 앞의 세 낱말에는 비음 앞의 자음이 뒤
에 있는 비음에 영향을 받아 비음으로 발음되는 음운 현상을 보이고, 뒤
의 세 낱말은 음절말의 'ㄲ', 'ㄺ', 'ㅍ' 등이 일차로 각각 'ㄱ', 'ㄱ', 'ㅂ'
등으로 중화된 뒤에 이것들이 다시 비음 'ㅇ', 'ㅇ', 'ㅁ' 등으로 각각 비
음화된다. 이것은 역행동화, 인접동화이다.

✔ 구개음화

구개음이 아닌 자음이 모음 'i'와 반모음 'j'의 영향을 받아 구개음으로
발음되는 음운 현상을 구개음화라 하는데, 이것은 모음 'i'와 반모음 'j'의
조음위치가 경구개음에 가깝기 때문에 일어나는 역행동화, 인접동화이다.
이를테면 ①굳이/kuti/→[kuci], 밭이/pathi/→[pachi], ②냠냠/njamnjam/
→[njamɲjam], 비녀/pinjə/→[piɲjə], ③달력/talljək/→[talʎjək], 달리다
/tallita/→[talʎida], ④휴가/hjuka/→[çjuga], 향가/hjaŋka/→[çjaŋga] 등에
서, ①은 'ㄷ'과 'ㅌ'이 모음 'i' 앞에서 각각 'ㅈ'과 'ㅊ'으로 발음되고 ②

는 'ㄴ'이 반모음 'j' 앞에서 구개음화한 'ㄴ[ɲ]'으로 발음되며 ③은 'ㄹ'이 모음 'i'나 반모음 'j' 앞에서 구개음화한 'ㄹ[ʎ]'로 발음된다. 그리고 ④는 'ㅎ'이 반모음 'j' 앞에서 구개음화한 'ㅎ[ç]'으로 발음된다. 그런데 ①은 'ㄷ'에서 'ㅈ'으로 음운이 변하므로 음소적 구개음화라 할 수 있으나, ②~④는 다른 음소로 음운이 변하는 것이 아니고 음성적으로 볼 때 구개음으로 발음되기 때문에 음성적 구개음화라 할 수 있다.

✔ 모음조화

앞 음절의 모음과 뒤 음절의 모음이 같은 계통의 모음끼리 만나는 음운 현상을 모음조화라고 한다. 중세 국어에서는 모음조화가 비교적 잘 지켜졌으나[11] 현대 국어에서는 많이 파괴되어 일부분에서만 지켜지고 있다.

현대 국어에서는 부사형어미 '—아/어'(보아, 먹어), 과거시제어미 '—았/었—'(보았고, 먹었고), 연결어미 '—아도/어도'(보아도, 먹어도), '—아서/어서'(보아서, 먹어서), 명령어미 '—아라/어라'(보아라, 먹어라) 그리고 의성어(딸랑딸랑, 출렁출렁)와 의태어(아장아장, 어정어정) 등에서 모음조화가 지켜질 정도이다.

✔ 움라우트

낱말 안에서 앞 요소의 후설모음이 뒤 요소의 모음 'ㅣ'나 반모음 'j'의 영향을 받아 같은 높이의 전설모음으로 발음되는 음운현상을 움라우트라 한다. 후설모음 'ㅡ', 'ㅓ', 'ㅏ', 'ㅗ', 'ㅜ' 등이 뒤에 오는 모음 'ㅣ'의 영향으로 각각 전설모음 'ㅣ', 'ㅔ', 'ㅐ', 'ㅚ', 'ㅟ' 등으로 바뀌어 발음된다. 이를테면 '그리다 → 기리다', '먹이다 → 멕이다', '잡히다 → 잽히다', '속

---

11) 모음조화가 잘 지켜진 중세 국어의 체언이 곡용할 때 양성모음 아래서 '온, 논, 올, 롤, 익, 애, 으로' 등의 조사가 선택되고 음성모음 아래서 '은, 는, 을, 를, 의, 에, 으로' 등이 선택되었다.

이다→쇡이다', '구경→귀경' 등이 움라우트의 보기인데, 이것들은 모두 동화의 방향으로 보아 역행동화에 속하며 두 개의 모음 사이에 자음이 개재하고 있어서 원격동화라 할 수 있다.

움라우트에 의한 것은 기본적으로 표준어로 인정되지 않으나, 굳어진 어형으로 인정을 받는 '냄비'는 표준어에 포함된다.

✔ 조음위치 동화

두 개의 자음이 연쇄될 경우 앞의 자음이 뒤의 자음 영향으로 뒤의 자음과 같은 조음위치의 자음으로 변하는 음운 현상을 조음위치 동화라 한다. 이를테면 '듣보다→듣뽀다→[듭뽀다]', '신발→[심발]', '손가락→손까락→[송까락]' 등과 같이 발음하는 경우가 가끔 있으나, 이것은 표준 발음으로 인정받지 못하는 음운 현상이다.

(3) 축약

인접한 두 개 음운이 하나로 되는 음운 현상을 축약이라 하는데, 이것에는 반모음화, 단모음화, 격음화 등이 있다.

✔ 반모음화

서로 인접한 성절음 2개가 결합하여 하나의 음절로 줄어들면서 반모음을 가진 이중모음으로 변하는 음운 현상을 반모음화라 한다. 이를테면 '그리+어→[그려]', '뜨이+어→[띠여]', '두+어라→[둬라]', '보+아라→[봐라]' 등에서 반모음화가 나타나는데, 이러한 반모음화에 의해 이중모음이 형성된다.

✔ 단모음화

두 개의 모음이 축약되어 한 개의 단모음으로 변하는 음운 현상을 단모음화라 한다. 이를테면 ‘사이→[새]’, ‘서이다→[세다]’, ‘보이다→[뵈다]’, ‘누이다→[뉘다]’ 등의 보기에서 인접한 두 개의 모음이 한 개의 단모음으로 축약되는 음운 현상이 드러난다. 그리고 통시적으로 단모음화가 일어나는 보기로 ‘*가히>가이>개’를 들 수 있는데, 이 경우 단모음화가 되면서 보상적으로 장음화가 된다. 이러한 단모음화는 앞 요소인 후설모음 ‘ㅏ’, ‘ㅓ’, ‘ㅗ’, ‘ㅜ’ 등이 뒤 요소인 전설모음 ‘ㅣ’와 연쇄될 때, 한 개의 단모음으로 축약되는 현상을 보이며, 축약된 단모음의 조음위치가 앞뒤 요소의 중간에 위치하기 때문에 흔히 간음화(間音化)라 부르기도 한다.

✔ 격음화

자음 ‘ㅎ’과 연음 계열의 자음이 연쇄되면 한 개의 격음 계열의 자음으로 발음되는 음운 현상을 격음화 또는 유기음화라 한다. 이를테면 ‘좋고→[조코]’, ‘넣지→[너치]’, ‘입학→[이팍]’, ‘깨끗한→[깨끄탄]’ 등에서 ‘ㅎ+ㄱ→ㅋ’, ‘ㅎ+ㅈ→ㅊ’, ‘ㅂ+ㅎ→ㅍ’, ‘ㅅ+ㅎ→ㅌ’과 같이 발음된다.

(4) 탈락

✔ ‘ㄹ’ 탈락

두 개 음운의 연쇄에서 어느 한 음운이 탈락하는 음운 현상이 있다. ‘ㄹ’ 탈락은 용언의 활용과 합성어, 파생어에서 나타나는데, ‘살+으니→[사니]’, ‘놀+오→[노오]’, ‘살+으신다→[사신다]’ 등의 보기에서는 용언의 활용에서 나타나는 ‘ㄹ’ 음운의 탈락이고, ‘불+나비→[부나비]’, ‘열

+닫+이→[여닫이]’, ‘쌀+전→[싸전]’, ‘활+살→[화살]’, ‘말+소→[마소]’ 등의 보기는 합성어나 파생어에서 나타나는 ‘ㄹ’ 음운의 탈락이다.

✔ 단음화

본디 장음으로 발음되는 음절이 활용하거나 피동접미사와 사동접미사가 결합할 때 단음으로 바뀌는 음운 현상을 단음화라 한다. ‘감다[감:따]→[감으니]’, ‘신다[신:따]→[신어라]’, ‘밟다[밥:따]→[밟히다]’, ‘놀다[놀:다]→[놀리다]’ 등에서 앞의 두 낱말은 활용할 때 일어나는 단음화이고, 뒤의 두 낱말은 각각 피동접사와 사동접사가 결합할 때 일어나는 단음화이다.

(5) 첨가

✔ ‘ㄴ’ 첨가

합성어와 파생어에서 후행하는 형태소의 첫 소리가 모음 ‘ㅣ’나 반모음 ‘j’일 때 ‘ㄴ’이 첨가되는 경우가 있는데, ‘좀+약→[좀냑]’, ‘한+여름→[한녀름]’, ‘맨+입→[맨닙]’ 등의 보기에서 앞쪽의 한 낱말은 합성어의 경우이고, 뒤쪽의 두 낱말은 파생어의 경우이다.

또 ‘나뭇잎→나문닙(중화, ‘ㄴ’ 첨가)→[나문닙](비음화)’, ‘물약→물냑(‘ㄴ’ 첨가)→[물략](유음화)’, ‘집+일→집닐(‘ㄴ’ 첨가)→[짐닐](비음화)’ 등의 합성어에는 ‘ㄴ’ 첨가와 다른 음운 현상이 함께 일어난다.

✔ 경음화

연음의 자음이 내파화된 폐쇄음 뒤에서 경음으로 바뀌는 경우와 유음이나 비음 뒤에서 경음으로 바뀌는 현상을 경음화 또는 된소리화라 한다. 이를테면 '업고 →[업꼬]', '갑부 →[갑뿌]', '짚불 → 집불(중화) → [집뿔](경음화)' 등은 전자에 해당하는 경음화의 보기이고, '안다 →[안따]', '(내가) 알 바 (없다) →[알 빠]', '갈등 →[갈뜽]' 등은 후자에 해당하는 경음화의 보기이다.

📖 연습문제

1. 음향, 음성, 음운의 차이를 설명해 보자.

2. 자음과 모음의 차이를 설명해 보자.

3. 현대 국어의 자음 체계를 분류 기준에 따라 설명해 보자.

4. 현대 국어의 모음 체계를 구체적으로 설명해 보자.

5. 음운의 중화에 대해 보기를 들어 설명해 보자.

6. 음성과 음성자질의 관계를 말해 보자.

7. 음운 변동과 음운 변천을 구별해 보자.

8. 음절의 개념과 국어의 음절 유형을 설명해 보자.

9. 이중모음과 반모음의 관계를 설명해 보자.

10. 음운 동화에 해당하는 음운 현상을 설명해 보자.

11. 음운의 결합관계에 따른 제약현상을 설명해 보자.

12. 음운첨가와 음운삭제 현상에 대해 설명해 보자.

| 참고문헌

교육부(2004), 고등학교 문법, (주)두산.
국립국어연구원(1995), 한국 어문 규정집, 계문사.
김광해 외(1999), 국어지식탐구, 박이정.
김동소(1998), 한국어 변천사, 형설출판사.
김주원(1993), 모음조화의 연구, 영남대출판부.
김차균(1983), 음운론의 원리, 창학사.
배주채(1996), 국어음운론개설, 신구문화사.
백두현(1992), 영남문헌어의 음운사 연구, 태학사.
서보월 외(1993), 신국어학, 형설출판사.
양동휘(1975), 음향음성학, 범한서적.
이기문 외(1984), 국어음운론, 학연사.
이문규(2004), 국어 교육을 위한 현대 국어 음운론, 한국문화사.
이병건(1976), 현대 한국어의 생성음운론, 일지사.
이병건 최명옥(1997), 국어음운론, 한국방송통신대 출판부.
이정민·배영남(1987), 언어학사전, 박영사.
이철수(1987), 한국어음운학, 인하대출판부.
이호영(1996), 국어 음성학, 태학사.
이현복(1998), 한국어의 표준발음, 교육과학사.
조성식(1999), 영어학사전, 신아사.
전상범(1974), 생성음운론, 탑출판사.
전재호 외(1990), 신국어학개론, 형설출판사.
최현배(1971), 우리말본, 정음사.
허 웅(1991), 국어음운학, 샘문화사.
허 웅(1984), 국어학, 샘문화사.
Daniel Jones(1957), An Outline of English Phonetics, Cambridge, England.

제3장 **낱말**

1. 낱말과 형태소

낱말은 단어라고도 하는데, 이것은 분리하여 자립적으로 쓸 수 있는 말이나 이에 준하는 말을 가리킨다.[1] 낱말은 뜻을 가진 말의 낱덩이인데, 형태소도 뜻을 가진 말의 낱덩이이다. 말의 낱덩이란 점에서는 형태소와 낱말이 같으나, 이 둘이 완전하게 동일한 것은 아니다.[2]

형태소는 자립적인 것도 있지만, 의존적인 것도 많다. 하지만 낱말은 원칙적으로 자립적이다. 낱말은 문법적인 발상에 의하지 않고 머리에 떠올릴 수 있는 말의 낱덩이이다. 그러므로 낱말은 독자성을 갖는다. 이것은 첫째, 아이들이 처음 말을 배울 때 대개 낱말을 띄엄띄엄 말한다. 둘째, 글자를 모르는 사람들도 낱말을 고립시켜 한 낱덩이로 되풀이할 수 있다. 셋째, 사전에서는 어느 나라 말에서나 낱말을 낱덩이로 하여 뜻풀

---

1) 표준국어대사전(1999 : 1389).
2) 허웅(1984 : 123).

이하고 있는 것이 원칙으로 되어 있는데, 이것은 낱말의 독자성을 증명해 주는 것이다(허웅, 1984 : 124).

낱말은 자립적이고 독자적이며 뜻을 가진 말의 낱덩이이다. 낱말은 그 내부에 휴지(쉼, pause)가 없고 다른 언어 요소의 개입이 불가능하다. 그래서 낱말은 문장을 이루는 최소의 자립 구성소 또는 최소의 자립 형식이라 한다.

형태소와 낱말은 뜻을 가진 말의 낱덩이라는 점에서는 같으나, 자립성의 유무에서나 언어 단위의 측면에서 차이가 있다. 낱말은 모두 자립성을 가지고 있지만, 형태소는 자립성이 있는 것도 있고 자립성이 없는 것도 있다. 형태소와 낱말이 언어 단위의 한 종류이지만, 낱말이 형태소에 비해 더 큰 언어 단위이다.

    (1) 비-가 많이 왔다.
    (2) 비-가 많-이 오-았-다.

위 문장 (1)을 이루는 낱말은 4개인데, 형태소는 (2)와 같이 모두 7개이다. 이러한 사실에서 낱말이 형태소보다 더 큰 언어 단위라는 것이 잘 드러나며, 형태소가 그대로 낱말이 되기도 하고 몇 개의 형태소가 모여서 낱말을 이루기도 한다. 즉 위의 문장에서 '비'와 '-가'는 하나의 형태소이면서 동시에 한 개의 낱말이다. 하지만 '많이'는 두 개의 형태소가 모여 한 개의 낱말을 이루고, '왔다'는 세 개의 형태소가 모여 한 개의 낱말을 이룬다.

문장 (1)에서 '비', '많이', '왔다' 등은 모두 자립적이고 독자적인 뜻을 가지고 있는 낱말이며, '-가'는 완전히 자립적이지는 않지만, 어미에 비해 상대적으로 어느 정도의 자립성을 인정하여 학교문법에서 낱말로 취급하고 있다. 그리고 (1)을 형태소별로 나타낸 (2)에서는 '비'를 제외한 그 밖의 형태소들은 모두 자립성이 없다. 비록 자립성이 없는 형태소라 하더

라도 그 나름의 의미를 가지고 있는 점에서 자립성이 있는 형태소와 차이
가 없다. 이 경우 형태소의 의미는 어휘적(실질적) 의미와 문법적(형식적) 의
미로 크게 구분된다. 따라서 형태소는 의미를 가진 최소의 언어 단위라고
할 수 있다.

2. 형태소와 이형태

언어의 단위에는 음운, 음절, 형태소, 낱말, 구, 절, 문장, 담화(텍스트)
등 여러 가지가 있다. 이 중에서 담화가 가장 큰 언어 단위이고 형태소는
의미를 가진 가장 작은 언어 단위이다. 주시경 선생은 일찍이 이 형태소
에 해당하는 언어 단위를 '늣씨'라고 이름을 붙였는데, 이것은 구조기술
언어학에서 형태소(morpheme)라는 용어를 사용3)하기 훨씬 이전의 일이다.

최소의 유의미적 언어 단위라고 정의할 수 있는 형태소가 언제나 동일
한 형태로 실현되는 것이 아니고 그 분포 환경에 따라 다른 형태로 실현
되기도 한다.

(1) ① 의자<u>가</u> 너무 높다.
    ② 책상<u>이</u> 너무 낮다.
(2) ① 영수야, 이 그림을 보<u>아라</u>.
    ② 영수야, 이 과일을 먹<u>어라</u>.
    ③ 영수야, 빨리 가<u>거라</u>.
    ④ 영수야, 이리 오<u>너라</u>.
    ⑤ 영수야, 조용히 공부하<u>여라</u>.

---

3) morpheme이라는 용어는 Bloomfield(1933)에서 처음 나타나는데, morpheme은 다시 full
   morpheme과 empty morpheme으로 구분된다.

(1)에서 ①의 '-가'와 ②의 '-이'는 주격조사로 기능하며, (2)에서 ①의 '-아라', ②의 '-어라', ③의 '-거라', ④의 '-너라', ⑤의 '-여라' 등이 모두 명령어미로 기능한다. (1)에서 '-가'와 '-이'는 형태가 서로 다르면서 동일한 주격조사의 기능을 수행하는데, '-가'는 모음으로 끝나는 체언 뒤에 선택되고, '-이'는 자음으로 끝나는 체언 뒤에 선택된다. 그리고 (2)에서 '-아라', '-어라', '-거라', '-너라', '여라' 등은 형태가 서로 다르면서 동일한 명령어미의 기능을 수행하는데, 분포 환경에 따라 달리 선택된다. '-아라'는 용언의 어간이 양성모음인 경우에 선택되고, '-어라'는 용언의 어간이 음성모음인 경우에 선택되며, '-거라', '-너라', '-여라' 등은 각각 특정한 형태의 용언 어간 뒤에 선택된다. (1)의 주격조사와 (2)의 명령어미는 각각 동일한 문법적 기능을 수행하지만, 분포 환경에 따라 서로 다른 형태가 선택된다. 이와 같이 동일한 문법적 기능을 수행하면서 그 분포 환경에 따라 서로 달리 선택되는 형태들을 변이 형태 또는 이형태(allomorph)라 한다. 따라서 (1)에서 '-가'와 '-이'는 모두 이형태이며, (2)에서 '-아라', '-어라', '-거라', '-너라', '-여라' 등의 형태는 모두 이형태이다.

이와 같이 동일한 문법적 기능을 수행하는 여러 형태를 이형태라고 한다. 이러한 이형태는 반드시 서로 상보적으로 분포하는 특징이 있다. 상보적으로 분포한다는 것은, 주격조사 '-가'와 '-이'의 경우, '-가'가 분포하는 환경에 '-이'가 분포하지 못하고, '-이'가 분포하는 환경에 '-가'가 분포하지 못하는 관계를 말한다. 실제로 (1)의 두 문장에서 '-가'와 '-이'가 서로 교체되어 분포하지 못한다. 그리고 (2)의 각 문장에서 명령어미로 기능하는 5개의 이형태가 서로 교체되어 분포하지 못한다. 여러 개의 이형태는 한 개의 추상적인 형태소로 묶인다. 이형태는 실제로 실현되는 구체적인 형태이고, 형태소는 이형태 중에서 어느 한 개를 추상적으로 설정한다. 이를테면 주격조사로 기능하는 '-가'와 '-이' 중에서

‘-이’를 형태소로 설정하면 ‘-가’는 이형태이다. 그리고 명령어미 ‘-아라’, ‘-어라’, ‘-거라’, ‘-너라’, ‘-여라’ 중에서 ‘-아라’를 형태소로 설정하면 그 나머지는 모두 이형태이다.

그런데 이형태 중에서 어느 하나를 형태소로 설정하기 위해 일반적으로 다음과 같은 기준이 적용된다. 첫째, 공시적으로 분포의 빈도가 높은 형태를 형태소로 설정한다. 둘째, 공시적으로 분포의 빈도 차이가 드러나지 않을 때는 통시적으로 더 오래 전부터 사용되어 온 형태를 형태소로 설정한다. 셋째, 첫째와 둘째의 기준으로 형태소 설정이 어려울 때는 문법적 설명을 더 쉽게 할 수 있는 방법에 따라 어느 하나를 형태소로 설정한다. 마지막 넷째는 위의 어느 기준으로도 형태소를 설정하기 어려울 때는 임의로 어느 하나의 형태를 선택하여 형태소로 설정한다.

이를테면 (1)에서 주격조사로 기능하는 ‘-가’와 ‘-이’의 경우 첫 번째의 기준을 적용하여 분포의 빈도 차이가 드러나지 않으므로, 두 번째의 기준을 적용하면 ‘-이’를 형태소로 잡고 ‘-가’를 이형태로 잡을 수 있다. (2)에서 명령어미로 기능하는 5개의 형태 중에 ‘-아라’와 ‘-어라’에 비해 ‘-거라’와 ‘-너라’, ‘여라’ 등이 분포의 빈도가 더 낮으므로 ‘-아라’와 ‘-어라’ 중에서 임의로 ‘-아라’를 형태소로 잡고 ‘-어라’, ‘-거라’, ‘-너라’, ‘-여라’ 등을 이형태로 잡을 수 있다.

    (3) ㄱ. 의자를 잡아라.
         ㄴ. 책상을 잡아라.
    (4) ㄱ. 책상과 의자를 잡아라.
         ㄴ. 의자와 책상을 잡아라.

(3)에서 목적격조사로 기능하는 ‘-를’, ‘-을’과 (4)에서 접속조사로 기능하는 ‘-과’, ‘-와’의 경우는 첫 번째의 기준과 두 번째의 기준을 적용

하여 어느 한 형태를 형태소로 설정하기 어렵다. 따라서 세 번째의 기준을 적용하여 '-를'과 '-과'를 형태소로 잡고 '-을'과 '-와'를 각각의 이형태로 잡을 수 있는데, 이것은 '-을'과 '-와'에 각각 'ㄹ'과 'ㄱ'을 첨가하여 '-를'과 '-과'를 만들기보다 '-를'과 '-과'에서 각각 'ㄹ'과 'ㄱ'을 탈락시켜 '-을'과 '-와'를 만들기가 더 쉽기 때문이다.

그리고 형태소는 분포 환경에 따라 이형태가 실현되는데, 이형태는 형태소와 동일한 기능을 수행하며 서로 상보적으로 분포한다. 형태소와 상보적으로 분포하는 이형태는 분포 조건에 따라 보통 음운론적 이형태와 형태론적 이형태로 크게 나뉜다. 즉 한 형태소의 이형태가 음운론적 조건에 따라 분포하는 것을 음운론적 이형태라 하고, 형태론적 조건에 따라 분포하는 것을 형태론적 이형태라 한다.

이를테면 주격조사 '-이', '-가'와 목적격조사 '-를', '-을' 그리고 접속조사 '-과'와 '-와' 명령어미 '-아라', '-어라', '-거라', '-너라', '-여라' 등의 경우를 다시 살펴보기로 한다. 이들 문법 형태소는 각각 한 형태소의 이형태이다. 즉 형태소 '-이'의 이형태가 '-가'이고, 형태소 '-를'의 이형태가 '-을'이고, 형태소 '-과'의 이형태가 '-와'이고, 형태소 '-아라'의 이형태가 '-어라', '-거라', '-너라', '-여라' 등이다.

위의 (1)~(4)에서 '-가', '-를', '-과' 등은 모음 뒤에 분포하고, '-이', '-을', '-와' 등은 자음 뒤에 분포한다. 그리고 '-아라'는 양성모음 아래 분포하고 '-어라'는 음성모음 뒤에 분포하고 '-거라', '-너라', '-여라' 등은 특정한 형태 뒤에 분포한다. 따라서 '-가'와 '-이', '-를'과 '-을', '-과'와 '-와', '-아라'와 '-어라' 등은 음운론적 조건에 따라 상보적으로 분포하는 이형태이고, '-거라', '-너라', '-여라' 등은 형태론적 조건에 따라 상보적으로 분포하는 이형태이다.

또 아래의 (5)를 살펴보자.

(5) ① 영수가 철수를 보<u>았</u>다.
     ② 영희가 과일을 먹<u>었</u>다.
     ③ 민수가 열심히 노력하<u>였</u>다.

 (5)에서 과거시제 선어말어미 '−았−'은 양성모음 뒤에 분포하고 '−었−'은 음성모음 뒤에 분포하며, '−였−'은 어간말 음절 '하'의 뒤에 분포한다. 따라서 선어말어미 '−았−'과 '−었−'은 음운론적 이형태이고 '−였−'은 형태론적 이형태이다.

3. 형태소의 분석과 유형

✔ 형태소의 분석

 문장은 여러 개의 형태소가 모여서 이루어진다. 그러므로 한 개의 문장은 여러 개의 형태소로 분석할 수 있다. 문장에서 형태소를 분석할 때는 구조주의 언어학자 소쉬르의 계열적 관계(pardigmatic relations)와 통합적 관계(syntagmatic relations)를 많이 적용하는데, 이것은 문장을 이루는 구성요소에 대해 계열적 관계와 통합적 관계를 적용함으로써 형태소를 분석하는 방법이다. 아래에서 문장을 통해 형태소를 분석하는 방법을 실제로 시도해 보겠지만, 문장에서 앞뒤 두 요소 사이의 통합적 관계가 이루어지는 경우에 각 요소의 교체 가능한 계열적 관계가 성립할 수 있다. 이런 면에서 보면 언어 구조의 통합적 관계는 횡적인 연쇄관계라 할 수 있고, 계열적 관계는 종적인 교체관계라 할 수 있다.
 아래 (1)과 (2)를 통해 형태소를 분석해 본다.

(1) ① 영수가 어제 떠났다.
　　② 거긴 어딥니까?
(2) ① 영수-가 어제 떠나-았-다.
　　② 거기-는 어디-이-습니까?

　(1)의 문장은 (2)와 같이 형태소의 분석이 가능하다.[4] (1)의 ① '영수'와 '-가'는 서로 앞뒤로 통합적 관계를 이루며, '영수' 대신 '철수', '순희', '민수' 등으로 교체될 수 있고 '-가' 대신 '-이'로 교체될 수 있는 계열적 관계를 이룬다. 따라서 '영수'와 '-가'는 별개의 형태소로 분석된다. 또 '어제'는 더 작은 요소로 분리되면 뜻을 갖지 못하며, 이것은 '떠났다'와 통합적 관계를 이루고 '오늘', '그제', '지난해' 등으로 교체될 수 있는 계열적 관계를 이루므로 그 자체가 한 개의 형태소이다. '떠났다'는 '떠나-았-다'와 같이 3개의 형태소로 분석되는데, 이들 형태소는 서로 통합적 관계를 이룬다. 또 '떠나-' 대신 '오-', '가-', '만나-' 등으로 교체될 수 있고 '-았-' 대신 다른 선어말어미와 교체될 수 있으며 '-다' 대신 다른 종결어미와 교체될 수 있는 계열적 관계를 이룬다. (1)의 ② '거긴'은 '거기'와 '-는'이 서로 통합적 관계를 이루며, '거기' 대신 '여기'와 같은 대명사로 교체될 수 있고 또 '-는' 대신 다른 조사로 교체될 수 있으므로 (2)의 ②와 같이 '거기-는'으로 형태소 분석된다. (1)의 ② '어딥니까'는 '어디' 뒤에 이른바 서술격조사가 통합되고 그 다음에 종결어미 '-습니까'가 통합된 서술어로 3개의 요소가 통합적 관계를 이룬다. 그리고 '어디' 대신 다른 대명사로 교체될 수 있고 '-습니까' 대신 다른 종결어미로 교체될 수 있으므로 3개의 형태소로 분석이 가능하다.

　이러한 방법으로 분석된 형태소는 여러 유형으로 존재한다. 형태소는 어휘적 의미의 유무와 자립성의 유무에 따라 각각 두 가지 유형으로 나뉜

---

4) (1)의 ①에 대한 형태소 분석은 /영수/ /가/ /어제/ /떠나/ /았/ /다/ 와 같이 나타내기도 하고 편의상 (2)의 ①로 나타내기도 한다.

다. 즉 어휘적 의미의 유무에 따라 어휘적 형태소와 문법적 형태소로 나뉘고, 자립성의 유무에 따라 자립형태소와 의존형태소로 나뉜다.

✔ 국어 형태소의 유형

① 어휘적 의미의 유무에 따라
  • 어휘적 형태소(실질형태소)
  • 문법적 형태소(형식형태소)
② 자립성의 유무에 따라
  • 자립형태소
  • 의존형태소

형태소의 유형은 어휘적 의미의 유무에 따라 어휘적 형태소와 문법적 형태소로 나뉘는데, 어휘적 형태소는 그 자체가 실질적인 의미를 가진 형태소이고 문법적 형태소는 문법적 의미를 가진 형태소이다. 문장 (2)의 ①에서 '영수', '어제', '떠나―' 등은 실질적인 의미를 가진 어휘적 형태소이고 '―가', '―았―', '―다' 등은 실질적인 의미를 갖지 않고 문법적 기능을 수행하는 문법적 형태소이다. 그리고 문장 (2)의 ②에서 '거기'와 '어디'는 실질적인 의미를 가진 어휘적 형태소이고 '―는', '―이―', '―습니까' 등은 실질적인 의미를 갖지 않은 문법적 형태소이다.

그리고 형태소는 자립성의 유무에 따라 자립형태소와 의존형태소로 나뉘는데, 자립형태소는 다른 말에 의존하지 않고 자립적으로 사용되지만 의존형태소는 반드시 다른 말에 의존하여 사용된다. 앞에서 문장 (1)을 (2)와 같이 형태소를 분석하였다. '영수', '어제', '거기', '어디' 등은 다른 말에 기대지 않고 자립적으로 사용되는 반면, '떠나―', '―가', '―았―', '―다', '―는', '―이―', '―습니까' 등은 앞뒤의 다른 말에 기대어 사용

된다. 따라서 전자와 같은 형태소는 자립형태소이고 후자와 같은 형태소
는 의존형태소이다. 자립형태소는 앞이나 뒤에 '−'와 같은 표시를 하지
않으나 의존형태소는 앞이나 뒤에 '−'와 같은 표시를 한다. 앞쪽에 '−'
를 표시한 형태소는 그 형태소 앞에 다른 형태소가 결합함을 나타내고,
뒤쪽에 '−'를 표시한 형태소는 그 형태소 뒤에 다른 형태소가 결합함을
나타내며, '−' 표시가 앞뒤에 있는 형태소는 그 형태소 앞뒤에 다른 형태
소가 결합하는 의존형태소임을 나타낸다.

4. 낱말의 구조와 정립 기준

(1) 낱말의 형태 구조

낱말은 문장을 이루는 최소 자립구성소이다. 국어의 낱말은 한 개의 형
태소로 이루어진 것도 있지만 두 개 이상의 형태소로 이루어진 것이 훨씬
더 많다. 이를테면 '손', '사과', '할아버지', '아주머니' 등은 한 개의 형태
소가 한 개의 낱말이 되지만, '나팔꽃', '높이', '드높다', '높푸르다', '읽
었다' 등은 두 개 이상의 형태소로 이루어진 한 개의 낱말이다.

'별', '나무', '시나브로' 등과 같이 한 개의 형태소로 이루어진 낱말은
어근 하나만으로 된 형태 구조이지만, '깨뜨리다', '휘날리다', '떠나시었
겠군요' 등과 같이 두 개 이상의 형태소로 이루어진 낱말은 어근의 앞뒤
에 여러 개의 접사[5]가 결합된 형태 구조이다. 그리고 '눈물'과 '오가다'
등은 두 개 이상의 형태소로 이루어진 낱말이지만, 이 경우의 형태소는
어근으로 기능한다.

---

5) 접사는 크게 파생접사와 굴곡접사로 나뉜다.

이들 낱말의 형태 구조를 이루는 형태소를 아래에서 분석해 본다.

(1) ① 깨뜨리다　　　→깨-뜨리-다
　　　② 휘날리다　　　→휘-날-리-다
　　　③ 떠나시었겠군요→떠나-시-었-겠-군-요
　　　④ 눈물　　　　　→눈+물
　　　⑤ 오가다　　　　→오다+가다

(1)에서 ① '깨뜨리다'의 어근은 '깨-'이며 '-뜨리-'와 '-다'는 접사이고, ② '휘날리다'의 어근은 '날-'이고 '휘-', '-리-', '-다'는 접사이며, ③ '떠나시었겠군요'의 어근은 '떠나-'이고 '-시-', '-었-', '-겠-', '-군', '-요' 등은 모두 접사이다. 그리고 ④의 '눈물'과 ⑤의 '오가다'는 두 개의 어근이 서로 결합하여 이루어진 낱말이다.

위의 (1)에서 드러나는 것과 같이, 국어의 낱말은 여러 개의 접사가 어근의 앞이나 뒤에 결합하거나 두 개 이상의 어근이 결합하는 형태적 특징을 가지고 있다. 낱말의 형태 구조에서 드러나는 이러한 특징은 대부분의 국어 낱말이 가지는 보편적인 현상이다. 따라서 국어는 언어 유형론적으로 교착어[6]라 한다.

(1)의 ③ '떠나시었겠군요'는 여섯 개의 형태소가 모여 이루어진 한 개의 낱말이다. 그런데 '떠나시었겠군요'의 형태 구조에서 이 낱말이 선택될 문장을 어느 정도 예측할 수 있다. 즉 이 낱말의 형태 구조에 주체높임의 선어말어미 '-시-'가 관여하므로 문장의 주체는 높임의 대상자로 상정할 수 있고, 과거 시제의 선어말어미 '-었-'이 관여하므로 과거의 시제로 표현되는 문장을 상정할 수 있으며, 높임의 보조사 '-요'가 결합된 점으로 보아 청자가 높임의 대상자로 상정할 수 있다. 이러한 것들을

---

6) 첨가어, 첨착어, 부가어, 부착어 등으로 부르기도 한다.

바탕으로 '떠나시었겠군요'가 선택된 아래 (2)와 같은 문장을 예측할 수 있다.

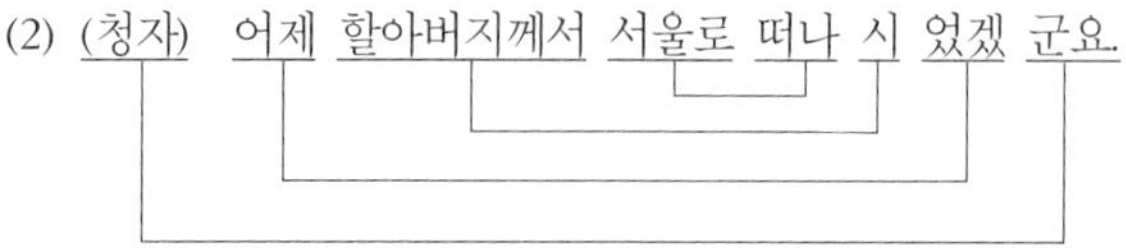

(2) 낱말의 정립 기준

우리는 앞에서 낱말은 문장을 이루는 최소의 자립 구성소라고 그 개념을 정리하였다. 하지만 논자에 따라 낱말에 대한 이론적 관점이 모두 일치하는 것은 아니다. 이것에는 크게 세 가지 관점이 있다.

첫째, 분석주의 관점

둘째, 종합주의 관점

셋째, 절충주의 관점

분석주의 관점에서 낱말을 정립코자 한 주시경과 김윤경은 어근과 접사를 각각 독립된 한 개의 낱말로 처리하려는 입장을 보였다. 반면 종합주의 관점에서 낱말을 정립코자 한 정렬모와 이숭녕은 자립성이 없는 접사는 낱말이 될 수 없다고 보고 자립성을 가진 어근과 접사를 묶어서 한 개의 낱말로 처리하려는 입장을 보였다. 하지만 절충주의 관점에서 낱말을 정립코자 한 최현배와 이희승은 자립성과 분리성이라는 기준을 적용하여 어미와 파생접사는 낱말로 처리하지 않고 조사는 낱말의 자격을 갖는 것으로 처리하였다. 마지막의 절충주의 관점은 분석주의와 종합주의 관점을 적절하게 절충한 낱말관인데, 이 관점은 규범성을 중시하는 학교 문법에서 품사 설정의 바탕이 되었다.

절충주의 관점에서 어미는 낱말로 인정하지 않고 조사는 낱말로 인정하는데, 어미는 자립성과 분리성이 없는 것으로 본 반면 조사는 어미에 비해 상대적으로 자립성과 분리성이 어느 정도 있는 것으로 보았다. 일반적으로 낱말 자격이 있는 언어 요소에 품사를 부여하는 것이 원칙이다. 따라서 주로 체언 뒤에 결합하여 문법적 관계를 나타내거나 뜻을 더해주는 언어요소에 대해 품사를 부여하느냐 부여하지 않느냐의 문제는, 곧 그 언어 요소에 대한 낱말 자격의 인정 여부에 달려 있다. 주로 체언 뒤에 결합하여 문법적 관계를 나타내는 '-이', '-를', '-에게', '-의', '-야', '-에서' 등이나 앞말에 뜻을 더해주는 '-도', '-만', '-마저', '-까지', '-조차', '-부터' 등을 낱말로 인정하면 이들 언어 요소에 품사를 부여하고 그렇지 않으면 품사를 부여하지 못한다. 이들 언어 요소에 조사라는 품사를 부여한 학교문법에서는 한 개의 낱말로 인정하고 있다.

낱말의 정립기준 : 자립성, 분리성

조사가 실제로 완전한 자립성과 분리성이 있는 것은 아니지만, 그래도 하나의 품사로 인정한 것은 몇 가지 근거에 의한다. 첫째는 자립성과 분리성이 있는 체언 뒤에 주로 결합하는 조사가 자립성이 없는 용언의 어간 뒤에 결합하는 어미에 비해 상대적으로 어느 정도의 자립성과 분리성을 인정할 수 있다. 둘째는 의존명사와 의존용언도 자립성이 없지만 하나의 낱말로 인정하고 있다. 셋째는 영어의 전치사나 관사가 역시 자립성을 갖지 않지만 하나의 낱말로 인정하고 있다.

5. 낱말의 짜임새

낱말은 하나의 형태소로 이루어진 것도 있고 두 개 이상의 형태소로 이루어진 것도 있다. 하나의 형태소로 이루어진 낱말은 어근 하나로 이루어진 것이고, 두 개 이상의 형태소로 이루어진 낱말은 어근이 두 개 이상인 경우이거나 하나의 어근에 접사가 결합된 경우이다. 이와 같이 두 개 이상의 형태소가 결합하여 새로운 낱말을 만드는 방법을 흔히 조어법 또는 단어 형성법이라고 한다.

낱말의 유형은 크게 단일어와 복합어로 나뉜다. 단일어는 하나의 어근으로 이루어진 낱말을 말하고 복합어는 두 개 이상의 형태소로 이루어진 낱말을 말한다. 그리고 복합어는 다시 파생어와 합성어로 나뉘는데, 파생어는 파생법에 의해 만들어진 낱말이고 합성어는 합성법에 의해 만들어진 낱말이다.

```
낱말의 짜임새 : ┌단일어
              └복합어 : ┌파생어
                       └합성어
```

그런데 국어의 낱말은 조어 과정에서 배의성(motivation)에 의지하는 경향이 크다. 배의성이란 낱말의 조어 과정에서 어근의 의미를 가진 채 다른 요소와 결합하여 파생어나 합성어를 이루는 성질을 말한다. 이를테면 파생어 '휘날리다'와 합성어 '눈물'의 조어 과정에서 '날리다', '눈', '물' 등이 본디 의미를 그대로 유지한 채 각각 파생어와 합성어를 이룬다. 따라서 배의성이 강한 언어는 낱말의 개념을 파악하기 쉽다. 소쉬르는 배의성이 강한 언어를 투명어라 하고 그렇지 않은 언어를 불투명어라고 하였는데, 한국어는 투명어에 속한다.

(1) 파생어

어근에 접사가 결합하여 새로운 낱말을 만드는 것을 파생법이라 하고, 파생법에 의해 만들어진 낱말을 파생어라 부른다. 어근에 결합되는 국어의 파생접사에는 접두사(prefix)와 접미사(sufix)가 있으며, 접요사는 국어에 존재하지 않는다. 그리고 파생어는 어근에 결합하는 접사의 위치에 따라 다시 접두 파생어와 접미 파생어로 나뉜다.

한편 파생어를 외적 파생어와 내적 파생어로 나누기도 한다. 외적 파생어는 어근에 접사가 결합하여 형성된 파생어를 말하고, 내적 파생어는 어근에 접사가 결합하지 않고 모음이나 자음의 교체 또는 영변화에 의한 파생어를 말한다. 내적 파생어는 다시 내적 변화 파생어와 영변화 파생어로 구분된다. 전자의 보기에는 '깎다−꺾다', '남다−넘다', '감감하다−깜깜하다' 등이 있고, 후자의 보기에는 '가물다−가물', '뭉치다−뭉치', '빗다−빗' 등이 있다.

✔ 접두 파생어

어근 앞에 접두사가 결합하여 새로 만들어진 낱말이 접두 파생어이다. 국어에서 접두사는 접미사에 비해 그 수가 적으며 어근에 뜻을 더해 줄 뿐, 어근의 품사를 바꾸는 기능은 갖지 않는다. 어근에 뜻만 더해주는 접사를 한정적 접사라 하고, 어근에 뜻을 더해주면서 품사까지 바꾸는 접사를 지배적 접사라고 한다.[7] 따라서 접두사는 어근의 앞쪽에 결합하여 품사를 바꾸지는 않고 뜻만 더해주므로 한정적 접사이다.[8]

---

7) 남기심 · 고영근(1995 : 193) 참조.
8) 그러나 접두사 중에는 어근의 앞쪽에 결합하여 뜻을 더해주면서 품사까지 바꾸는 경우가 있다. 이를테면 형용사 '강마르다'와 '메마르다'는 동사 '마르다'의 앞쪽에 접두사 '강−'과 '메−'가 각각 결합하여 이루어진 낱말이다(표준국어대사전 참조).

접두 파생어를 만드는 접두사는 어근의 품사에 따라 결합하는 양상에
약간의 차이가 있는데, 아래 (1)~(3)에서 살펴본다.

(1) ① 덧- : 덧저고리, 덧문, 덧나다, 덧붙이다
　　② 숫- : 숫총각, 숫처녀, 숫되다, 숫접다
　　③ 올- : 올벼, 올콩, 올되다, 올차다
　　④ 엇- : 엇각, 엇박자, 엇먹다, 엇물리다
　　⑤ 헛- : 헛소문, 헛걸음, 헛되다, 헛듣다

(1)에 세로로 열거한 접두사는 명사와 동사가 어근인 경우에 앞쪽에 결
합하여 접두 파생어를 만드는데, 이들 접두 파생어의 품사는 어근의 품사
와 동일하다.

(2) ① 개- : 개떡, 개살구, 개머루
　　② 돌- : 돌감, 돌미나리, 돌배
　　③ 맨- : 맨발, 맨손, 맨주먹
　　④ 풋- : 풋감, 풋나물, 풋잠
　　⑤ 핫- : 핫아비, 핫이불, 핫저고리
　　⑥ 홀- : 홀아비, 홀어미, 홀어머니

(2)에 세로로 열거한 접두사는 모두 명사 어근의 앞쪽에 결합하여 접두
파생어를 만드는 기능을 수행하며, 이들 접두 파생어의 품사는 어근의 품
사와 같다. 그리고 (2)의 보기와 같이 명사 어근의 앞쪽에 결합하여 뜻을
더해주는 접두사를 흔히 관형사성 접두사라 부른다.

(3) ① 샛- : 새까맣다, 샛노랗다, 새빨갛다
　　② 싯- : 시꺼멓다, 싯누렇다, 시뻘겋다
　　③ 짓- : 짓누르다, 짓밟다, 짓이기다
　　④ 치- : 치뜨다, 치밀다, 치솟다

(3)에 열거한 접두사는 모두 용언 어근의 앞쪽에 결합하여 접두 파생어를 만드는 기능을 수행하며, 이들 접두 파생어의 품사는 어근의 품사와 같다. 그리고 (3)의 보기와 같이 용언 어근의 앞쪽에 결합하여 뜻을 더해 주는 접두사를 흔히 부사성 접두사라 부른다.

✔ 접미 파생어

어근 뒤에 접미사가 결합하여 새로 만들어진 낱말이 접미 파생어이다. 국어의 접미사는 접두사에 비해 그 수가 많을 뿐 아니라, 접미사에 따라서는 결합하는 어근의 품사를 바꾸는 경우도 있고 그렇지 않는 경우도 있다.

어근 뒤에 접미사가 결합하여 명사, 형용사, 동사 등으로 기능하는 접미 파생어가 있다.

(1) ① −꾼 : 구경꾼, 농사꾼, 사냥꾼
     ② −이 : 삼발이, 네눈이, 곰배팔이
     ③ −질 : 걸레질, 부채질, 삽질
(2) ① −개 : 가리개, 덮개, 지우개
     ② −음 : 갈음, 기쁨, 묶음
     ③ −이 : 높이, 다듬이, 땀받이
(3) ① −이 : 개구리, 기러기, 뻐꾸기

(1)은 명사 어근 뒤에 접미사가 결합하여 명사로 기능하는 접미 파생어의 보기이고, (2)는 용언의 어근에 접미가가 결합하여 명사로 기능하는 접미 파생어의 보기이며, (3)은 부사성 어근에 접미사가 결합하여 명사로 기능하는 접미 파생어의 보기이다.

그리고 접미사가 어근 뒤에 결합하여 형용사와 동사로 기능하는 접미 파생어가 있다.

    (4) ① -답- : 군인답다, 사내답다, 학생답다
        ② -롭- : 슬기롭다, 자유롭다, 향기롭다
        ③ -스럽- : 미련스럽다, 사랑스럽다, 영광스럽다
    (5) ① -브- : 고프다(곯+브), 기쁘다(깃+브), 아프다(앓+브)
        ② -다랗- : 길다랗다, 널따랗다, 높다랗다
        ③ -앟/엏- : 가맣다, 거멓다, 동그랗다
        ④ -업- : 미덥다(믿+업), 서럽다(섧+업)
    (6) ① -뜨리- : 깨뜨리다, 떨어뜨리다, 흩뜨리다
        ② -치- : 넘치다, 놓치다, 밀치다
    (7) ① -거리- : 덜렁거리다, 철렁거리다, 펄럭거리다
        ② -이- : 끄덕이다, 속삭이다, 움직이다
    (8) ① -하- : 공부하다, 잘하다, 착하다

(4)는 명사 어근에 접미사가 결합하여 형용사로 기능하는 접미 파생어의 보기이고, (5)는 동사, 형용사 어근에 접미사가 결합하여 형용사로 기능하는 접미 파생어의 보기이며, (6)은 동사 어근에 접미사가 결합하여 강세의 뜻을 가진 동사가 된 접미 파생어의 보기이다. 그리고 (7)은 부사성 어근에 접미사가 결합하여 동사로 기능하는 접미 파생어의 보기이며 (8)은 명사, 부사, 특수한 어근에 접미사가 결합하여 용언으로 기능하는 접미 파생어의 보기이다.

또 어근에 접미사가 결합하여 부사로 기능하는 접미 파생어가 있다.

    (9) ① -껏 : 마음껏, 성의껏, 힘껏
        ② -내 : 겨우내, 끝내, 봄내
        ③ -로 : 정말로, 진실로
        ④ -이 : 겹겹이, 낱낱이, 틈틈이
    (10) ① -고 : 결단코(결단하+고), 무심코(무심하+고)
        ② -오 : 도로, 비로소
        ③ -우 : 고루, 너무, 마주
        ④ -이 : 깨끗이, 굳이, 뚜렷이

    ⑤ －히 : 고요히, 꾸준히, 조용히
(11) ① －암치 : 멀찌감치, 일찌감치
    ② －이 : 더욱이, 일찍이

(9)는 명사 어근 뒤에 접미사가 결합하여 부사로 기능하는 접미 파생어의 보기이고, (10)은 용언 어근에 접미사가 결합하여 부사로 기능하는 접미 파생어의 보기이며, (11)은 부사에 접미사가 결합하여 부사로 기능하는 접미 파생어의 보기이다.

한편 어근에 접미사가 결합하여 피동사, 사동사로 기능하는 접미 파생어도 있다.

(12) ① －이－ : 깎이다, 보이다, 파이다
    ② －히－ : 맺히다, 먹히다, 밟히다
    ③ －리－ : 눌리다, 들리다, 풀리다
    ④ －기－ : 감기다, 끊기다, 안기다
(13) ① －이－ : 녹이다, 먹이다, 줄이다
    ② －히－ : 앉히다, 익히다, 잡히다
    ③ －리－ : 돌리다, 살리다, 울리다
    ④ －기－ : 남기다, 맡기다, 웃기다
    ⑤ －우－ : 깨우다, 비우다, 재우다
    ⑥ －구－ : 달구다, 돋구다, 솟구다
    ⑦ －추－ : 낮추다, 늦추다, 곧추다

(12)는 용언 어근에 피동 접미사가 결합하여 피동사로 기능하는 접미 파생어의 보기이고, (13)은 용언 어근에 사동 접미사가 결합하여 사동사로 기능하는 접미 파생어의 보기이다.

한편 아래 (14)의 보기와 같이 파생어에 따라서는 어근과 접사가 결합할 때 부분적으로 음운의 변이가 일어나는 경우가 있다.

(14) ① 오조(올+조), 휩쓸다(휘+쓸다)
      ② 바느질(바늘+질), 무게(무겁+이)

(14)의 ①은 어근 앞에 접두사가 결합한 파생어의 보기이고, ②는 어근 뒤에 접미사가 결합한 파생어의 보기이다. ①의 '오조'는 접두사 '올-'의 'ㄹ'이 탈락하였고 '휩쓸다'는 'ㅂ'이 첨가되었으며, ②의 '바느질'은 어근 '바늘'의 'ㄹ'이 탈락하였으며 '무게'는 어근 '무겁'의 'ㅂ'이 역시 탈락하였다. 이와 같이 어근에 접사가 결합하여 파생어가 만들어지는 과정에는 어근의 음운이 탈락하기도 하고 접사의 음운이 탈락하기도 하며 또는 다른 음운이 첨가되기도 한다.

한편 명사 '풋내기'는 접두사 '풋-'과 접미사 '-내기(-나기)'가 결합하여 만들어진 낱말로서 특이한 짜임을 보여주는 파생어이다.

(2) 합성어

두 개 이상의 어근이나 낱말이 결합하여 새로운 낱말을 만드는 것을 합성법이라 하고, 합성법에 의해 만들어진 낱말을 합성어라 한다. 합성어는 두 개 이상의 어근이나 낱말이 결합한 구성 형식에 따라 크게 통사적 합성어와 비통사적 합성어로 나뉜다.

✔ 통사적 합성어

두 개 이상의 어근이나 낱말이 결합한 구성 형식이 국어 문장의 정상적인 배열 방식과 같은 합성어가 통사적 합성어이다. 이를테면 '방바닥, 돌아가다'는 각각 '방+바닥', '돌아+가다'의 결합으로 이루어진 합성어인데, 이러한 낱말의 구성 형식은 문장의 정상적인 배열 방식과 다르지 않다. '방바닥'은 명사와 명사의 결합이며 '돌아가다'는 동사와 동사의 결합으로 문장에서 구(phrase)나 어절의 구성 방식과 일치한다. 즉 '방바닥'과 '돌아가다'를 '방+바닥'과 '돌아+가다'로 각각 분리하더라도 앞뒤의 두 요소가 문장에서 자립성을 가진다. 합성어를 이루는 요소를 따로 분리하더라도 문장에서 자립성을 가지면, 그 합성어는 통사적 합성어로 분류된다. 따라서 '방바닥'과 '돌아가다'는 통사적 합성어에 속한다.

아래에서 통사적 합성어의 보기를 살펴본다.

    (1) ① 논밭, 눈물, 돌다리
        ② 새해, 여러분, 저것
        ③ 날짐승, 젊은이, 큰아버지
    (2) ① 겁나다, 앞서다, 힘들다
        ② 갈아입다, 늘어지다, 알아듣다
        ③ 가로막다, 그만두다, 잘되다
    (3) ① 값싸다, 배부르다, 맛나다
        ② 깎아지르다, 게을러빠지다
    (4) 곧잘, 밤낮(늘, 항상), 이른바

(1)은 명사 합성어인데, ①은 명사와 명사가 결합한 합성어이고 ②는 관형사와 체언이 결합한 합성어이며 ③은 용언과 명사가 결합한 합성어이다. (2)는 동사 합성어인데, ①은 명사와 용언이 결합한 합성어이고 ②는 용언과 용언의 결합에 연결어미가 개재된 합성어이며 ③은 부사와 용언이 결합한 합성어이다. (3)은 형용사 합성어인데, ①은 명사와 용언이 결합한 합성어이고 ②는 용언과 용언의 결합에 연결어미가 개재된 합성어이다. 그리고 (4)는 부사 합성어인데, '곧잘'은 부사와 부사가 결합한 합성어이고 '밤낮'은 명사와 명사가 결합한 합성어이며 '이른바'는 용언의 관형사형과 명사가 결합한 합성어이다.

✔ 비통사적 합성어

두 개 이상의 어근이나 낱말이 결합한 구성 형식이 국어 문장의 정상적인 배열 방식과 일치하지 않는 합성어가 비통사적 합성어이다. 이를테면 '늦더위', '뛰놀다'는 각각 '늦+더위'와 '뛰+놀다'의 결합으로 이루어진 합성어인데, 이런 낱말의 구성 형식은 문장의 정상적인 배열 방식과 같지 않다. 즉 '늦더위'와 '뛰놀다'를 구성하는 두 요소를 분리할 경우, 두 낱말의 뒤 요소인 '더위'와 '놀다'는 문장에서 자립성을 갖지만 앞 요소인 '늦-'과 '뛰-'는 자립성을 갖지 못한다. 따라서 '늦더위'와 '뛰놀다'는 비통사적 합성어에 속한다.

아래에서 비통사적 합성어를 살펴본다.

(1) ① 늦잠, 덮밥, 부슬비
    ② 검붉다, 굶주리다, 오가다

(1)의 보기로 든 낱말은 모두 비통사적 합성어인데, ①은 명사 합성어이고 ②는 용언 합성어이다. 명사 합성어 '늦+잠', '덮+밥', '부슬+비'[9]에서 각각의 뒤 요소는 모두 문장에서 자립성을 갖지만 앞 요소인 '늦-', '덮-', '부슬-' 등은 자립성을 갖지 못한다. 그리고 용언 합성어 '검+붉다', '굶+주리다', '오+가다'에서 각각의 뒤 요소는 모두 문장에서 자립성을 갖지만 앞 요소인 '검-', '굶-', '오-' 등은 자립성을 갖지 못한다.

두 개 이상의 어근이나 낱말이 결합하여 비통사적 합성어를 이루는 과정에 음운의 변이가 일어나는 경우가 있다.

---

9) 이 낱말은 부사 '부슬부슬'의 한 부분과 명사 '비'가 결합된 합성어인데, 첩어인 '부슬부슬'에서 '부슬'은 자립성을 갖지 못한다.

  (2) ① 머리카락, 암탉
     ② 접때, 좁쌀
     ③ 마소, 소나무
     ④ 섣달, 이튿날

  (2)는 합성어가 만들어지는 과정에 음운이 첨가하거나 탈락하거나 또는 음운이 바뀌게 된 보기이다. ①과 ②는 음운이 첨가된 경우이고 ③은 음운이 탈락한 경우이며 ④는 음운이 바뀐 경우이다. ①의 '머리카락'과 '암탉'은 각각 '머리+ㅎ+가락', '암+ㅎ+닭'의 결합으로 만들어진 합성어로 두 요소 사이에 'ㅎ'이 첨가되었으며, ②의 '접때'와 '좁쌀'은 각각 '저+ㅂ+때', '조+ㅂ+쌀'의 결합으로 만들어진 합성어로 두 요소 사이에 'ㅂ'이 첨가되었다. ①에서 두 어근 사이에 게재하는 'ㅎ'은 앞 요소의 역사성에 의한 것이고, ②에서 두 어근 사이에 게재하는 'ㅂ'은 뒤 요소의 역사성에 의한 것이다. ③의 '마소'는 '말+소'의 결합으로 만들어진 합성어로 앞 요소의 'ㄹ'이 탈락하였다. 그리고 ④의 '섣달'과 '이튿날'은 각각 '설+달', '이틀+날'의 결합으로 만들어진 합성어인데, 두 낱말 모두 앞 요소의 말음 'ㄹ'이 'ㄷ'으로 바뀌었다.

  한편 합성어는 두 개 이상의 어근이나 낱말이 결합하는 의미관계에 따라 병렬합성어, 유속합성어, 융합합성어 등으로 나뉜다. 즉 병렬합성어는 결합한 두 요소의 의미가 대등하게 드러나는 합성어를 말하고, 유속합성어는 결합한 두 요소가 의미상으로 주종관계를 이루는 합성어를 말하고, 융합합성어는 결합한 두 요소의 본디 의미는 사라지고 새롭게 다른 의미를 나타내는 합성어를 말한다.

  (3) ① 논밭, 검푸르다, 오가다
     ② 이슬비, 밥그릇, 걸어가다
     ③ 밤낮(늘, 항상), 춘추(나이), 돌아가다(죽다)

(3)의 보기로 제시한 합성어는 앞뒤의 두 요소가 결합하여 나타나는 의미관계에 따라 세 가지로 유형화한 것이다. ①은 앞뒤의 두 요소가 가지고 의미가 그대로 나타나는 병렬합성어의 보기이고, ②는 의미적으로 앞의 요소가 뒤의 요소에 종속관계를 나타내는 유속합성어의 보기이며, ③은 앞뒤 요소의 본디 의미와 달리 새로운 의미를 나타내는 융합합성어의 보기이다.

(3) 합성어의 파생

합성어의 파생은 먼저 두 개 이상의 어근이나 낱말이 결합하여 합성어가 만들어지고, 그 다음에 접사가 합성어에 결합하여 다시 파생어가 만들어지는 것을 말한다.

(1) ① 해돋이, 피돌기, 손잡이
     ② [[[해][돋]][이]]
        [[[피][돌]][기]]
        [[[손][잡]][이]]

(1)의 보기로 든 낱말은 1차적으로 합성법에 의해 합성어가 만들어지고 2차적으로 파생법에 의해 파생어가 만들어진 것들이다. ①의 보기로 제시한 것은 ②와 같이 낱말의 짜임을 구조적으로 나타낼 수 있다. 즉 '해돋이'는 명사 '해'와 동사 '돋다'의 결합으로 합성어 '해돋다'가 먼저 만들어지고 그 다음에 접사 '-이'가 결합하여 만들어진 파생어이고, '피돌기'는 명사 '피'와 동사 '돌다'의 결합으로 합성어 '피돌다'가 먼저 만들어지고 그 다음에 접사 '-기'가 결합하여 만들어진 파생어이며, '손잡이'는 명사 '손'과 동사 '잡다'의 결합으로 합성어 '손잡다'가 먼저 만들어지고 그 다음에 접사 '-이'가 결합하여 만들어진 파생어이다.

  그런데 (1)의 보기로 든 낱말들은 합성어가 되기 전에는 '해가 돋다', '피가 돌다', '손을 잡다'와 같은 문장으로 존재하였는데, 각각의 문장에서 주격조사와 목적격조사가 탈락하면서 주어로 기능한 명사와 서술어로 기능한 동사가 결합하여 합성어로 만들어진 것으로 해석할 수 있다.

6. 낱말의 갈래

(1) 품사 분류의 기준

  국어 낱말의 수는 매우 많다. 우리가 그 많은 낱말을 하나하나씩 모두 인지하기란 여간 어렵지 않을 뿐 아니라 거의 불가능하다. 그래서 수십만 개나 되는 국어의 낱말을 몇 가지의 품사별로 분류함으로써 국어의 낱말에 대한 우리의 이해를 한층 높일 수 있다.

  품사(parts of speech)란 동일한 문법적 기능을 수행하는 낱말들끼리 몇 개의 부류로 나눈 것을 말한다. 따라서 품사는 낱말 자격이 있는 언어 단위에 대해서 부여한다. 낱말의 정립 기준을 자립성과 분리성에 둔다면, 이 기준을 만족시키는 낱말에 대해 품사를 부여하게 된다. 보통 국어 품사 분류의 기준을 형태(form), 의미(meaning), 기능(function) 등 세 가지로 잡는다. 형태는 그 낱말이 가진 형태 구조를 말하고, 의미는 그 낱말이 가지는 형식적인 뜻을 말하며, 기능은 그 낱말이 문장에서 수행하는 역할을 말한다. 이 세 가지 품사 분류의 기준 중에서 실제로는 형태와 의미에 비해 기능이 더 중요한 분류 기준으로 작용한다.

  낱말의 품사는 그 낱말이 사용되는 문장에서 결정된다.

(1) ① <u>그</u>는 누구냐?
　　② 너는 너<u>대로</u> 가거라.
(2) ① <u>그</u> 사람 누구냐?
　　② 너가 아는 <u>대로</u> 말해라.

　(1)과 (2)의 밑줄 친 낱말 '그'와 '대로'는 각각 형태가 같고 의미는 비슷하다. 그러나 (1)과 (2)에서 이 두 낱말의 기능은 서로 다르다. 즉 (1)에서 ①의 '그'는 문장의 주체로서 주어 기능을 수행하지만 (2)에서 ①의 '그'는 '사람'을 수식하는 기능을 수행한다. 그리고 (1)에서 ②의 '대로'는 체언 뒤에 결합하여 문법적 기능을 수행하는 반면, (2)에서 ② '대로'는 관형어 '아는'에 기대어 의존적인 체언 기능을 수행한다. 따라서 (1)의 밑줄 친 '그'와 '대로'의 품사는 각각 대명사와 조사이며, (2)의 밑줄 친 '그'와 '대로'의 품사는 각각 관형사와 명사이다. 위의 (1)과 (2)의 보기에서 동일한 형태의 낱말이 두 개 이상의 품사로 기능하는 현상을 품사의 통용이라 한다. 품사의 통용은 어느 한 품사에서 다른 품사로 바뀐 것이 아니라, 한 형태의 낱말이 본디 두 개 이상의 품사로 기능하는 것을 말한다.

(2) 품사 분류

　국어의 품사 분류는 학자에 따라 적게는 5가지로 분류하기도 하고 많게는 13가지로 분류하기도 하는데,[10] 규범성을 중시하는 학교문법에서는 9개의 품사로 분류하고 있다. 즉 명사, 대명사, 수사, 동사, 형용사, 관형사, 부사, 조사, 감탄사 등이 그것이다. 이 9가지의 품사는 문장에서 수행하는 기능에 따라 체언, 용언, 수식언, 관계언, 독립언 등으로 나누기도 한다. 그 각각에 해당하는 품사를 나타내면 아래 (1)과 같다.

------

10) 정렬모(1946), '신편고등국어문법'에서는 5가지로 분류하고, 김근수(1947), '중학국문법책'에서는 13가지로 분류하였다.

  (1) 기능에 따른 품사 분류
     체언 : 명사, 대명사, 수사
     용언 : 동사, 형용사
     수식언 : 관형사, 부사
     관계언 : 조사
     독립언 : 감탄사

명사, 대명사, 수사 등은 주로 문장의 몸이나 주체 자리에 분포하므로 체언이라 부르고, 동사와 형용사는 문장에서 주로 서술 기능을 수행하므로 용언이라 부르며, 관형사와 부사는 문장에서 다른 말을 주로 수식하므로 수식언이라 한다. 조사는 자립성을 가진 말 뒤에 결합하여 다른 말과의 문법적 관계를 나타내므로 관계언이라 하고, 감탄사는 주로 문장의 앞부분에 배열되어 뒤에 이어지는 문장과 독립적으로 존재하는 경우가 많으므로 독립언이라 부른다.

그리고 이들 품사에 해당하는 낱말의 형태가 변하는 것과 변하지 않는 것, 즉 불변어와 가변어로 구분하면 아래 (2)와 같이 나눌 수 있다.

  (2) 형태 변화의 유무에 따른 품사 분류
     불변어 : 명사, 대명사, 수사, 관형사, 부사, 감탄사, 조사
     가변어 : 동사, 형용사, (서술격조사)[11]

또한 국어의 9개 품사를 자립성이 높은 것에서 낮은 것으로 그 정도에 따라 차례대로 배열하면 '감탄사 > 체언 > 용언 > 부사 > 관형사 > 조사'와 같이 나타낼 수 있는데, 여기에서 감탄사가 자립성이 가장 높고 조사가 자립성이 가장 낮다.

---

11) 이것은 학교문법에 따른 용어인데, 연구자에 따라서는 지정사, 잡음씨, 계사, 환언동사 등으로 부르기도 한다.

구분	명사	대명사	수사	관형사	부사	감탄사	조사	서술격 조사	동사	형용사
의미	사람, 사물의 이름	명사 대신 사용	수량, 순서	체언 속성 한정	용언 속성 한정	감탄	문법적 관념	체언의 용언화	움직임	성질, 상태
기능	체언			수식언		독립언	관계언		용언	
형태	불 변 어								가 변 어	

국어의 품사 9개를 하나씩 간략하게 살펴본다.[12]

✔ **명사**

사물의 이름을 나타내는 품사

(1) 뜻에 따라 : 유정명사—말, 사람, 소

　　　　　　　무정명사—나무, 코스모스, 풀

　　　　　　　자연현상명사—무지개, 비, 안개

　　　　　　　추상명사—개념, 사랑, 행복

(2) 자립성의 유무에 따라 : 자립명사—개념, 논, 하늘

　　　　　　　　　　　　　의존명사—것, 대로, 바

▎의존명사 : 관형어에 기대어 사용되는 비자립적인 명사

　ㄱ. 주어성 의존명사 : 나는 거기 갈 <u>수</u>가 없다.

　ㄴ. 서술성 의존명사 : 나는 그것을 들었을 <u>뿐</u>이다.

　ㄷ. 부사성 의존명사 : 너가 아는 <u>대로</u> 전하여라.

　ㄹ. 단위성 의존명사 : 사과 한 <u>개</u>만 다오.

　ㅁ. 보편성(통용성) 의존명사 : 나는 말할 <u>것</u>이 전혀 없다. (주어)

　　　　　　　　　　　　　　너가 아는 <u>것</u>을 말하라. (목적어)

　　　　　　　　　　　　　　넌 먹는 <u>것</u>에 관심이 없어. (부사어)

　　　　　　　　　　　　　　행복이란 즐겁게 살아가는 <u>것</u>이다. (서술어)

---

12) 남기심 · 고영근(1995) 참조.

(3) 고유성의 유무에 따라 : 고유명사-규영, 대구, 독도
　　　　　　　　　　　　　　보통명사-교실, 의자, 책상

✔ 대명사

물의 이름 대신 가리키기만 하는 품사
(1) 인칭대명사 : 1인칭대명사-나, 저, 우리(복수)
　　　　　　　　2인칭대명사-너, 자네, 당신, 어르신, 너희(복수)
　　　　　　　　3인칭대명사-그, 이이, 그분
　　　　　　　　미지칭대명사-누구, 어느 분
　　　　　　　　부정칭대명사-아무, 아무어른
(2) 지시대명사 : 이(화자의 근거리)-이것, 여기
　　　　　　　　그(청자의 근거리)-그것, 거기
　　　　　　　　저(화·청자 등거리)-저것, 저기

❚ 체언의 복수 표지
　‘-희’ : 너희는 모두 어디 가니?
　‘-네’ : 너네는 모두 언제 왔나?
　‘-들’ : 마당에 사람들이 많이 모였네. (복수접미사)
　　　　가게에 사과, 배, 포도 들이 많다. (의존명사)
　　　　어서들 오게나. (보조사)

✔ 수사

사물의 수량이나 순서를 나타내는 품사
(1) 수량 : 하나, 둘, 셋
(2) 차례 : 첫째, 둘째, 셋째

• 인수사 : 사람의 수를 나타내는 수사

　　둘이서 사이좋게 놀아라.

　　셋이서 나란히 어디 가니?

✔ 동사

사물의 움직임을 과정적으로 나타내는 품사

(1) 자동사 : 목적어 명사구를 필요로 하지 않는 동사

　　해가 벌써 떴다.

　　비가 많이 온다.

(2) 타동사 : 목적어 명사구를 필요로 하는 동사

　　영수가 순희를 만났다.

　　영수는 순희에게 책을 보냈다.

(3) 능격동사(양용동사) : 자동사와 타동사로 기능하는 동사

　　바람이 많이 분다.　　　　영수가 먼지를 분다.

　　그녀의 눈물이 그쳤다.　　그녀는 눈물을 그쳤다.

　　정지선에서 차가 멈추었다.　경찰관이 차를 멈추었다.

✔ 형용사

사물의 성질이나 상태를 나타내는 품사

(1) 성상형용사 : 성질이나 상태를 나타내는 형용사

　　높다, 곱다, 같다, 있다13)(객관형용사)

　　기쁘다, 슬프다, 좋다(주관형용사)

(2) 지시형용사 : 가리킴을 나타내는 형용사

　　이러하다, 그러하다, 저러하다, 어떠하다

---

13) '있다'는 그 쓰임에 따라 동사로도 기능하고 형용사로도 기능한다.

▌동사와 형용사의 변별

　동사는 사물의 움직임을 과정적으로 나타내는 품사이고, 형용사는 사물의 성질이나 상태를 나타내는 품사이다. 이러한 의미적인 차이만으로 두 품사의 변별이 분명하게 드러나지 않을 때는 동사와 형용사의 문법적인 기능 차이를 통해 구별하는 방법이 있다.

　동사는 진행형(-는/ㄴ다), 명령형(-아라, -어라, -거라, -너라, -여라), 청유형(-으자), 의도형(-으려), 목적형(-으러) 등의 활용이 가능하지만, 형용사는 이들의 활용이 불가능하다.

　　① 책상 위에 <u>있는</u> 책은 무슨 책이냐?
　　② 너는 가지 말고 여기 <u>있어라.</u>
　　③ <u>밝은</u> 날에 만나자.
　　④ 날이 차츰 <u>밝는다.</u>

　①과 ②의 밑줄 친 '있다'가 동일한 형태지만 품사는 동일하지 않다. ①에서 '있다'는 동작성이 전혀 없는 점으로 보아 형용사이고, ②에서 '있다'는 명령형으로 활용되고 있는 점으로 보아 동사이다. 그리고 ③과 ④의 밑줄 친 '밝다'가 형태는 동일하지만 품사는 동일하지 않다. ③에서는 '밝다'가 형용사로 기능하지만, ④에서는 '밝다'가 진행형으로 활용하고 있는 점으로 보아 동사이다.

✔ 관형사

체언 앞에서 그 체언을 수식하는 품사

(1) 성상관형사 : 성질이나 상태를 나타내는 관형사
　　　　　<u>새</u> 집, <u>대</u> 사건

(2) 수 관 형 사 : 단위성 의존명사와 사물의 수량을 나타내는 관형사
　　　　　<u>한두</u> 마리, <u>다섯</u> 명

(3) 지시관형사 : 가리킴의 기능을 갖는 관형사
　　　　　<u>의</u> 사람, <u>그</u> 사람, <u>저</u> 사람

✔ 부사

여러 품사 앞에서 그 말의 뜻을 한정하는 품사
(1) 성분부사 : 어느 한 성분을 수식하는 부사
　　① 전봇대가 <u>아주</u> 높다.
　　② <u>바로</u> 옆이 우체국이다.
　　③ 학교 종이 <u>땡땡</u> 친다.
　　④ 넌 <u>이리</u> 오너라.
(2) 문장부사 : 문장 전체를 수식하는 부사
　　① <u>정말</u> 영수는 잘 달린다.
　　② <u>부디</u> 잘 갔다 오게.
　　③ <u>그리고</u> 바람이 많이 불었다.

✔ 감탄사

자신의 느낌이나 의지를 나타내는 품사
(1) 감정감탄사 : 자신의 감정을 나타내는 감탄사
　　① <u>아</u>, 너무 밝다.
　　② <u>저런</u>, 아무도 도와주지 않았구나.
(2) 의지감탄사 : 자신의 의지를 나타내는 감탄사
　　① <u>예</u>, 저가 가겠습니다.
　　② <u>여보</u>, 어디 가오.
　　③ <u>글쎄</u>, 나는 도무지 모르겠어.
(3) 말버릇
　　① <u>음</u>, 저도 모르겠는데요.
　　② <u>그래</u>, 벌써 끝났어.

✔ 조사

낱말이나 어절 뒤에 결합하여 그 다음에 오는 말과의 문법적 관계를 나타내거나 앞말에 뜻을 더해주는 품사로 완전한 자립성을 가지지 못한다.

(1) 격조사 : 체언에 결합하여 뒤에 오는 말과의 문법적 관계를 나타내는 조사인데, 격표지라고도 한다.

(2) 보조사[14] : 앞말에 뜻을 더해주는 조사

(3) 접속조사 : 앞말과 뒷말을 이어주는 조사

(4) 문장종결조사 : 문장이 끝난 뒤에 결합하여 뜻을 더해 주는 조사[15]인데, 보조사에 포함될 수 있다.

7. 활용과 곡용

국어는 언어 유형론적으로 교착어에 속하는 언어인데, 체언이나 용언의 어간 뒤에 결합하여 문법적 기능을 수행하는 교착소가 많이 발달해 있다.[16] 이 교착소는 크게 어미와 조사로 구분되는데, 어미는 활용하고 조사는 곡용한다.

(1) 활용

다양한 문법적 기능을 수행하기 위해 동사, 형용사, 서술격조사의 어간 뒤에 여러 형태의 어미가 결합하는 현상을 활용(conjugation)이라 한다. 활용하는 어미의 위치와 형태에 따라 그 갈래가 여러 가지로 나뉜다.

---

14) 한정조사, 특수조사 등으로 부르기도 한다.
15) 문장종결조사에 대해서는 권재일(1992 : 36) 참조.
16) 교착소에 대해서는 임홍빈(1997), 최웅환(2005), 허철구(2005) 참조.

✔ 위치에 따른 어미의 분류

동사, 형용사, 서술격조사는 활용하는 품사인데, 이것은 활용할 때 변하지 않는 부분인 어간과 활용할 때 변하는 부분인 어미로 크게 구분된다. 용언의 어간 뒤에 결합하는 어미에는 선어말어미(pre-final ending)와 어말어미(final ending)가 있다.

① 비이 많이 오<u>겠더라</u>.(-겠-더-라)
② 선생님께서 그렇게 말씀하<u>셨습니다</u>.(-시-었-습니다)

문장 ①의 서술어 '내리<u>겠더라</u>'와 ②의 서술어 '말씀하<u>셨습니다</u>'에서 밑줄 친 부분이 어미이다. ①과 ②의 서술어 '내리겠더라'와 '말씀하셨습니다'에는 각각 3개의 어미가 결합하였다. 이 두 서술어에 결합한 '-라'와 '-습니다'는 어말어미이고, 각 어말어미의 앞에 결합한 어미 '-겠-', '-더-', '-시-', '-었-' 등은 선어말어미[17]이다.

❶ 선어말어미

선어말어미는 어말어미 앞에 결합하는 어미를 말하는데, 그 숫자가 어말어미만큼 많지 않다. 선어말어미에는 주체높임 선어말어미 '-시-', 시제 선어말어미 '-는-', '-었-', '-겠-', 화자낮춤 선어말어미[18] '-사오/오-', 서법어미 '-느-', '-더-', '-리-' 등이 있는데, 이들 선어말어미는 배열순서가 있다.

① 할아버지께서는 언제 오<u>셨느냐</u>?(-시-었-느-)
② 저도 함께 가<u>겠사옵</u>니다.(-겠-사오-)

---

17) 이것은 선행어미라 부르기도 한다.
18) 흔히 공손어미라 부르지만, 화자 자신을 낮추어 나타내는 선어말어미이다(김태엽 : 2005).

③ 어젠 비가 많이 <u>오</u>더니 오늘은 오지 않<u>는</u>다.
④ 나는 내일 떠나<u>리</u>다.

❷ 어말어미

어말어미는 용언이나 서술격조사에 의해 이루어진 어절의 끝에 결합하는 어미로 선어말어미에 비해 그 형태가 훨씬 많다. 어말어미는 다시 종결어미와 비종결어미로 나뉘고, 비종결어미는 다시 연결어미와 전성어미로 나뉜다.

(1) 종결어미 : 종결어미가 결합하면 문장이 종결되는데, 이 어미의 형태에는 서술형, 의문형, 명령형, 청유형 등이 있다. 이 밖에 감탄형, 약속형, 허락형 등을 더 들기도 하지만, 감탄형과 약속형은 평서형과 함께 서술형에 포함되고[19] 허락형은 명령형에 포함된다. 그리고 종결어미 중에는 연결어미에서 전용된 형태도 있다.
　　① 비가 많이 <u>온다</u>.
　　② 비가 많이 <u>오느냐</u>?
　　③ 이리 <u>오너라</u>.
　　④ 어서 <u>가자</u>.
　　⑤ 바람이 많이 <u>부는데</u>.
　　⑥ 비가 좀 그치<u>거든</u>.

(2) 연결어미 : 연결어미가 결합하여 앞뒤의 말을 이어주는데, 이 어미에는 대등적 연결어미, 종속적 연결어미, 보조적 연결어미 등이 있다.
　　① 비가 오<u>고</u> 바람이 분다.
　　② 비가 오<u>니</u> 날씨가 춥다.
　　③ 이 책을 읽<u>어</u> 보아라.
　　④ 이 과일은 먹<u>지</u> 못한다.
　　⑤ 영희도 집에 가<u>게</u> 되었다.
　　⑥ 얼음이 녹<u>고</u> 있다.

---

19) 최현배(1971), 남기심(1973), 허웅(1995), 권재일(1992), 김태엽(2001) 등을 참조.

(3) 전성어미 : 전성어미가 결합하여 한 문장을 전성형이 되게 하는데, 이런 기능을 수행하는 것에는 명사형어미, 관형사형어미, 부사형어미 등이 있다.
> ① 밖에 비가 왔<u>음</u>을 아무도 몰랐다.
> ② 백두산에 오르<u>기</u>가 쉽지 않다.
> ③ 산에 오르<u>는</u> 사람이 아무도 없다.
> ④ 그걸 <u>본</u> 사람이 누구냐?
> ⑤ 여기 있<u>던</u> 책을 누가 치웠니?
> ⑥ 그는 집에 <u>갈</u> 사람을 찾았다.
> ⑦ 국화가 곱<u>게</u> 피었다.
> ⑧ 누구나 보기 쉽<u>게</u> 뚜껑을 열어 두어라.

(3)에서 ①과 ②의 밑줄 친 '－음'과 '－기'는 명사형어미이고, ③~⑥의 밑줄 친 '－는', '－은', '－던', '－을' 등은 관형사형어미이고, ⑦과 ⑧의 밑줄 친 '－게'는 부사형어미이다.

❸ 규칙활용과 불규칙활용

일정한 조건에서 규칙성을 가지는 활용을 규칙 활용이라 하고 그렇지 않은 활용을 불규칙활용이라 한다.
> ① 규칙활용 : 벗고, 벗지, 벗으니, 벗으며……
> ② 규칙활용 : 읽고, 읽지, 읽으니, 읽으면……
> ③ 규칙활용 : 가거라, 자거라, 일어나거라……
> ④ 불규칙활용 : 잇고, 잇지, 이으니, 이으면……
> ⑤ 불규칙활용 : 오너라 ('거라'의 바뀜으로)
> ⑥ 불규칙활용 : 달 / 다-오 (어미의 불규칙)

❹ 어미 결합의 제약

어미는 용언의 어간이나 서술격조사에 결합하여 여러 가지 문법적 기능을 수행하는데, 어미라고 하여 모든 경우에 결합이 가능한 것이 아니고 어떤 어미는 동사에만 결합하고 형용사와 서술격조사의 결합에 제약을 받는다.

① *코스모스가 참 곱<u>는</u>다.
② *이 꽃은 희<u>려고</u> 한다.
③ *이것은 영수 책<u>인</u>다.
④ 영수는 책을 읽<u>는</u>다.
⑤ 철수는 집에 가<u>려고</u> 한다.

①에서 형용사 '곱—' 뒤에서 '—는—'이 결합하지 못하는 제약과 ②에서 형용사 '희—' 뒤에서 '—려고'가 결합하지 못하는 제약, 그리고 ③에서 서술격조사 '—이—' 뒤에서 '—ㄴ / 는—'이 결합하지 못하는 제약은 모두 선접요소와 후접요소 사이의 의미관계에 의한 것이다. 하지만 ④~⑤에서는 동사 '읽—'과 '가—' 뒤에 각각 '—는—'과 '—려고'의 결합에 제약이 없다.

(2) 곡용

체언이나 자립성이 있는 말 뒤에 여러 형태의 조사가 결합하여 그 문법적 기능을 수행하는 현상을 곡용(declension)[20)]이라 한다. 이렇게 곡용하는 조사에는 격조사, 보조사, 접속조사, 문장종결조사 등이 있다.

✔ 격조사

격조사[21)]는 명사, 대명사, 수사와 같은 체언 뒤에 결합하여 다른 말과의 문법적 관계를 나타내는 조사이다. 격조사에는 주격조사, 목적격조사, 서술격조사, 보격조사,[22)] 관형격조사, 부사격조사, 호격조사 등이 있다.

---

20) 곡용을 준굴곡법, 활용을 굴곡법이라 부르기도 한다.
21) 격(case)은 일반적으로 명사항(논항)이 서술어에 이끌리는 문법적 관계를 말한다.
22) 학교문법에서 서술어가 '아니다', '되다'이고 서술어 바로 앞에 '—이'와 '—가'가 결합한 명사(구)를 보어라 하는데, 이것은 주어와 형식적으로 차이가 없다. 그러나 문장

(1) ① 영수<u>가</u> 어제 떠났다.
　　② 책상<u>이</u> 너무 높다.
　　③ 우리학과<u>에서</u> 우승했다.
　　④ 둘이<u>서</u> 사이좋게 놀고 있다.
　　⑤ 어머니<u>께서</u> 어제 오셨다.
(2) ① 영수가 순희<u>를</u> 만났다.
　　② 넌 책상<u>을</u> 옮겨라.
　　③ 선생님께서 <u>널</u> 찾으시더라.
(3) ① 저것은 영희네 집<u>이다</u>.[23]
　　② 밖에는 비가 오는 모양<u>이다</u>.
(4) ① 이것은 국어책<u>이</u> 아니다.
　　② 저 강이 호수<u>가</u> 되었다.
(5) 영수는 나<u>의</u> 책을 빌려갔다.
(6) ① 영희는 집<u>에</u> 있습니다.
　　② 순희는 집<u>에서</u> 놉니다.
　　③ 이걸 철수<u>에게</u> 주어라.
　　④ 넌 영수<u>한테</u> 뭘 줬니?
　　⑤ 그 책을 형님<u>께</u> 드렸니?
　　⑥ 영수<u>더러</u> 뭐라고 했니?
　　⑦ 순희가 너<u>보고</u> 나무라더냐?
　　⑧ 이 붓<u>으로</u> 간판을 썼니?
　　⑨ 그는 과장<u>으로서</u> 책임을 다했다.
　　⑩ 스스로 노력함<u>으로써</u> 자아성취가 가능하다.
　　⑪ 이것이 그것<u>과</u> 같으냐?
　　⑫ 이것<u>보다</u> 저것이 더 낫다.
　　⑬ 그는 영수<u>하고</u> 비교할 수 없다.
　　⑭ 순희<u>만큼</u> 잘 뛰는 학생을 보았니?
(7) ① 영수<u>야</u>, 어디 가니?
　　② 천지신명<u>이시여</u>, 우릴 보살펴주소서.

안에서 주어와 보어의 배열에 차이가 있으며, 또 보어는 주어와 같이 문장의 주체가
되지 못하는 기능상의 차이가 있다.
23) (3)의 ①에서 밑줄 친 '−이다'는 지정의 의미를 나타내지만, ②에서 밑줄 친 '−이다'
　　는 양태의 의미를 나타낸다.

(1)의 밑줄 친 '—이／가', '—에서', '—서', '—께서' 등은 주격조사(주어 표지)이고, (2)의 밑줄 친 부분은 목적격조사(대격조사, 목적어표지)이고, (3)의 밑줄 친 부분은 서술격조사이고, (4)의 밑줄 친 부분은 보격조사이고, (5) 의 밑줄 친 '—의'24)는 관형격조사이고, (6)의 밑줄 친 부분은 부사격조사 이고, (7)의 밑줄 친 부분은 호격조사이다.

✔ **보조사**

보조사는 자립성이 있는 말 뒤에 다양하게 결합하여 뜻을 더해주거나 한정하는 조사를 말하는데, 그 종류가 많다.

① 너는 학생이고 나는 선생이다. (주제／대조)
② 철수만 오너라. (단독)
③ 영수도 가거라. (역시)
④ 너마저 떠나느냐? (추종)
⑤ 나부터 출발하마. (시작)
⑥ 너야말로 다른 사람들의 본보기지. (특수／강조)
⑦ 넌들 그렇게 하지 않겠니? (비특수)
⑧ 여기까지 오세요. (미침)
⑨ 이것이나마 가져라. (불만)
⑩ 밥은커녕 죽도 없다. (물론)

---

24) 조사 '—의'의 문법적 성격에 대해서는 크게 두 가지 견해가 있다. 한 가지는 조사 '—의'가 여러 언어 형식과 결합해서 뒤에 오는 명사의 의미를 한정하고 또한 뒤의 명사와 더불어 하나의 문장 성분이 된다. 이러한 '—의'를 격조사의 하나인 관형격조 사로 보아 왔다. 그러나 격을 단순히 문장에서의 지위로 보지 않고, 서술어를 중심으 로 하여, 다른 문장 성분이 이에 이끌리는 관계로 판단해 본다면, '—의'는 격조사가 될 수 없다고 보는 또 하나의 견해가 권재일(1987, 1989)에서 제기되었다. 이것은 '—의'가 서술어에 직접 이끌리는 문장 성분에 결합하지 않기 때문에 격조사가 될 수 없다는 것이다. '—의'가 앞뒤의 말을 이어주는 접속의 기능을 수행하는 것으로 보아 접속조사의 범주에 포함해야 한다는 주장이 있으나, 여기에서는 전통적으로 기술해 온 방법대로 '—의'를 관형격조사로 처리한다.

　⑪ 그는 너밖에 모른다. (더없음)
　⑫ 어디 사람마다 같으냐? (균일)
　⑬ 이것이나 저것이나 차이가 없다. (선택)

✔ 접속조사

접속조사는 앞뒤의 말을 이어주는 조사인데,[25] 아래의 보기와 같이 여러 형태의 접속조사가 있다.

　① 영수와 철수가 만났다.
　② 영수가 노트와 책을 샀다.
　③ 순희하고 영희하고 같이 떠났다.
　④ 떡이며 과일이며 없는 것이 없더라.

✔ 문장종결조사

문장이 끝난 뒤에 결합하는 조사이다.[26] 아래 ①~④의 밑줄 친 '-요', '-마는', '-그려', '-니까' 등은 문장이 끝난 뒤에 결합하여 뜻을 더해주는 문장종결조사로 크게는 보조사에 포함될 수 있다.

　① 연극이 참 재미있습니다요.
　② 날씨는 좋습니다마는.

---

25) 접속조사 '-과/와'를 구접속과 문접속으로 구분하기도 한다. 문장 ①의 '-와'는 보통 구접속으로 처리하고 ②의 '-와'를 문장접속으로 처리한다. ①의 문장에서는 서술어 '만나다'가 반드시 두 요소를 전제하는 반면 ②의 문장에서는 서술어 '샀다'가 반드시 두 요소를 전제하지 않는다. 문장 ①에서 서술어의 의미 특성은 두 사람 이상이라야 충족되지만, 문장 ②에서 서술어의 의미 특성은 한 사람이라도 충족될 수 있어서, ①은 두 개 문장의 접속으로 볼 수 없는 반면 ②는 두 개 문장의 접속으로 볼 수 있다. 따라서 전자의 문장에 선택된 '-와'는 구접속이고 후자의 문장에 선택된 '-와'는 문접속이라는 것이다.
26) 이것은 뜻을 더해주는 점에서 보조사에 포함시킬 수 있다.

③ 참으로 오랜만입니다그려.
④ 비가 너무 많이 온다니까.

✓ 조사의 생략과 겹침

격조사와 접속조사는 생략될 수 있으나, 보조사는 뜻을 더해주므로 생략되기 어렵다. 그리고 두 개 이상의 조사가 겹쳐 결합하는 경우도 있다.

① 넌 학생(이고) 난 선생이다.
② 영수는 책(을) 읽고 있다.
③ 그 사람(이) 언제 왔어?
④ 넌 어디(로 / 에) 가니?
⑤ 영수(하고) 순희가 사이좋게 오고 있다.
⑥ 여기부터가 우리 동네다.
⑦ 그는 이 책만을 읽었다.
⑧ 영수만이 이 문제를 풀었다.
⑨ 여기에서부터가 우리 구역이다.

①에서는 서술격조사가, ②에서는 목적격조사가, ③에서는 주격조사가, ④에서는 부사격조사가, ⑤에서는 접속조사가 생략되었다. 이와 같이 격조사와 접속조사가 생략될 수 있는 것은 그 문장의 구조에 의해 생략된 조사를 재구할 수 있기 때문에 문장의 의미 해석에 별다른 문제가 없으나, ⑥~⑨의 밑줄 친 부분과 같이 앞말에 뜻을 더해주거나 한정해 주는 보조사가 생략되면 그 문장의 의미 해석에 문제가 발생한다. 그리고 ⑥~⑨에서는 보조사와 격조사가 결합된 양상을 보여준다.

■ 연습문제

1. 형태소와 낱말을 보기를 들어 구별해 보자.

2. 학교문법의 관점에서 낱말의 정립 기준을 구체적으로 설명해 보자.

3. 관형사성 접두사와 관형사의 공통점과 차이점을 보기를 들어 설명해
   보자.

4. 부사성 접두사와 부사의 공통점과 차이점을 보기를 들어 설명해 보자.

5. 선어말어미의 종류와 기능을 설명해 보자.

6. 어말어미의 체계를 세우고, 그 하위 범주에 속하는 보기를 들어보자.

7. 의존명사의 종류와 그 보기를 들어보자.

8. 파생법과 합성법에서 나타나는 형태 음운의 변이에 대해 보기를 들
   어 설명해 보자

9. 동사와 형용사의 구별 방법을 구체적으로 설명해 보자.

10. 낱말의 짜임새와 낱말의 확대의 관련성을 설명해 보자.

11. '‒이다'의 쓰임에 따른 의미를 설명해 보자.

12. 조사가 생략될 수 있는 경우와 생략될 수 없는 경우를 설명해 보자.

| 참고문헌

고영근(1989), 국어 형태론 연구, 서울대 출판부.

고창수(1992), 국어의 통사적 어형성, 국어학22, 국어학회.

교육부(2004), 고등학교 문법, (주)두산.

국립국어연구원(1999), 표준국어대사전, (주)두산.

권재일(1987), 문법 범주 실현의 다양성에 대하여, 한글196, 한글학회.

권재일(1994), 한국어 문법의 연구, 서광학술자료서.

김근수(1947), 중학국문법책, 역대한국문법대계, 탑출판사.

김석득(1992), 우리말형태론, 탑출판사.

김종택(1981), 국어 대우체계를 재론함, 한글172, 한글학회.

김창섭(1996), 국어의 단어 형성과 단어구조 연구, 태학사.

김태엽(2001), 국어 종결어미의 문법, 국학자료원.

김태엽(2005), 현대 국어의 대우법 체계, 어문학90, 한국어문학회.

남기심·고영근(1995), 표준국어문법론, 탑출판사.

노대규 외(1991), 국어학서설, 신원문화사.

민현식(2000), 국어문법연구, 역락.

송철의(1992), 국어의 파생어 형성 연구, 태학사.

서정수(1994), 국어문법, 한양대출판부.

시정곤(1994), 국어의 단어 형성원리, 국학자료원.

시정곤(1998), 선어말어미의 형태−통사론, 한국어학8, 한국어학회.

서태룡(1988), 국어 활용어미의 형태와 의미, 탑출판사.

안명철(1992), 현대 국어의 보문 연구, 서울대 박사학위논문.

유동석(1995), 국어의 매개변인 문법, 신구문화사.

이상억(1999), 구어의 사동·피동구문 연구, 집문당.

임홍빈(1997), 국어 굴절의 원리적 설명과 재구조화, 관악어문연구22, 서울대 국어국
　　　　문학과.

장경희(1985), 현대국어의 양태 범주 연구, 탑출판사.

선상범(1995), 형태론, 한신문화사.

전재호 외(1983), 신국어학개론, 형설출판사.

정렬모(1946), 신편고등국어문법, 역대한국문법대계, 탑출판사.

최명옥(1991), 어미의 재구조화에 대하여, 김완진 선생 회갑기념논총.

최웅환(2005), 교착소로서의 국어 어미에 대한 연구, 우리말글35, 우리말글학회.
최현배(1971), 우리말본, 정음사.
하치근(1989), 국어 파생 형태론, 남명문화사.
한길(2002), 현대 우리말의 높임법 연구, 역락.
한동완(1988), 청자경어법의 형태원리, 말13, 연세대 한국어학당.
허 웅(1984), 국어학, 샘문화사.
허 웅(1995), 20세기 우리말의 형태론, 샘문화사.
허철구(2005), 국어 어미의 형태 통사론적 특성과 기능범주 투사, 우리말글연구16, 우
        리말학회.
홍사만(2002), 국어 특수조사 신연구, 역락.
황병순(1991), 국어 시간 표현의 원리, 배달말16, 배달말학회.
Bloomfield, L.(1933), Language, Holt, Rinehart and Winston, New York.
Bybee, J. L.(1985), Morphology, John Benjamins B.V.

제4장 **어휘**

1. 어휘소와 어휘[1]

언어는 대부분의 경우 문장에 의해 실현되는데, 문장의 구성은 여러 개의 낱말(단어)들로 이루어진다. 따라서 낱말은 국어의 실체라 할 수 있을 만큼 중요한 위치에 놓이는 언어 단위이기 때문에, 수많은 낱말을 수록한 국어사전을 힘들여 만드는 것이다.

어휘소는 의미를 가진 기본 단위를 말하는데, 개별적인 낱말이 곧 하나의 어휘소라고 말할 수 있다. 이를테면 '흙', '사과', '할아버지', '가다', '곱다', '높다' 등과 같은 낱말은 각각 의미를 가진 단위이므로 한 개의 어휘소이다. 따라서 어휘소는 의미를 가진 단위로서 낱개의 낱말을 말하고, 어휘는 낱말의 집합을 말한다. 그러므로 어휘라는 술어는 집합의 개념으로서 낱말들의 무리를 가리킨다. 다시 말하면 어휘를 이루는 하나하

---

1) 김광해(1993), 김종택(1998)에 기댐.

나의 요소들은 곧 어휘소이다. 이러한 관점에서 보면 어휘란 일정한 범위 안에서 사용되는 낱말들의 집합이다. 어휘의 집합은 그 성격에 따라 다시 두 가지로 나뉘는데, 개인의 어휘, 한 언어의 어휘, 현대 국어의 어휘, 경북 방언의 어휘 등과 같이 본질적으로 그 한계가 명확하게 정해져 있지 않은 개방적인 집합으로서의 어휘가 존재하는 반면, 김동인의 소설에 나타나는 어휘, 이상화의 시에 나타나는 어휘 등과 같이 그 한계가 분명하게 정해진 폐쇄적인 집합으로서의 어휘가 존재한다.

2. 어휘의 특징

어휘는 몇 가지 측면에서 음운이나 문법과 구별되는 일반적인 특징을 가진다.

첫째, 언어습득이라는 측면에서 음운이나 문법은 어린 나이에 어느 정도의 습득이 이루어지거나 완료되는 반면, 어휘는 어린 나이 때부터 습득이 이루어져서 성인이 되어서도 꾸준하게 습득이 계속되는 특징이 있다.

둘째, 음운이나 문법은 어느 정도로 한정되어 있으며 그 규칙성이 비교적 엄격한 반면, 어휘는 음운이나 문법에 비해 한정되어 있지 않을 뿐 아니라 그 규칙성 또한 엄격하지 않은 특징이 있다.

셋째, 어휘는 음운이나 문법에 비해 그 언어 사회의 분위기나 문화가 비교적 잘 반영되는 특징이 있다.

한편 국어 어휘의 특징은 다음과 같이 몇 가지로 말할 수 있다. 첫째는 색채어와 감각어가 매우 발달해 있다. 이를테면 색채어 '푸르다'에 대해 푸르스름하다, 푸르스레하다, 푸르무레하다, 푸르죽죽하다, 푸르청청하다 등의 여러 어휘소가 발달해 있다. 그리고 살금살금과 슬금슬금, 살며시와

슬며시 등의 감각어가 발달하여 긍적인 느낌과 부정적인 느낌이 대조를 이룬다. 둘째는 국어의 어휘가 그 조어 과정에서 배의성(配義性)에 기대는 경향이 크다. 배의성은 낱말의 조어법에서 기본적인 형태소가 본디 의미를 그대로 지닌 채, 다른 형태소와 결합하여 새로운 파생어나 합성어를 만드는 성질을 말한다. 이를테면 강아지 망아지, 송아지 등은 모두 '개+아지', '말+아지', '소+아지'와 같이 축소사 '아지'가 결합함으로써 새로운 어휘소로 만들어진 것이다. 또 '물'이 '코', '비', '눈'의 뒤에 결합하여 '콧물', '빗물', '눈물' 등의 새로운 어휘소가 만들어진다.

이러한 국어 어휘의 특징은 국어의 어휘를 습득하는 데 편리한 점도 있지만, 어휘소의 고유한 의미를 소홀하게 생각하는 측면도 있을 수 있을 것이다.

3. 어휘의 양상

어휘는 사회 집단, 연령, 직업, 계층, 지역 등의 차이에 따라 서로 다른 낱말의 집합이 이루어질 수도 있고, 또 표현 의도에 따라 속된 표현, 완곡한 표현, 높이는 표현 등에 따라 낱말의 집합이 다양한 양상으로 존재할 수 있다.

언어학에서 음소와 변이음, 형태소와 변이형태의 구별이 있듯이, 어휘소(lexeme)와 변이어(allolexeme)라는 구별이 있다. 이것은 어휘소들의 분포 양상이 변이어의 모습으로 존재할 수 있음을 말하는 것이다. 따라서 다양하게 존재하는 어휘의 양상은 어휘소의 변이에 의한 것과 그렇지 않는 것으로 나뉜다. 이를테면 방언이나 은어 또는 속이는 변이에 의한 결과로 볼 수 있으나, 전문어는 변이에 의한 결과로 볼 수 없다. 이러한 어휘소의 변이는 다시 위상적 변이와 화용적 변이로 나뉜다. 위상적 변이는 '누가,

어디서 말하는 어휘냐'하는 점을 중심으로 구별되는 반면, 화용적 변이는 '동일한 화자가 어떻게 말하는 어휘냐' 하는 관점을 중심으로 구별된다. 따라서 위상적 변이는 개인의 의지와는 관계없이 사회적 약속을 준수하는 변이이며, 화용적 변이는 개인을 둘러싸고 있는 상황에 대처하면서 개인적인 의지에 의한 다양한 표현 욕구에 대처하는 변이이다.

하지만 이러한 변이에 의한 것으로 볼 수 없는 전문어나 신어 및 유행어 등이 있는데, 이것은 문화적 팽창에 의한 결과로 볼 수 있다.

(1) 어휘소의 위상적 변이

어휘는 위상적 분포에 따라 변이형이 존재한다. 어휘소의 위상적 변이는 지리적 요인에 의한 변이와 비지리적 요인에 의한 변이로 구분되는데, 전자에는 방언이 있고 후자에는 각종 사회적 집단에서 사용하는 변이형들이 있다. 여러 사회 집단의 변이형은 그 사용 과정에서 비밀성이 존재하느냐의 여부에 따라 대외적인 비밀 유지를 목적으로 하는 은어와, 그런 비밀성이 없이 단순히 사회적 단위별 변이형인 남성어, 여성어, 아동어, 노인어, 청소년어 등의 부류가 설정될 수 있다. 이것들은 모두 공통어에 대응하는 변이형을 가지는 경우에 해당하는 것이므로, 변이형을 가지지 않는 집단어(전문어, 직업어) 등과 구별된다.

✔ 방언[2]

❶ 방언의 개념

언어[3]는 지리적 공간뿐 아니라 계층, 성별, 세대와 같은 사회적 요인에

---

2) 이상규(2003)에 기댐.
3) 언어를 상호 의사소통이 가능한 방언의 집합이라고 한다면, 한 언어와 다른 언어와의 관계나 방언과 방언과의 관계를 구분하는 기준은 곧 상호 의사소통력이 될 수 있다.

의해 분화하여 체계적인 언어 차이로 나타나는데, 이것을 방언이라 한다. 즉 방언은 일정한 지역에 사는 사람들이 공통적으로 사용하는 지역적, 또는 사회적인 언어 변종으로서 일정한 체계를 갖추고 있다. 지리적 요인에 의한 언어 변종을 지리적 분화형이라 하고, 사회적 요인에 의한 언어 변종을 사회적 분화형이라 한다. 전자를 가리켜 보통 지역방언(logical dialect)이라 하고 후자를 가리켜 사회방언(social dialect) 또는 계층방언(classic dialect)이라 한다. 따라서 모든 방언은 한 개별 언어의 하위 형식으로서 독자적인 체계를 갖춘 언어형식이라 할 수 있다.

방언을 어떤 개별 언어의 하위 체계로 이해할 때, 언어와 방언을 어떻게 구분할 것인가가 문제된다. 한 개의 개별 언어는 여러 개의 하위 방언으로 구성된다. 또 개별 방언은 일반적으로 여러 말씨(accent)가 모여서 성립되며, 이 말씨는 개인어(개인방언, idiolect)로 구성된다.

언어 — 방언 — 말씨 — 개인어

따라서 언어가 상위 개념이라고 한다면 방언은 지역적 요인이나 사회적 요인에 의해 분화된 하위 형식의 언어 체계라 할 수 있다.

방언과 방언 사이의 차이가 단절적으로 존재하는 것이 아니라 연속적으로 이어져 있다. 즉 우리가 한 마을에서 다른 마을로 이동을 계속하면 방언 차이가 누적된다는 느낌을 가지게 된다. 멀리 떨어져 있는 마을일수록 방언 차이는 더욱 크게 누적될 것이다. 이 경우 지리적으로 외곽 지역의 방언은 상호 의사소통에 다소 어려움이 따르기도 하지만, 의사소통이 가능한 연쇄고리로 연결된다. 지리적으로 인접한 방언 사이에는 특수한 조건(강, 산맥, 협곡, 이민족 등)이 없는 한 의사소통이 단절되는 지점은 좀처럼 존재하지 않는다. 이러한 현상을 방언연속이라 한다.

❷ 표준어와 방언

개별 언어는 국가라는 정치적 요인과 기타 사회·문화적인 요인과 긴밀한 관계를 맺고 있다. 특히 독자적인 정서법을 가지고 있는 대부분의 나라에서는 언어 변화와 분할을 저지하기 위해 표준어(standard language) 또는 공용어(common language) 제도를 채택하고 있다.

일반적으로 표준어의 기준으로 ① 대상지역 선택은 정치·경제·문화적인 중심지역이어야 하며 ② 성문화된 규범성을 갖는 분화형이어야 하며 ③ 기능상의 정교함을 가지고 있어야 하며 ④ 국민들이 받아들일 수 있는 수용성이 있어야 한다. 우리나라의 경우 표준어는 지역적으로 '서울' 지역, 시간적으로는 '오늘날', 사회계층적으로는 '교양인 계층'의 사람들이 사용하는 언어를 기준으로 삼는 표준어 정책을 취하고 있다. 이렇게 설정한 한국어의 표준어는 언어의 분열을 저지하려는 목적과 언어의 통용성을 높이기 위해 정교하게 다듬어서 성문화한 인공언어라고 할 수 있다.

표준어와 방언의 차이점은 아래와 같다.

	〈표준어〉	〈방언〉
①	통합성	분열성
②	성문화(규범성)	비성문화(비규범성)
③	통용성	비통용성
④	정교성	비정교성
⑤	정치·사회 중심어	지역성(특정 지역어)
⑥	문어·구어 비중 비슷	구어 중심
⑦	인위적	자연적
⑧	친밀성 작음	친밀성 큼

❸ 방언의 특성

① 보수성 : 오래된 언어를 유지하는 성질

② 개신성 : 보수성과 상반되는 새로운 언어적 변화

③ 분화성 : 방언 사이의 차이가 생겨 다르게 되는 성질

④ 통합성 : 방언의 상호 영향으로 비슷하게 되는 성질

⑤ 계급성 : 사회 계층에 따른 방언 차이

❹ 방언학의 연구

방언학의 연구에서 크게 주목을 받아온 이론은 대개 아래와 같은 학문 영역이 있다.

① 지리방언학 : 지리적 차이에 따른 방언 차이 연구

② 구조·생성방언학 : 구조주의, 생성주의에 따른 방언 연구

③ 사회·도시방언학 : 사회적 요소와 관련된 방언 차이 연구 및 인구 가 집중된 도시인들의 구어를 연구

❺ 방언 조사

방언 연구를 객관적으로 수행하기 위해서는 정밀한 방언 조사가 선행 되어야 한다.

① 조사 항목

조사 목적에 적합하도록 사전에 면밀한 계획에 따라 조사 항목을 작성 해야 한다. 주로 어휘, 형태, 음운, 문법, 의미 등을 중심으로 조사 항목을 작성하는데, 이 중에서 어휘와 형태 항목이 가장 많은 비중을 차지한다. 이것은 음운이나 문법에 비해 방언 차이를 쉽게 드러내는 것이 어휘이기 때문이다.

② 질문지

현지 조사에서 조사자와 제보자(informant)의 면담은 주로 질문지에 따라 정확한 범위 내에서 행해진다.

③ 질문 방식

질문 방식은 직접 질문법과 간접 질문법으로 구분된다. 직접 질문법은

표준적인 어형을 제보자에게 제시하고 이 어형에 대응하는 방언형을 말하도록 하는 방식이고, 간접 질문법은 조사하고자 하는 어형을 제보자에게 직접 알려주지 않고 그 어형을 간접적으로 유도하는 방식이다.

④ 조사 지점

조사 지점은 방언 차이가 나타날 만한 곳을 예비 조사를 통해 미리 예측하여 정하는 것이 좋다. 그러나 이런 것을 예측할 수 없을 경우에는 군 단위의 행정 구역을 중심으로 조사하기도 하고, 읍면 단위 또는 마을 단위로 조사하기도 한다. 왜냐하면 마을 단위의 방언 차이가 나타나는 곳이 있기 때문이다. 또 조사 지점은 그 지역을 대표하는 핵방언권 지역으로서 토속적인 전통 마을이면서 도시 문화의 영향을 적게 받은 곳을 택하기도 한다.

⑤ 조사 방법

조사 방법은 조사 대상 지역의 크기에 따라 광역조사와 국부조사로 구분된다. 조사 대상 지역에 따라 유의할 점이 있다. 특정 지역의 방언 체계를 기술하거나 언어 형상을 정밀하게 기술해야 할 필요가 있는 조사는 미리 조사 항목을 정밀화해야 하고, 그 지역 특정 언어 현상을 드러낼 수 있는 조사 항목을 추가하는 것이 바람직하다. 그리고 하위방언권에 걸치는 등어선이나 방언구획선을 찾기 위해 인접한 두 방언을 조사할 경우에는 매우 정밀한 조사 지점망을 구성해야 한다.

⑥ 제보자

방언 자료를 제공해 주는 사람을 제보자라 한다. 따라서 제보자의 선정은 매우 중요하다. 제보자 선정 요건은 보통 한 곳에 정착한, 나이 많은, 시골 출신의 남자이면서 조사 지점의 방언을 정확하게 구사하는 사람이면 좋다.

⑦ 조사자

조사자는 언어학의 기초 지식을 가진 언어학도이면 더욱 좋다. 그리고 조사자는 무엇보다 뛰어난 음성 식별력을 지니고 있어야 하므로 전문적인 음성 훈련을 받아야 한다.

⑧ 면담

정확한 방언 조사가 되기 위해 제보자와 조사자가 만나서 면담이 원만하게 진행되어야 한다. 그리고 조사자는 학생같이 대하고 제보자는 선생님처럼 가르치는 역할을 하는 것이 바람직한 면담이 될 수 있다. 또한 면담이 지루해지지 않도록 분위기를 잘 조절할 필요가 있다.

❻ 지리방언학

지리방언학 연구는 역사−비교적 연구를 위해 문헌 자료의 한계를 보충한다는 보조적인 관점을 벗어나서 개별 방언의 공시적인 체계를 밝힐 수 있을 뿐 아니라 방언 간의 비교를 통한 역사적 연구에도 기여할 수 있다. 그리고 지리방언학이 언어의 역사를 밝히거나 공시적인 방언의 체계화를 위해서는 우선 언어 형식들이 지역적으로 어떻게 분화하고 또 어떤 변종을 나타내고 있는지를 조사해야 한다. 따라서 지리방언학의 연구 방법은 크게 두 가지로 구분된다. 첫째는 역사적 관점의 지리방언학 연구이고, 둘째는 공시적으로 기술언어학적인 관점의 지리방언학 연구이다.

① 등어선과 방언 경계

전통방언학이나 지리방언학의 주된 관심사는 어떤 언어적인 특징에 대해 다른 두 지역의 경계인 등어선을 찾아내는 일이었다. 등어선(isogloss)이란 언어 특징의 차이를 보이는 두 지역을 가르는 가상적인 분계선을 말하는데, 이 등어선이 여러 개 다발을 이루는 현상을 등어선속(isogloss bundle)이라 한다. 이를테면 어느 지역에서 새우라고 하고 인접한 다른 지역에서는 새비라고 한다면, 이 두 방언 차이를 통해 두 지역 사이에 등어선을 그을 수 있을 것이다. 이러한 등어선이 여러 개 다발을 이루는 등어선속을 기준으로 방언 구역이 결정되고, 이것에 따라 방언 경계가 설정된다. 그리고 이 방언 경계에 따라 방언 구획이 설정되는 것이다. 등어선은 어휘에 의해 설정되기도 하고 음운, 문법 등에 의해서도 설정될 수 있다.

등어선 ── 등어선속 ── 방언 경계 ── 방언 구획

여기에서 중부방언과 경북방언의 어휘, 음운, 문법 등의 대응 양상을 간단히 살펴보자.

〈중부방언〉	〈경북방언〉
고양이	고내기, 굉이, 꼬내기, 살찡이, 괴내기
가위	가새, 가시개, 가시, 가왜, 가이, 가애
기와	지와, 개와, 재와
부추	정구지, 정고지, 분추, 분초
부엌	정지
잠자리	철기이
기름	지름
김	짐
메기	미기, 머기
베다	비다
어미	이미, 에미, 가택이, 과택이,
너한테 보여줄까?	니자테 비주까?
이게 뭔 책이고?	이기 뭔 책이고?
이게 국어책이냐?	이기 국어책이가?
넌 언제 집에 가니?	니는 언지 집에 가노?
넌 지금 집에 가니?	니는 인자 집에 가나?
왜 그렇게 하느냐?	와 카노?

▌한국어의 방언 구획
　Ⓐ 이숭녕(1967)
　　함경도방언
　　평안도방언
　　중부방언
　　전라도 방언
　　경상도방언
　　제주도방언
　Ⓑ 소창진평(1940)
　　경상방언
　　전라방언
　　함경방언
　　평안방언
　　경기방언
　　제주방언

▌경북의 방언 구획
　ⓐ 천시권(1965)
　　'—능교'형
　　'—니껴'형
　　'—여'형
　ⓑ 이기백(1969)
　　동북해안지역
　　서북접경지역
　　중부내륙지역
　　남부지역
　ⓒ 김덕호(2001)
　　동남 방언지역
　　동북 방언지역
　　서남 방언지역
　　서북 방언지역

② 방언의 전이

언어는 변하지 않는 고정된 존재가 아니다. 새로운 언어적 변화를 발생시켜 그 이전의 체계와 다르게 되는 성질을 개신(innovation)이라 하고, 개신의 파장을 개신파라 한다.

그런데 지역방언은 언어 개신이라는 기준에서 볼 때 세 가지 유형으로 구분된다. 곧 핵방언지역, 잔재지역, 전이지역이 그것이다. 핵방언지역은 정치, 경제, 문화적으로 우월성이 있는 중심지역으로 언어개신파(改新波)를 방사하는 지역을 뜻한다. 그리고 잔재지역은 지리적으로나 문화적으로 고립되어 있는 지역으로 개신파를 거의 받지 않으므로 고어형을 많이 유지하는 지역을 말하며, 전이지역은 두 개 이상의 개신형이 침투한 지역으로 서로 다른 언어가 공존하는 지대를 말한다.

❼ 사회방언학

언어는 지리적 요인뿐 아니라 사회적 요인에 의해서도 변이가 일어난다. 전통방언학에서는 그 동안 언어의 지리적 분화에 대한 관심을 기울여 왔다. 그러나 20세기 과학문명의 발달에 따라 교통, 통신, 방송, 컴퓨터 등의 매체들이 급진적으로 변화하였다. 또 도시가 발달하면서 인구의 이동이 더욱 활발하게 되었다. 그 결과 언어의 지리적인 차이는 점점 둔화된 반면 사회적 요인에 의한 언어의 변이는 심화되었다. 따라서 사회방언학에서는 언어 변이의 사회적 요인에 대한 관심이 집중된다.

① 자료수집과 제보자

언어의 변이에 직·간접적으로 영향을 미치는 사회적 요인에 속하는 연령, 성별, 계층, 직업, 종교 등에 대한 분석이 필요하다. 그래서 사회방언학에서는 제보자를 몇 십 명에서 수백 명에 이르기까지 동원하기도 하며, 다양한 사회 계층의 제보자를 계량화하고 분류하는 방법을 취한다.

이를테면 연령이나 성별에 따라 제보자를 집단으로 묶는다든지 교육이나 사회적 지위에 따라 사회 계층을 몇 개의 층으로 분류해야 한다. 따라서 사회방언학에서는 자료의 계량적 분석 방법을 도입하였다.

② 수용발음

상위 계층의 언어는 사회적 변이가 적은 편이지만, 하위 계층의 사람들은 사회적 변이가 큰 것이 일반적이다. 일반적으로 상위 계층의 사람들은 표준어 교육을 받았으므로 말씨는 지역적 말씨지만 어휘나 문법은 주로 표준어를 사용하는데, 이것을 수용발음 또는 통용발음이라 한다.

③ 양층언어

한 언어의 표준 형태는 격조 높은 언어와 격조 낮은 언어의 두 형식이 공존한다. 격조 높은 언어 형식, 곧 공용변이형은 공식적인 상황이나 문서 등에서 사용되며, 격조 낮은 언어 형식은 일상담화에서 주로 사용된다. 교육을 받은 비표준어 지역 화자들은 일상대화에서는 비표준어적 지역방언을 구사하고, 공식적인 자리에서는 표준어에 가까운 언어를 구사한다. 하지만 교육을 받지 않은 비표준어 지역 화자들은 어느 경우에나 비표준어 지역방언을 구사한다. 이 경우 교육을 받은 비표준어 지역 화자들은 사회 계층에 따른 사회방언의 변이형으로 양층언어(diglossia)를 구사하는 것으로 본다.

한편 하위 언어를 사용하는 사람들이 지배적 언어, 곧 상위자들이 사용하는 언어를 습득함으로써 발생하는 제3의 중간 언어를 혼교어(creoless)라 한다. 혼교어는 원래 상업언어였던 것이 다양한 언어와 문화 배경을 가진 사람들이 결속하여 새로운 사회를 구성할 때 그 사회 내부에서 의사 전달을 위해 일상언어로 발달한 언어를 말한다.

✔ 은어

어떤 폐쇄적인 집단이 주위의 일반적 환경과 심하게 대립하거나 갈등을 보이는 경우에 은어가 발생한다. 은어는 본질적으로 다른 집단에 대한 방어를 목적으로 만들어진 변이형이기 때문에 비밀어라고도 한다.

① 머리   : 석거리
② 거짓말 : 석보
③ 사기꾼 : 접시꾼
④ 시계   : 똑딱이

(2) 어휘소의 화용적 변이

말하는 사람이 어떤 개념을 청자에게 전달할 경우 상황에 따라 다른 어휘소를 사용할 수 있는데, 이런 어휘소의 변이를 화용적 변이라 한다. 이것에는 공대어, 하대어, 속어, 완곡어, 관용 표현 등이 있다.

✔ 공대어

국어는 타인에 대해서는 높여서 대우하고 자신에 대해서는 낮추어 대우하는 언어 예절을 가지고 있다. 따라서 화자가 높여서 대우할 대상자인 경우에 공대어를 사용함으로써 그 사람에 대한 언어 예절을 갖추게 되는 것이다. 아래의 보기에서 평대어(안높임말)와 대립적으로 사용되는 공대어(존대어 / 높임말)를 살펴본다.

① 말   : 말씀
② 아들 : 영식
③ 보다 : 뵙다
④ 주다 : 드리다
⑤ 원고 : 옥고

①~⑤의 오른쪽 항에 배열한 어휘는 모두 타인을 높여서 대우할 때 선

택되고, 왼쪽 항에 배열된 어휘는 중립적으로 사용할 때 선택된다. 오른쪽 항에 배열된 어휘는 청자인 타인을 높여서 대우할 때 선택되므로 타인 대우어라 부를 수 있다.

✔ 하대어

화자가 자신이나 자신과 관련된 대상(자)에 대해 스스로 낮추어 이르는 말이 하대어(낮춤말)이다. 아래 ①~⑤의 보기에서 오른쪽 항에 배열된 어휘는 모두 화자 자신이나 화자와 관련된 대상(자)을 낮추어 나타낼 때 선택된다. 그러므로 이 하대어를 자기대우어라 부를 수 있다. 이들 자기대우어는 화자가 타인을 대우할 때는 결코 사용하지 않는다.

① 나　　 ：　저
② 아들　 ：　가아(家兒)
③ 원고　 ：　졸고(拙稿)
④ 회사　 ：　폐사(弊社)
⑤ 아버지 ：　아비[4]

✔ 속어

속어는 은어에 비해 덜 폐쇄적이어서 보통 광범하게 사용되며, 일상에서 벗어나 신기성을 드러내려는 화자의 개인적인 표현 욕구가 반영되기도 한다. 아래 ①~⑤의 오른쪽 항에 배열된 어휘는 모두 속어에 속하는데, 이러한 속어의 사용은 화자의 교양과 품위가 없는 표현이라고 할 수 있다.

가끔 은어와 속어가 구분되지 않고 혼동되는 경우가 있다. 어떤 집단에서 비밀리에 사용되던 은어가 일반 사회로 널리 유포되어 어느 시점에서 그 비밀성이 사라져 버리면 속어로 분류되는 어휘소의 변이형이 된다. 속

---

4) '아비'를 타인에 대해 사용하는 때는 욕설로 해석된다(표준국어대사전, 1999 : 3997 참조).

어의 발생은 서로 허물이 없는 사이의 사람들이 장난스러운 표현이나 사람의 주목을 끌기 위한 표현을 함으로써, 대화에서 신선한 느낌을 주기 위한 언어의 유희에 해당하는 것이라고 볼 수 있다(강신항, 1991).

    ① 도박 : 그림그리기
    ② 도망가다 : 나르다
    ③ 창피하다 : 쪽팔리다
    ④ 졸팅 : 졸지에 하는 미팅
    ⑤ 주주총회 : 거나하게 차리는 술잔치

✔ 완곡어

공개적인 장소에서 드러내어 말하기 어렵거나 불행한 상황과 관련될 경우 상대방의 감정이 상하지 않게 부드럽게 드러내는 표현이 완곡어인데, 이 완곡어는 속어와 달리 오히려 교양 있고 품위가 있는 표현이라고 할 수 있다.

    ① 천연두 : 마마, 손님
    ② 죽다 : 세상을 뜨다, 운명하다
    ③ 변소 : 작은집
    ④ 호랑이 : 산신령
    ⑤ 쥐 : 서생원

✔ 관용표현

관용표현이란 겉으로 드러난 언어의 형식은 고정되어 있고 그 의미가 특수화되어 있는 언어 표현을 말하는데, 관용어와 속담이 여기에 속한다. 하지만 속담과 관용어는 공통점과 차이점을 가지고 있다. 관용어와 속담의 공통점은 형식이 고정되어 있고 의미가 특수화되어 있는 점이고, 차이점은 속담이 관용어에 비해 교훈성과 풍자성이 더 강한 점이다.

관용어의 생성은 비유와 밀접한 관계를 가지고 있다. 비유는 표현하려는 어떤 대상(원관념)을 다른 대상, 즉 매개물(보조관념)에 비겨서 나타내는 것을 말하는데, 그 중에서 은유는 다른 말의 도움없이 청자로 하여금 어떤 일이나 상태 등을 다른 어떤 것과 같은 것으로 여기도록 유도하는 장치이다. 이를테면 '내 마음은 호수다'에서 이 경우 청자가 '호수'의 성질을 모르면 화자의 표현 의도가 전달되지 않는다. 이러한 은유가 일상의 언어생활에서 폭넓게 사용되면서 언중들이 은유라는 점을 잊어버린 채 그 표현 자체가 전이되어 새로운 의미를 담게 될 때 관용어가 형성된다(임지룡, 1992).

① 관용어 : 손이 크다, 발이 넓다, 귀가 얇다, 배가 부르다, 손이 빠르다, 개밥의 도토리, 빛 좋은 개살구, 식은 죽 먹기, 누운 소 타기 등
② 속담 : 천리 길도 한 걸음부터, 티끌 모아 태산, 낫 놓고 ㄱ자도 모른다, 낮말은 새가 듣고 밤말 쥐가 듣는다, 짚신에 분칠 등

(3) 어휘의 팽창

어휘의 팽창은 문명의 발달과 함께 일어나는 자연스러운 현상이다. 언어의 역사적 발달 과정을 살펴보면, 농경 사회에서 산업사회로 바뀌고 다시 산업 사회에서 정보화 사회로 변화하면서 어휘는 눈부시게 증가하였다. 새로운 낱말이 생기는 이유는 새로운 개념과 사물이 생겨나기 때문이며, 여기에는 인간의 표현 욕구라는 심리적인 원인과 함께 문화적 교류와 문화 발달 등의 복합적인 원인이 관여하게 될 것이다.

앞에서 살펴본 방언, 은어, 속어 등은 변이된 어휘라 한다면, 전문어, 신어, 유행어 등은 변이된 어휘가 아니다. 후자는 모두 문화의 발달과 함께 자연스럽게 생겨나는 어휘들이다.

✔ 전문어

    어휘의 팽창은 여러 전문적인 영역에서 사용되는 전문어 분야에서 두드러진다. 전문어는 전문 용어, 전문 술어, 학술어 등으로 부르기도 한다. 전문어가 어휘의 팽창과 관련되는 것은 새로운 개념들이 주로 전문적인 영역에서 만들어지기 때문이다. 오늘날 학문과 과학기술이 빠르게 발달함에 따라 새로운 전문어가 많이 만들어지고 있는 실정이다. 이런 점에서 전문어는 어휘의 다양한 양상들 중에서 어휘의 변이로 취급하기 어렵다. 이것은 일반사회에서는 사용되지 않는 전문적인 개념을 표현하기 위해 발생하였으므로 일반적인 어휘와는 구별된다.

    전문어란 특수한 전문 영역에서 해당 분야의 연구나 작업능률을 높이기 위한 도구로 사용되는 어휘를 말한다. 경우에 따라 전문어의 개념은 매우 복잡하고 수준 높은 전문 지식을 배경으로 하기도 한다. 전문어는 일반인들이 잘 이해하기 어렵지만 은어와 동일한 것은 아니다. 은어는 비밀성을 본질로 하여 발생하여 일반인들이 잘 모른다. 하지만 전문어는 비밀성을 본질로 하여 발생한 것이 아니고, 전문적인 개념이나 지식을 바탕으로 발생하므로 일반인들이 이해하기 어렵다.

    전문어나 학술어는 대체로 다음과 같은 성격을 갖는다.

    ① 의미의 다의성이 적다.
    ② 의미가 문맥의 영향을 적게 받는다.
    ③ 감정적인 의미 문제가 개입되지 않는다.
    ④ 일방 사회의 기본 어휘로 사용되는 경향이 적다.
    ⑤ 신어의 생성이 활발하다.
    ⑥ 의미에 의도적인 규제가 가해져 있는 경우가 많다.
    ⑦ 외래어로부터 차용된 경우가 많다.

    전문어 : ① 학술전문어
            ② 직업전문어(건축, 경제, 농촌, 어촌 등)

✔ 신어와 유행어

언어 사회의 물질적·사회적 변동에 따라 새로운 개념이 등장하였을 때, 이를 표현해야 할 필요성에 의해 만들어진 어휘가 신어이다. 그리고 이미 존재하는 개념이나 사물이라 하더라도 그것을 표현하던 어휘의 표현력이 감소되었을 때, 이를 보강하거나 신선한 맛을 가진 말로 바꾸기 위한 대중적 욕구에 의해서도 신어가 생겨난다.

- 개화기의 신어 : 양철, 양은, 양단, 양말, 양회, 양복, 양장 등
- 일본어의 잔재 순화 : 시아게 – 마무리, 에노구 – 물감, 뎀뿌라 – 튀김, 가리방 – 줄판 등
- 외래어의 순화 : 인덱스 – 찾아보기, 심퍼니 – 교향곡, 콘체르토 – 협주곡 등
- 사회상을 반영하는 신어 : 1945년 : 해방, 광복, 자유, 친일파
    1946년 : 국방경비대, 무상배급 등
    1950년 : 민주진영, 공산진영, 유엔군
    1960년 : 무더기투표, 과도정부, 데모
    1970년 : 대중경제, 국민총화
    1980년 : 교육세, 해직교수
    1990년 : 3당합당, 민자당

신어와 함께 어휘의 팽창에 관련되는 또 다른 하나의 어휘 집단이 유행어이다. 그러나 실제로 유행어와 신어를 엄밀하게 구분되지 않는다. 이 두 가지는 발생의 동기가 모두 같다. 단지 신어가 새로운 사물이나 제도의 등장과 관련하여 발생하는 반면, 유행어는 사회적인 요인으로 발생하는 차이를 지적할 수 있을 정도이며, 유행어는 생명이 짧고 쉽게 변한다. 그래서 유행어는 '한 사회 안에서 사회·심리적 요인에 의하여 일시적으로 유행하는 표현'이라고 규정할 수 있다. 따라서 유행어는 범사회적으로 등장하는 사건들과 결부되어 있는 어떤 언어적 표현들이 사회의 구성원들에게 비판, 풍자, 해학, 신선감 등을 주게 되면, 이것이 익살이라는 언

어적 유희 과정과 동반하여 삽시간에 광범하게 퍼지게 되는 것이다.

- 1945년 : 매국노, 국민복, 미국놈 믿지 마라, 일본놈 일어선다, 반동분자
- 1950년 : 불법남침, 핫바지, 바지저고리
- 1960년 : 못 살겠다 갈아보자, 각하 시원하시겠습니다
- 1970년 : 장발족, 공순이, 공돌이, 코리언타임
- 1980년 : 서울의 봄, 대자보, 어용교수, 사회 정화

4. 어휘의 체계

어휘는 언제나 고정되어 있는 것이 아니고 시간의 흐름에 따라 끊임없이 변화하는 개방적인 낱말의 집합이며, 한 언어의 어휘를 구성하는 어휘소의 숫자는 아주 많다. 그러나 수많은 어휘소를 적절한 기준에 따라 정리함으로써 질서를 가지고 있는 모습으로 파악될 수 있다. 어휘의 체계는 기준에 따라 양상이 다르다. 첫째 기준은 어종에 의한 분류 방법이고, 두 번째 기준은 품사에 의한 분류 방법이며, 셋째 기준은 의미에 따른 분류 방법이다.

(1) 어종에 의한 분류

국어의 어휘 체계의 전반적인 모습을 파악하기 위해 수많은 개별 어휘소의 바탕을 기준으로 분류할 수 있는데, 이것이 곧 어종에 의한 어휘의 분류이다. 국어의 경우에는 고유어와 한자어, 외래어 등이 함께 존재하고 있는데, 이들 세 영역의 비율을 조사한 보고가 있다.

김광해(1993)에는 한글학회(1957)의 '우리말큰사전'과 이희승(1961)의 '국어대사전' 그리고 국립국어연구원(1999)의 '표준국어대사전'에 실린 어휘를 아래와 같이 어종별로 분석한 내용을 소개하고 있다.

〈국어 어휘별 구성 비율〉

구 분	〈우리말큰사전〉	〈국어대사전〉	〈표준국어대사전〉
고유어	45.46%	24.40%	25.9%
한자어	52.11%	69.32%	58.5%
외래어	2.43%	6.28%	4.7%

위와 같은 국어의 어휘별 구성 비율을 나타낸 것을 살펴보면 한자어가 고유어보다 더 많으며, 외래어는 그 비율이 비교적 낮은 편이다. 이렇게 국어의 어휘에 고유어보다 한자어가 더 많은 현상은 중국과의 문화 교류에 의한 결과로 해석할 수도 있으나, 고유어를 지키려는 의지의 부족에 기인하는 것으로도 해석할 수 있다. 따라서 일상의 언어생활에서 국어에 대한 올바른 인식을 가져야 하며, 나아가 오늘날과 같은 국제화 시대에는 국어 지키기에 대한 의식적이고 적극적인 노력이 반드시 뒤따라야 할 것이다. 국어의 어휘에는 우리 겨레의 역사, 전통, 문화, 정신, 정서 등이 고스란히 담겨 있기 때문이다.

어떤 언어도 고유어만으로 그 언어의 어휘를 이루는 경우는 없다. 이를 테면 영어에는 프랑스어와 독일어 그리고 이탈리아어 등이 많이 들어가 있으며, 그 외에 다른 여러 언어를 수용하고 있다. 아래 표에서 국어의 어휘를 어종에 따라 어휘의 보기를 살펴보면 국어의 어휘에도 여러 언어가 수용되어 있음을 알 수 있다.

〈어종에 따른 어휘의 보기〉

① 고유어	생각	즐겁게 활짝 웃다	그만두다	천천히 가다
② 한자어	사고(思考)	파안대소 (破顔大笑)	중지(中止)	서행(徐行)
③ 외래어	• 열반, 보살, 탑(산스크리트어) • 세미나, 이데올로기, 미터(독일어) • 말, 매(몽고어)		• 버스, 로켓, 아이스크림(영어) • 호미, 메주, 가위(만주 / 여진어)	

(2) 품사에 의한 분류

국어의 어휘는 그 형태, 기능, 의미 등의 세 가지 기준을 반영하여 설정한 품사에 따라 분류되기도 한다. 품사에 따라 분류한 내용을 김광해 (1993 : 116)에 실린 자료에서 그 숫자가 많은 품사는 명사, 동사, 부사, 형용사의 순서인데, 이것을 소개하면 아래의 표와 같다. 이 표에 나타나는 국어 어휘의 품사별 분류표에는 명사가 약 70% 정도로 가장 많다.

〈국어 어휘의 품사별 분류〉

명사	동사	부사	형용사
69.5%	10.6%	8.7%	5.6%

(3) 의미 관계에 따른 분류

국어 어휘의 의미에 따른 분류는 어휘 간의 의미 관계에 따라 유의관계, 반의관계, 상하관계 등으로 나뉜다.

✔ 유의관계

어휘의 음성 형태는 다르지만 의미가 서로 비슷한 것을 유의관계라 하고, 유의관계에 있는 어휘를 유의어(類義語)[5]라 한다. 유의관계에 있는 두 개의 어휘소가 유의어인 경우도 있고 세 개 이상의 어휘소가 무리를 지어 유의어로 존재하는 경우도 있다.

① 아버지 : 아빠
② 어머니 : 엄마
③ 가끔 : 더러 : 이따금 : 때로 : 간혹 : 간간이 : 왕왕 : 종종 : 빈번히
④ 바보 : 멍텅구리 : 멍청이 : 머저리 : 숙맥 : 맹추 : 등신 : 얼간이

---

5) 유의어는 유사어 또는 동의어라고도 한다.

위의 ①과 ②는 두 개의 어휘소가 유의관계를 이루는 보기이고, ③과 ④는 두 개 이상의 어휘소가 서로 유의관계를 이루는 보기이다.

✔ 반의관계

두 개 이상의 어휘소가 짝을 이루어 의미적으로 서로 대립하는 것을 반의관계라 하고, 반의관계에 있는 어휘를 반의어(反義語) 또는 대립어, 상대어라고도 한다. 반의관계에 있는 대립어는 두 개의 어휘소가 대립하는 경우도 있고, 세 개 이상의 어휘소가 대립하는 경우도 있다.

① 소년 : 소녀
② 총각 : 처녀
③ 열다 : (서랍을) 닫다 / (수도꼭지를) 잠그다 / (자물쇠를) 채우다
④ 벗다 : (옷을) 입다 / (모자를) 쓰다 / (양말을) 신다6)

위의 ①과 ②는 두 개의 어휘소가 서로 대립하는 반의어이고, ③과 ④는 한 개의 어휘소에 대한 여러 어휘소가 대립하는 반의어이다. 반의관계에 있는 ①과 ②의 어휘소가 가진 의미성분을 분석하면, 대립의 짝을 이루는 두 어휘소의 의미에 공통되는 성분과 차이가 나는 성분을 공유하고 있다. 즉 ①에서 대립하는 두 어휘소는 [+어린이]라는 의미성분을 공유하면서 '소년'은 [+남성] 성분을 갖고 '소녀'는 [−남성] 성분을 갖는다. ②에서 대립하는 두 어휘소는 [+사람], [+성인], [−결혼] 등의 의미성분을 공유하면서 '총각'은 [+남성] 성분을 가지며 '처녀'는 [−남성] 성분을 가진다.

---

6) 국어는 입다, 쓰다, 신다, 끼다, 차다 등으로 분화되어 있으나, 영어는 모두 'put on'으로 나타낸다.

✔ 상하관계

한쪽 어휘소의 의미가 다른 쪽 어휘소의 의미를 포함하거나 다른 쪽 어휘소의 의미에 포함되는 의미 관계를 상하관계라 한다. 상하관계에서는 더 특수한 의미를 지닌 어휘소가 더 일반적인 어휘소에 포함되기 마련인데, 이 경우 일반적인 어휘소를 상위어라 하고 특수한 어휘소를 하위어라 한다. 상위어는 그 의미가 포괄적이고 일반적이며, 하위어는 그 의미가 한정적이고 구체적이다. 이러한 사실은 상하관계에 있는 어휘소의 의미성분을 분석해 보면 잘 드러난다(임지룡, 1992).

① 동물 :   [+생명체] [+움직임]
② 새 :   [+생명체] [+움직임] [+날개]
③ 물고기 : [+생명체] [+움직임] [+아가미]

②의 '새'와 ③의 '물고기'는 의미성분이 각각 3개씩 분석되는 반면, ①은 그 의미성분이 2개로만 분석된다. '동물'의 의미는 '새'와 '물고기'의 의미에 비해 더 일반적이고 포괄적이며, '새'와 '물고기'의 의미는 '동물'의 의미에 비해 더 구체적이고 특수하다. '새'와 '물고기'는 '동물'의 의미성분을 가지고 있으나, '동물'이라고 하여 반드시 '새'와 '물고기'라고 말할 수는 없다. 따라서 하위어는 상위어를 의미적으로 함의한다.

그리고 하나의 상위어에 둘 또는 그 이상의 하위어가 무리를 지어 존재하는 경우가 있다.

④ 꿩 : 장끼 / 까투리
⑤ 어버이 : 아버지 / 어머니
⑥ 과일 : 사과 / 배 / 복숭아 / 감 / 수박 / 참외
⑦ 꽃 : 국화 / 코스모스 / 장미 / 수선화 / 나팔꽃

위의 ④와 ⑤의 보기는 하나의 상위어와 두 개의 하위어가 상하관계를 이루지만, ⑥과 ⑦의 보기는 하나의 상위어와 세 개 이상의 하위어가 상하관계를 이룬다.

(4) 국어의 기초 어휘

국어의 기초 어휘에 대해서는 임지룡(1991)에서 아주 구체적으로 다루었다. 거기에서는 모두 1,500개의 국어 어휘소를 대상으로 대분류 9개와 소분류 35개로 나누었으며, 이 중에서 대분류의 내용은 아래와 같다.

▌국어의 기초 어휘 분석
　① 사람에 관한 어휘 : 201개
　② 의식주에 관한 어휘 : 159개
　③ 사회생활에 관한 어휘 : 160개
　④ 교육 및 예체능에 관한 어휘 : 150개
　⑤ 자연계에 관한 어휘 : 165개
　⑥ 감각 및 인식에 관한 어휘 : 165개
　⑦ 동작에 관한 어휘 : 250개
　⑧ 상태에 관한 어휘 : 150개
　⑨ 기타 : 100개

국어의 기초 어휘를 분석한 위의 ①~⑨를 살펴보면 동작에 관한 어휘가 가장 많고 그 다음이 사람에 관한 어휘이다. 따라서 우리들의 삶에서 기본적으로 가장 많이 사용되는 어휘가 어떤 종류인가를 엿볼 수 있다.

(5) 어휘의 생성과 소멸

어휘는 언제나 고정되어 있는 것이 아니고 시간의 흐름에 따라 새로운 어휘가 만들어지기도 하고, 또는 이미 존재하던 어휘가 사라지기도 한다. 어떤 언어든지 어휘의 숫자는 문화의 발달로 말미암아 날로 늘어나게 마련이다. 문물의 발달, 외국과의 문화 교류, 인간의 표현 욕구의 증대 등에 따라 어휘의 수요가 팽창되어 새로운 어휘의 생성과 외국어의 차용이 활발하게 이루어진다.

최근 컴퓨터의 도입으로 컴퓨터 사용과 관련된 어휘가 많이 차용되었으며, 청소년들의 인터넷 사용에 따른 이른바 통신언어[7]가 상당하게 늘어나고 있는 추세에 있다. 한편 과거에 사용된 어휘가 오늘날에는 사라져 버린 어휘가 많이 있는데, 사라진 말은 김광해(1993 : 253)에서 옮기고 새로 생성된 말은 국립국어원(2004)에서 옮긴다.

▌소멸된 낱말
① 맛비 : 장마비
② 이바디 : 잔치
③ 일벗다 : 도둑질하다
④ 두렵다 : 둥글다, 온전하다
⑤ 다므기 : 도무지

▌생성된 낱말
① 누리꾼 : '네티즌'을 순화하여 이르는 말
② 일진 : (중, 고등학생 사이에서 은어로) 싸움 잘하는 아이
③ 척돌이 : 잘난 척, 아는 척, 있는 척 따위를 잘하는 사람
④ 하동(夏童) : 여름을 즐기는 아이
⑤ 회문(回文) : 바로 읽거나 거꾸로 읽거나 뜻이 같은 문장

시간의 흐름에 따라 위의 보기와 같이 어휘가 소멸되기도 하고 생성되기도 하는데, 이렇게 소멸되는 어휘와 생성되는 어휘를 통해 문화 발전의 변화 양상을 엿볼 수 있다.

---

7) 이른바 통신언어에 대해서는 이정복(2003)을 참조.

▦ 연습문제

1. 어휘와 어휘소의 개념을 구별해 보자.

2. 어휘는 음운, 문법과 습득 면에서 어떤 차이가 있는지 설명해 보자.

3. 공대어와 하대어의 보기를 들고, 그 사용 대상의 차이를 구별해 보자.

4. 어휘의 생성과 소멸의 원인을 설명해 보자.

5. 방언의 표준어와 다른 가치를 설명해 보자.

6. 방언구획의 절차를 말해 보자.

7. 언어생활에서 완곡어를 사용하면 어떤 점이 좋은지 말해 보자.

8. 의미관계에 따른 어휘의 체계를 보기를 들어 설명해 보자.

9. 청소년들의 인터넷 언어 사용에 대한 긍정적인 측면과 부정적인 측면을 생각해 보자.

10. 지역방언과 사회방언의 차이를 설명해 보자.

11. 어휘의 의미관계를 설명해 보자.

| 참고문헌

강위규(1990), 우리말 관용표현 연구, 부산대 박사학위논문.
강신항(1991), 현대 국어 어휘 사용의 양상, 태학사.
교육부(2004), 고등학교 문법, (주)두산.
국립국어연구원(1999), 표준국어대사전, (주)두산.
국립국어원(2004), 2004년 신어.
김광해(1990), 어휘소간의 의미관계에 대한 재검토, 국어학20, 국어학회.
김광해(1993), 국어 어휘론 개설, 집문당.
김선희(1988), 공간어와 시간적 의미, 목원어문학7, 목원대.
김일웅(1982), 우리말 대용어 연구, 부산대 박사학위논문.
김종택(1970), 동의어의 의미평정,
김종택(1992), 국어 어휘론, 형설출판사.
김태엽(2005), 국어의 어휘적 높임 대립, 우리말글 33, 우리말글학회.
김태자(1984), 다의어고, 한국언어문학23, 한국언어문학회.
남기심(1974), 반대어고, 국어학2, 국어학회.
남성우(1986), 15세기 국어의 동의어 연구, 탑출판사.
문금현(1989), 현대국어의 유의어의 연구, 서울대 석사학위논문.
배해수(1982), 현대 국어의 생명종식어에 대한 연구, 태양출판사.
심재기(1975), 반의어의 존재 양상, 국어학3, 국어학회.
심재기(1982), 국어 어휘론, 집문당.
양태식(1982), 어휘소와 의미소, 논문집28, 부산수산대학.
양태식(1988), 우리말 온도 어휘소 무리의 의미구조, 한글201・202, 한글학회.
여찬영(1990), 우리말 동물 명칭어에 대하여, 국문학연구13, 효성여대.
이관규(1986), 어휘의미의 성분분석방법, 한국어문교육1, 고려대.
이광호(2004), 국어 어휘 의미론, 월인.
이기백(1969), 경상북도의 방언구획, 동서문화3, 계명대.
이상규(2003), 국어방언학, 학연사.
이승명(1973), 국어 상대어론(1), 어문론총8, 경북대.
이용주(1969), 한국어 어휘체계의 특징, 국어교육15, 한국어교육연구회.
이은규(1991), 중국 조선어 이질화 현상에 대하여, 한글212, 한글학회.
이정복(2003), 인터넷 통신언어의 이해, 월인.

임지룡(1989), 국어 분류어휘집의 체계와 상관성, 국어학19, 국어학회.

임지룡(1991), 국어의 기초 어휘에 대한 연구, 국어교육연구23, 경북대 국어교육연구회.

조항범(1984), 국어 유의어의 통시적 고찰, 국어연구58, 국어연구회.

천시권(1965), 경북지방의 방언구획, 어문학 13, 한국어문학회.

천시권(1977), 다의어의 의미분석, 국어교육연구9, 경북대.

최명옥(1980), 경북 동해안 방언연구, 영남대 민족문화연구소.

한글학회(1992), 우리말 큰사전, 어문각.

홍사만(1985), 국어어휘의 의미연구, 학문사.

Heine, B & Kuteva, T.(2002), World lexicon of grammaticalization, Cambridge University Press.

제5장 **문장**

우리가 말을 할 때는 주로 문장으로 표현하기 때문에 여러 유형의 언어 단위 중에서 문장이 가장 중요하게 다루어진다. 문장은 낱말이 모여 하나의 완결된 생각이나 감정을 나타내며, 일반적으로 주어와 서술어를 가지고 있고 형식적으로 자립하는 언어 단위이다. 따라서 문장은 온갖 문법적 현상을 내재하고 있으므로, 문법 연구의 주된 대상이라 할 수 있다.

1. 문장의 구성

문장은 여러 개의 작은 언어 단위가 모여 구성된다. 의미를 가진 최소의 언어 단위인 형태소가 모여 형태론적 구성을 이루고, 형태론적 구성이 모여 통사론적 구성을 이루며, 그리고 통사론적 구성이 모여 문장을 이룬다.[1]

(1) 저 산이 매우 높다.

---

[1] 문장 구성에 대해서는 권재일(1992)에 기댐.

문장 (1)은 주어부 '저 산이'와 서술부 '매우 높다'로 구성되어 있다. '저 산이'의 '저'는 이 문장의 주체라 할 수 있는 '산이'를 수식하는 관형어이고, '매우 높다'의 '매우'는 이 문장의 서술어인 '높다'를 수식하는 부사어이다. 따라서 주어부(NP)와 서술부(VP)는 각각 통사론적 구성을 이루며, 그리고 주어부와 서술부가 모여 한 개의 문장을 구성한다.

문장은 선형구조2)와 함께 내부적으로 계층구조를 가지고 있는데, 문장 (1)의 계층구조를 아래 (2)와 같이 구절표지로 나타낼 수 있다.

(2) [[[[저] [산]][이]] [[매우] [높다]]]

문장 (1)의 구절표지를 나타낸 (2)에서는 문장이 가장 높은 계층구조이고, 주어부와 서술부는 문장보다 낮은 계층구조이며, 관형어와 부사어 및 주어와 서술어는 주어부와 서술부보다 낮은 계층구조이다.

문장이 선형구조와 계층구조를 가진 구성으로 이루어져 있음을 (1)과 (2)를 통해 확인할 수 있다. 그리고 문장 (1)의 구성에서 중심 요소는 주어부의 주어와 서술부의 서술어이며, 주어부의 관형어와 서술부의 부사어는 생략되어도 문장이 정상적으로 성립하므로 중심 요소라 할 수 없다. 또 (1)의 주어와 서술어는 각각 두 개의 형태소로 이루어져 있고, 관형어와 부사어는 각각 한 개의 형태소로 이루어져 있다.

2. 문장의 생성과 변형

변형생성문법의 초기 이론인 촘스키(N. Chomsky)의 표준이론에 의하면 문장의 생성은, 먼저 구절구조 규칙과 어휘삽입 규칙에 따라 심층구조(deep

---

2) 문장의 선형구조는 문장 구성요소의 배열 순서(어순)를 나타낸다.

structure)를 생성하고, 이 심층구조에 변형규칙을 적용하여 표면구조(surface structure)를 이끌어낸다. 이를테면 아래 (1)의 문장을 생성하기 위해 그 심층구조의 구절표지를 (2)와 같은 나무꼴 그림(tree diagram)으로 나타낼 수 있다.

(1) 영수가 그 책을 읽었다

(2)

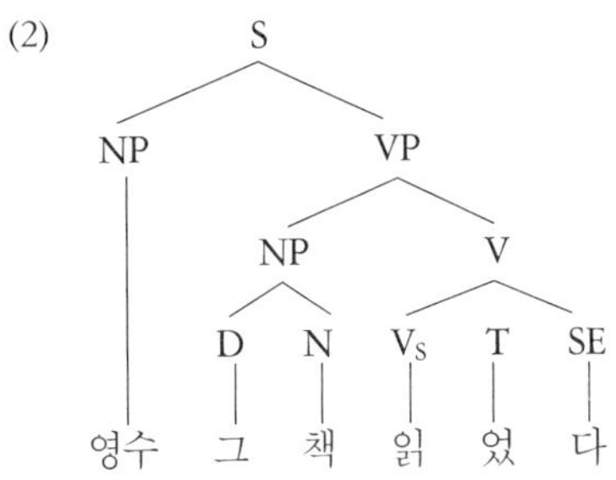

구절구조 규칙과 어휘삽입 규칙을 적용하여 (2)와 같이 유도해 낸 심층구조에 변형규칙을 적용하면 표면구조가 도출되는데, 이 (2)의 구조에 여러 유형의 이동이라는 변형규칙을 적용하면 아래의 (3)과 같은 문장들이 나타난다.

(3) ① 그 책을 영수가 읽었다.
　　② 그 책을 읽었다 영수가.
　　③ 읽었다 영수가 그 책을.
　　④ 읽었다 그 책을 영수가.

국어는 격을 표시하는 문법 형태소가 명사(구) 뒤에 결합하여 여러 가지 문법적 기능을 수행하는 까닭에, (2)에 이동규칙이 적용되어 (3)의 ②~④와 같이 문장의 어순이 다양하게 바뀌더라도 이들 문장의 의미 파악에는 어려움이 없다. 즉 문장 (1)에서 '영수' 뒤에 결합한 조사 '-가'가 주어 표지로 기능하고 '책' 뒤에 결합한 '-을'이 목적어 표지로 기능하므로,3) 주어와 목적어의 어순 배열이 (3)과 같이 다양하게 바뀌더라도 문장이 성립하고 또 문장의 의미도 그대로 유지되는 것이다.

3. 문장의 성분

문장은 밖으로 담화의 구성 성분으로 관여하며, 안으로는 형태론적 구성 또는 통사론적 구성으로 이루어진 언어 형식으로 계층적인 성격을 지니면서 문장 성분이라는 단위로 통합되어 있다. 문장을 구성하는 문장의 여러 성분 가운데 가장 중심적인 기능을 수행하는 것이 서술어이다. 따라서 문장은 서술어를 중심으로 다른 문장 성분들이 서술어에 이끌려 하나의 통일된 구조로 짜인다.

(1) 문장 성분의 유형

문장 성분 중에서 가장 핵심 성분이라 할 수 있는 서술어를 중심으로 다른 성분들이 직·간접적으로 이끌려 하나의 통일된 문장을 구성한다. 따라서 문장은 서술어와 이에 직접 또는 간접적으로 이끌리는 몇 개의 문장 성분으로 구성되어 있다.

문장 성분 중에 서술어에 직접적으로 이끌리는 것에는 주어, 목적어, 보어, 부사어 등이 있고, 간접적으로 이끌리는 것에는 관형어와 독립어가 있다. 관형어는 서술어에 직접적으로 이끌리는 명사(구)를 수식하고, 독립어는 문장 전체를 수식한다.

이러한 국어의 문장 성분들이 문장에서 배열되는 양상을 아래 (1)과 같

---

3) 최근 일부 학자들에 의해 '-이/가'와 '-를/을' 등이 격을 표시하는 격조사가 아니고 의미를 나타내는 보조사라는 주장이 있지만, 여기에서는 학교문법에 그대로 따른다.

이 실제 문장을 통해 살펴볼 수 있는데, 서술어는 모든 문장에 나타난다.

(1) ① <u>영수가</u> <u>책을</u> <u>읽었다</u>.
  (주어) (목적어) (서술어)
② <u>이것은</u> <u>나의</u> <u>책이</u> <u>아니다</u>.
  (주어) (관형어) (보어) (서술어)
③ <u>영수야</u>, <u>같이</u> <u>가자</u>.
  (독립어) (부사어) (서술어)

(1)①은 서술어 '읽었다'에 직접 이끌리는 주어와 목적어로 구성된 문장이고, ②는 서술어 '아니다'에 직접 이끌리는 주어와 보어 그리고 간접적으로 이끌리는 관형어 등으로 구성된 문장이며, ③은 서술어 '가자'에 직접 이끌리는 부사어와 간접적으로 이끌리는 독립어 등으로 구성된 문장이다.

(2) 문장 성분의 실현

문장 성분은 문장 안에서 다양한 요소들에 의하여 실현된다.

첫째, 낱말에 의해 실현된다. 모든 낱말은 문장에서 문장 성분으로 실현된다. 다만 조사는 그 단독으로 문장의 성분이 될 수 없고 반드시 명사구에 결합해서 명사구와 한 덩어리가 되어 여러 문장 성분을 실현한다.

(2) ① 이 꽃이 매우 아름답다.
② 이 꽃 매우 아름답다.

문장 (2)①에서 '이'는 관형사로서 관형어로 기능하고, '매우'는 부사로서 부사어로 기능하며, '아름답다'는 형용사로서 서술어로 기능한다. 그리고 '꽃이'는 명사 뒤에 주격조사가 결합하여 주어로 기능한다. 그러나 (2)②

에서는 '꽃' 뒤에 주격조사 '-이'가 결합하지 않고도 주어로 기능한다.
둘째, 명사(구)에 조사가 결합하여 문장 성분을 실현한다.

> (3) <u>영수가</u>　<u>나의</u>　<u>자전거로</u>　<u>학교에</u>　<u>갔다.</u>
> 　　　(주어)　(관형어)　(부사어)　　(부사어)　(서술어)

(3)에서는 동사가 서술어로 기능하고, 이 서술어에 이끌리는 그 밖의
문장 성분들은 모두 체언 뒤에 여러 종류의 조사가 결합하여 각각의 문장
성분으로 기능한다.

(3) 문장 성분의 특성

문장을 이루는 성분에는 주어, 서술어, 목적어, 보어, 관형어, 부사어,
그리고 독립어 등이 있는데,[4] 이것들은 모두 문장에서 수행하는 기능을
중심으로 나타낸 문장 성분이다.

✔ 주어

국어의 일반적인 문장 유형이라 할 수 있는 '무엇이 어찌한다', '무엇이
어떠하다', '무엇이 무엇이다' 등에서 '무엇이(누가)'에 해당하는 것이 주어
인데, 이것은 서술어로 기능하는 '어찌한다, 어떠하다, 무엇이다' 등의 주
체 기능을 수행한다.

❶ 주어의 형식
주어는 주로 체언이나 체언의 기능을 수행하는 말에 주격조사의 결합
으로 이루진다.

---

4) 남기심·고영근(1995)에 기댐.

(1) ① <u>산이</u> 매우 높다.
　　② <u>아름다운 저 산이</u> 한라산이다.
　　③ <u>꽃이 곱기가</u> 백설과 같다.
　　④ <u>‘있다’가</u> 동사인가?
　　⑤ <u>너</u> 어디 가니?

위 (1)의 ①에서는 밑줄 친 체언이 주어로 기능하고, ②에서는 체언 기능을 수행하는 명사구가 주어로 기능하며, ③은 체언 기능을 수행하는 명사절이 주어로 기능한다. 그리고 ④에서는 명사 상당어구(밑줄 친 부분)가 주어로 기능하지만, 그 품사는 체언이 아니고 용언이며, 문장 ⑤에는 주격조사가 결합하지 않고 체언만으로 주어로 기능한다.

❷ 주어의 특징

주어는 다른 문장 성분이 갖지 않은 통사적인 특징을 가지고 있다. 첫째, 주어로 표시되는 주체가 높임의 대상인 경우, 서술어에 주체 높임의 선어말어미 ‘-(으)시-’를 결합한다.

(1) ① 선생님께서 벌써 가셨다.
　　② 삼촌도 계급이 높으시다.

(1)의 ①에서는 주체높임의 선어말어미 ‘-(으)시-’가 결합하여 문장의 주체를 직접 높여서 대우하고, ②에서는 ‘-(으)시-’가 결합하여 문장의 주체를 간접 높여서 대우한다.

둘째, 한 문장 안에 주어가 가리키는 대상과 동일한 사람을 나타내는 말이 반복될 때는 뒤에 오는 말이 재귀대명사 ‘자기’로 바뀌어 나타난다.

(2) ① 영수는 <u>자기가</u> 영리하다고 생각한다.
　　② 그 사람들은 <u>자기들만</u> 최고라고 야단들이다.
　　③ 영수는 철수를 <u>자기</u> 집으로 보냈다.

(2)의 ①과 ②에서 재귀대명사 '자기'는 각각 문장의 주체인 '영수'와 '그 사람'을 가리키지만, ③에서 '자기'는 문장의 주체인 '영수'를 가리킬 수도 있고 객체인 '철수'를 가리킬 수도 있다.

셋째, 주어는 문장의 첫머리에 배열되는 것이 정상이지만, 국어의 문장에는 주격을 표시하는 조사가 결합해 있기 때문에 도치되어 다른 위치에 배열되더라도 문장의 의미 파악에는 큰 문제가 없다.

(3) ① <u>단풍이</u> 아름답다.
    ② 아름답다 <u>단풍이</u>.

넷째, 국어의 문장에는 주어가 두 개인 것처럼 보이는 경우가 있다.

(4) ① <u>영수 집이</u> <u>대문이</u> 크다.
    ② <u>저 산이</u> <u>나무가</u> 많다.

일반적으로 (4)에서 ①의 '영수 집이'와 ②의 '저 산이'를 주어구로 보고 ①의 '대문이 크다'와 ②의 '나무가 많다'를 서술절로 보아 ①과 ②를 복합문으로 처리한다. 그러나 다른 한편으로는 ①과 ②의 밑줄 친 '집이'와 '산이'의 '-이'가, 심층구조에서는 '-의'였으나 변형규칙의 적용에 의해 나타난 표면구조로 보고 ①과 ②를 단순문으로 처리하는 경우도 있다. 후자의 견해를 따르면, ①과 ②의 '집이'와 '산이'는 각각 '집의'와 '산의'와 같은 관형어이기 때문에 한 개의 주어를 가진 문장이 된다.

❸ 주어의 생략

주어는 필수 성분으로 생략되지 않는 것이 보통이지만, 담화에서 주어가 무엇인지 분명한 경우에는 생략되기도 한다. 그리고 국어에는 주어가 불분명한 문장이 더러 있다.

　(1) ① <u>영수는</u> 방으로 갔다. 그리고 øi 저녁을 먹었다.
　　　② <u>영수가</u> 어디 있지요? øi 집에 있습니다.
　(2) ① 불이야.
　　　② 고생 끝에 낙이다.

　(1)에서 ①과 ②의 두 번째 문장은 주어가 생략(øi)되었는데, 첫 번째 문장을 통해 두 번째 문장의 생략된 주어를 알 수 있다. 그러나 (2)의 ①과 ②에는 주어가 없는데, 이 경우는 주어가 무엇인지 불분명하다.

✔ 서술어

서술어는 문장의 중심 성분으로 '무엇이 어찌한다, 무엇이 어떠하다, 무엇이 무엇이다' 등의 문장 유형에서 '어찌한다', '어떠하다', '무엇이다'에 해당하는데, 주로 주어의 행위, 상태, 성질 등을 나타낸다.

❶ 서술어의 형식

서술어는 동사, 형용사, 또는 체언 및 체언 기능을 수행하는 말에 '―이다'가 결합되어 이루어진다.

　(1) ① 해가 <u>뜬다</u>.
　　　② 꽃이 <u>곱다</u>.
　　　③ 그는 <u>학생이다</u>.
　　　④ 토끼는 <u>앞발이 짧다</u>.
　　　⑤ 비가 <u>오니까</u> 날씨가 <u>춥다</u>.
　　　⑥ 키가 큰 학생이 <u>찾아왔다</u>.
　　　⑦ 영수가 그 사실을 <u>몰랐음이</u> <u>드러났다</u>.

　(1)의 ①에서는 동사 '뜬다'가 ②에서는 형용사 '곱다'가 ③에서는 '학생' 뒤에 '―이다'가 결합하여 서술어로 기능한다. 그리고 ④에서는 서술절 '앞발이 짧다'가, ⑤에서는 연결형 '오니까'와 종결형 '춥다'가, ⑥에서

는 관형사형 '큰'과 종결형 '찾아왔다'가, ⑦에서는 명사형 '몰랐음'과 종결형 '드러났다'가 서술어로 기능한다. 한편 ⑥의 밑줄 친 '큰'은 관형절의 서술기능과 체언 수식 기능을 동시에 수행한다.

❷ 서술어와 자리수

서술어로 기능하는 말은 그 종류에 따라 주어만을 필요로 하는 것이 있고, 주어와 목적어를 필요로 하는 것이 있으며, 주어와 목적어 외에 다른 성분을 필수적으로 요구하는 것이 있다. 주어만을 필요로 하는 서술어를 1자리 서술어라 하고, 주어와 목적어 또는 주어와 보어를 필요로 하는 서술어를 2자리 서술어라 하며, 주어와 목적어 외에 다른 1개의 성분(필수적 부사어)을 더 필요로 하는 서술어를 3자리 서술어라 한다.

문장에서 주격, 목적격, 부사격 등의 격이란 서술어에 이끌리는 문법적 관계를 말한다. 따라서 문장의 서술어로 기능하는 말의 의미특성에 따라 격의 숫자, 즉 자릿수가 결정된다.

> (2) ① 비가 <u>온다</u>.
> ② 하늘이 <u>푸르다</u>.
> ③ 영수가 순희를 <u>만났다</u>.
> ④ 인수가 순희에게 책을 <u>주었다</u>.
> ⑤ 철수가 인수를 친구로 <u>삼았다</u>.
> ⑥ 이것은 <u>연필이다</u>.

(2)의 ①과 ②의 밑줄 친 서술어는 주어만을 필요로 하기 때문에 1자리 서술어이고, ③의 밑줄 친 서술어는 주어와 목적어를 필요로 하기 때문에 2자리 서술어이며, ④와 ⑤의 서술어는 주어와 목적어 외에 또 한 개의 성분을 더 필요로 하기 때문에 3자리 서술어라 한다. 그리고 ⑥의 서술어는 주어 외에 한 성분(보어)을 더 필요로 하기 때문에 2자리 서술어라 할 수 있다.

　서술어가 요구하는 자릿수는 곧 체언 뒤에 조사가 결합한 명사구의 숫자이며, 이 명사구(논항)의 숫자는 서술어의 의미 특성에 따라 결정된다. 즉 ①의 서술어 '오다'는 자동사이고 ②의 서술어 '푸르다'는 형용사이기 때문에 주격만을 할당하며, ③의 서술어 '만나다'는 타동사이기 때문에 주격과 목적격의 두 개 자리를 할당한다. 그리고 ④의 '주다'와 ⑤의 '삼다'는 주격, 목적격, 부사격 등 3개의 자리를 할당하며, ⑥의 '연필이다'는 주격을 할당한다. 그런데 체언 뒤에 '-이다'가 결합하여 서술어로 기능하는 경우 크게 명제적 구문과 양태적 구문으로 구분된다. 아래 (2)'에서 ①과 ②는 명제적 구문이고 ③과 ④는 화자의 심리적 태도가 반영된 양태적 구문이다.

　　(2)' ① 이것은 국어책이다.
　　　　② 저것은 우리 학교이다.
　　　　③ 바람이 많이 부는 모양이다.
　　　　④ 도둑이 제발 저린 법이다.

　한편 용언의 특성에 따라 어떤 문장에서는 1자리 서술어로 기능하고 또 다른 문장에서는 2자리 서술어로 기능하는 경우가 있다.

　　(3) ① 아이들이 잘 논다.
　　　　② 아이들이 윷을 논다.
　　(4) ① 바람이 많이 분다.
　　　　② 철수가 먼지를 분다.

　(3)의 밑줄 친 동사 '놀다'가 ①에서는 1자리 서술어로 기능하고 ②에서는 2자리 서술어로 하며, (4)의 '불다' 역시 ①에서는 1자리 서술어로 기능하고 ②에서는 2자리 서술어로 기능한다. 이런 동사는 자동사와 타동사를 겸하고 있어서 흔히 양용동사 또는 능격동사로 부른다.

❸ 서술어의 생략

서술어는 문장의 필수 성분으로 생략되지 않는 것이 원칙이지만, 담화에서 동일한 서술어가 반복되거나 화자와 청자가 서술어를 이미 알고 있는 경우에는 생략이 가능하다.

> (5) ① 영수는 팔공산에 $\emptyset_i$, 철수는 가야산에 <u>갔다</u>$_i$.
> ② A : <u>영수</u>$_i$는 어디 <u>사니</u>?
> B : $\emptyset_i$ 대구에 $\emptyset_j$.

(5)의 ①에서는 후행절의 서술어를 통해 선행절의 생략된 서술어를 알 수 있기 때문에 생략되었으며, ②에서는 A를 통해 화자와 청자가 B의 생략된 주어와 서술어를 알 수 있기 때문에 생략되었다.

❹ 보조용언

보조용언은 본용언에 기대어 사용되는 비자립적인 용언인데, 본용언을 도와주는 기능을 하므로 보조용언이라 하고 문법적으로 본용언에 의존하기 때문에 의존용언이라 한다. 보조용언에는 보조동사와 보조형용사가 있다.

> ① 나는 고향에 가고 <u>싶다</u>.
> ② 너는 이 책을 읽어 <u>보았느냐</u>?
> ③ 영수는 고향에 가지 <u>못했다</u>.
> ④ 지금 얼음이 녹고 <u>있다</u>. (진행)
> ⑤ 여기에는 얼음이 다 녹아 <u>있다</u>. (완료)

❺ 보조용언의 특징

① 본용언과 함께 하나의 서술기능을 수행한다.
② 어순이 바뀌더라도 본용언과 분리되지 않는다.
③ 보조용언은 주로 문법적 기능을 수행한다.
④ 보조용언만으로 문장이 성립되지 않는다.
⑤ 보조적 연결어미와 보조용언이 하나의 의미 단위로 기능한다.

✔ 목적어

목적어는 타동사에 의해 표현되는 행위의 대상을 나타내는 문장 성분인데, 타동사는 주로 2자리 서술어로 기능하지만 3자리 서술어로 기능하는 것도 있다.

❶ 목적어의 형식

목적어는 체언이나 체언 기능을 수행하는 말에 목적격조사 '−를/을'이 결합하여 이루어진다.

(1) ① 규영이가 [책상]을 옮겼다.
    ② 영수는 [순희가 오기]를 기다렸다.
    ③ 한국인은 [우리의 미래가 어떻게 전개될 것인가]를 한 번쯤 생각해 봐야 한다.

(1)의 ①에는 체언 뒤에 목적격조사가 결합한 명사구가 목적어로 기능하고, ②에서는 명사절 뒤에 목적격조사가 결합하여 목적어로 기능하며, ③에서는 한 개의 문장 뒤에 목적격조사가 결합하여 목적어로 기능한다.

❷ 목적어의 위치와 생략

목적어는 타동사가 서술어인 문장에 실현되며, 담화에서 화자와 청자가 잘 알고 있는 목적어는 생략될 수 있다.

(2) ① 너는 날 자꾸 부르지 마라.
    ② 연필 좀 빌려 줘요.
    ③ A : 너$_i$ 점심$_j$을 먹었니?
       B : 예, ∅$_i$ ∅$_j$ 먹었습니다.

(2)의 ①에서는 목적격조사로 '−ㄹ'이 사용되었고, ②에서는 목적어가

무엇인지 잘 알기 때문에 목적격조사가 생략되었다. 그리고 ③에서는 A를 통해 목적어를 알 수 있기 때문에 B의 목적어가 생략되었다.

❸ 목적어의 겹침

문장에서 더러는 목적어가 겹쳐 나타나는 경우가 있는데, 그 때 앞뒤의 목적어가 일관된 의미 관계나 문법 관계를 가지고 있는 것은 아니다.

    (3) ① 영수는 <u>책을</u> <u>두 권을</u> 샀다.
        ② 그는 <u>과녁을</u> <u>한 가운데를</u> 쏘았다.
        ③ 영희는 <u>문법을</u> <u>공부를</u> 했다.

한편 (3)의 ①, ②, ③에서 서술어 앞에 배열된 '체언+―를/을'로 구성된 두 개의 명사구가 모두 목적어가 아니라는 견해가 있다. 이들 문장의 서술어가 각각 3개의 명사구를 반드시 필요로 하는 의미 특성을 가진 용언으로 단정할 수 없고, 그리고 각 문장의 밑줄 친 앞쪽에 배열된 '체언+―을'의 '―을'이 목적격조사가 아니고 보조사라는 것이다. 즉 ①의 '책을', ②의 '과녁을', ③의 '문법을' 등에 결합한 '―을'이 '강조'의 의미를 더해주는 보조사로 보려는 관점이다.[5]

✔ 보어

보어는 의미적으로 불완전 용언이 서술어로 기능할 때 필요로 하는 문장 성분인데, 학교문법에서는 서술어가 '아니다'와 '되다'인 경우로 한정해 두었다.

---

5) '―를/을'이 보조사로 기능하는 경우가 있다. 이를테면 '빨리를 오너라'와 '빙빙을 돌았느냐?'에서 '빨리'와 '빙빙' 뒤에 '―를/을'이 결합하였지만, 이것을 목적어라고 할 수 없다. 왜냐하면 두 문장의 서술어로 기능하는 용언이 타동사가 아니고, 또 '―를/을'이 부사 뒤에 결합하여 '강조'의 의미를 더해주기 때문이다.

❶ 보어의 형식

보어는 체언이나 명사구, 명사절을 비롯하여 체언 기능을 수행하는 말
에 조사 '－이 / 가'가 결합하여 이루어진다.

    (1) ① 그는 [학생]이 아니다.
        ② 여기가 [바다]가 되었다.
        ③ 날씨는 [비가 왔음]이 아니요.

❷ 보어와 주어

보어는 '체언＋이 / 가'의 구성 형식을 갖는데, 이것은 주어와 그 구성
형식이 동일하다. 하지만 주어는 문장의 주체를 나타내는 성분인 반면,
보어는 서술어의 불완전한 의미를 보충해 주는 기능을 갖는 성분이다.

    (2) ① 물이 얼음이 되었다.
        ② 올챙이는 개구리가 아니다.
        ③ 네가 대학생이 되었구나.

(2)의 밑줄 친 보어는 문장의 주어와 그 구성이 비슷하다. 그러나 문장
에서 배열되는 위치에서 주어와 다르고, 문장의 주체가 아니며, 의미적으
로 보충해 주는 기능을 수행한다. 그럼에도 불구하고 보어에 결합하는 보
격조사와 주어에 결합하는 주격조사의 형태가 동일하다는 점이 문제가
될 수 있다.

❸ 보어와 부사어

학교문법에서 규정한 보어와 필수적 부사어는 차이점도 있고 비슷한
점도 있다.

    (3) ① 시냇물이 강물이 되었다.
        ② 영수는 편지를 우체통에 넣었다.

    (4) ① *시냇물이 되었다.
       ② *영수는 편지를 넣었다.

  (3)의 ①과 ②에서 밑줄 친 말이 없으면 (4)에서 보는 것과 같이 의미적으로 불완전한 문장이 되고 만다. 따라서 (3)에서 ①의 밑줄 친 보어와 ②의 밑줄 친 부사어는 필수적으로 요구되는 성분이기 때문에, 문장 ②의 부사어를 필수적 부사어라 한다.

  (3)의 두 문장에서 보어와 필수적 부사어가 필수적으로 서술어에 이끌리는 공통점을 가지고 있다. 그래서 연구자에 따라서는 보어를 인정하지 않고 모두 필수적 부사어로 처리하기도 하고, 또는 필수적 부사어를 인정하지 않고 모두 보어로 처리하기도 한다.6)

  ✔ 관형어

  관형어는 체언으로 이루어진 말 앞에서 그것을 수식하거나 한정하는 문장 성분이다.

  ❶ 관형어의 형식

  관형어는 관형사, 용언의 관형사형, 그리고 체언이나 체언의 기능을 수행하는 말에 조사 '-의'가 결합하여 이루어진다.

    (1) ① 헌 옷이라도 깨끗하게 입으면 된다.
       ② 너는 저 책을 읽었느냐?
       ③ 두 개와 세 개의 합은 다섯 개이다.
       ④ 푸른 하늘이 매우 높다.
       ⑤ 영수는 떠나는 순희를 붙잡았다.

---

6) 전자의 입장을 취하는 연구자들은 문장 성분의 유형에 보어를 설정하지 않으며, 후자의 입장을 취하는 경우는 이관규(1999)가 있다.

　⑥ 이것은 <u>영희가 쓴</u> 책이다.
　⑦ 규영이는 <u>자기의</u> 딸을 잘 돌본다.
　⑧ 그는 <u>고향</u> 친구이다.

　(1)에서 ①~③의 밑줄 친 부분은 관형사가 관형어로 기능하고, ④~⑤의 밑줄 친 부분은 용언에 관형사형이 결합하여 관형어로 기능하며, ⑥에서는 관형절이 관형어로 기능한다. 그리고 ⑦과 ⑧에서는 밑줄 친 부분이 관형어로 기능하는데, ⑧에서 '고향'은 조사 '-의'가 생략된 채 관형어로 기능한다.

❷ 관형어의 특징

　첫째, 용언의 관형사형이 관형어로 기능할 때 관형사형이 시제를 표시하는데, '-는'은 현재를 나타내고, '-은'은 과거를 나타내며, '-을'은 미래를 나타낸다.

　(2) ① <u>떠나는</u> 영수를 위해 박수를 보내자. (←영수가 떠난다)
　　 ② 한 번 <u>떠난</u> 사람은 돌아오기 어렵다. (←사람이 떠났다)
　　 ③ <u>떠날</u> 사람을 붙잡지 마라. (←사람이 떠날 것이다)

　둘째, 용언의 관형사형이나 서술격조사의 관형사형이 관형어로 기능할 때, 수식을 받는 체언을 주어로 하여 관형어를 서술어로 나타낼 수 있다.

　(3) ① <u>높은</u> 하늘이 매우 푸르다.
　　 ② <u>학생인</u> 저 사람을 불러라.
　　 ③ 너는 <u>공부할</u> 계획을 세웠느냐?

　(3)의 ①과 ②에서는 밑줄 친 관형어가 수식하는 체언을 주어로 하여 서술어 기능이 가능하지만, ③에서는 그것이 불가능하다. 즉 ①과 ②에서

는 각각 '하늘이 높다', '저 사람이 학생이다'와 같은 정상적인 문장이 성립되지만, ③에서는 '*계획이 공부하다'는 정상적인 문장으로 성립되지 않는다.

셋째, 관형어만으로 문장이 될 수 없으며, 관형어가 겹쳐 사용될 수 있다.

> (4) ① <u>저 세 헌</u> 집은 누구네 집이니?
> ② <u>의 푸른</u> 가방은 언제 샀니?

(4)의 문장 ①에서는 세 개의 관형어가 겹쳐 나타나 있고, ②에서는 두 개의 관형어가 겹쳐 나타나 있다. ①과 같이 여러 개의 관형사가 관형어로 겹쳐 나타날 때는 지시관형사, 수관형사, 성상관형사의 순서로 배열된다.

✔ 부사어

부사어는 대개 서술어 앞에서 그것을 한정해 주는 기능을 수행하는 문장 성분이다.

❶ 부사어의 형식

부사가 바로 부사어로 기능하기도 하고, 체언 뒤에 여러 형태의 부사격 조사가 결합하여 부사어로 기능하기도 하며, 부사성 의존명사가 그 앞의 관형어와 함께 부사어로 기능하기도 한다. 그리고 용언 뒤에 어미 '–게'가 결합하여 부사어로 기능하는 경우도 있다.

> (1) ① 물이 <u>매우</u> 뜨겁다.
> ② 영수가 <u>학교에</u> 갔다.
> ③ 이것은 <u>나무로</u> 지은 집이다.
> ④ 이걸 <u>순희에게</u> 줘라.
> ⑤ 나는 <u>영수와</u> 의논했다.

　⑥ 영희는 여자로서 그 일을 감당했다.
　⑦ 너가 아는 대로 대답해라.
　⑧ 아는 만큼 보이는 법이다.
　⑨ 나는 알맞게 뛰었다.
　⑩ 단풍이 소리도 없이 떨어진다.
　⑪ 유감스럽게 그는 시험에 떨어졌다.
　⑫ 과연 영수가 잘 달린다.
　⑬ 비가 온다. 그리고 바람도 분다.

　(1)에서 문장 ①과 ⑫의 밑줄 친 부분은 부사가 부사어로 기능하는 문장이고, ②~⑥은 체언 뒤에 부사격조사가 결합하여 부사어로 기능하는 경우이며, ⑦~⑧은 관형어와 부사성 의존명사가 함께 부사어로 기능하는 경우이다. ⑨와 ⑪의 밑줄 친 부분은 용언에 어미 '-게'가 결합하여 부사어로 기능하는 경우이고, ⑩의 밑줄 친 부분은 부사절이 부사어로 기능하는 경우이다. 그런데 ①~⑩의 부사어는 서술어만 수식하는 성분 부사어이고, ⑪~⑬의 부사어는 모두 문장 전체를 수식하는 문장 부사어이다.

❷ 부사어의 특징
첫째, 부사어는 담화에서 단독으로 사용될 수 있다.

　(2) A : 그는 무슨 자격으로 회의에 참석했니?
　　　 B : 운영위원으로.

(2)의 B에서는 A의 물음에 대한 대답으로 부사어 단독으로 문장이 되었다.
둘째, 부사어 중에는 생략될 수 없는 필수적 부사어가 있다.

　(3) ① 영수는 그분을 선생으로 삼았다.
　　　 ② 순희는 영희와 닮았다.

(3)에서 ①과 ②의 밑줄 친 부분은 생략될 수 없는 필수적 부사어인데, 이것은 서술어의 의미 특성 때문이다.

❸ 부사어의 위치와 겹침

부사어의 위치 이동은 비교적 자유로우며, 두 개 이상의 부사어가 겹쳐 사용되기도 한다.

> (4) ① 영수는 고향에 <u>자주</u> 간다.
>   ② 영수는 고향에 간다 <u>자주</u>.
>   ③ 영수는 <u>자주</u> 고향에 간다.
> (5) ① <u>이상하게도</u> 순희는 [숙정이가 최고]라고 말했다.
>   ② 순희는 [숙정이가 최고]라고 말했다 <u>이상하게도</u>.
>   ③ *순희는 [숙정이가 <u>이상하게도</u> 최고]라고 말했다.
> (6) ① <u>정말</u> 영수가 [그 집]에 갔습니다.
>   ② 영수가 <u>정말</u> [그 집]에 갔습니다.
>   ③ *영수가 [그 <u>정말</u> 집]에 갔습니다.
>   ④ 영수가 [그 집]에 <u>정말</u> 갔습니다.
> (7) ① 그는 <u>아주</u> <u>멀리</u> 떠났다.
>   ② 영수는 <u>참</u> <u>알뜰하게</u> 살아간다.

(4)에서 밑줄 친 부사어가 위치 이동이 있더라도 정상적인 문장으로 받아들여지고 (5)의 ①과 ②에서도 부사어의 위치 이동이 문제가 되지 않는다. 그러나 (5)의 ③에서는 부사어의 위치 이동으로 비문이 되고 말았는데, 이것은 상위문을 수식하는 부사어가 내포문의 주어와 서술어 사이로 이동했기 때문이다. 그리고 (6)에서 문장 전체를 수식하는 부사어 '정말'이 위치 이동한 ①, ②, ④는 모두 정상적인 문장으로 받아들여지는 반면, ③은 정상적인 문장으로 받아들여지지 않는다. 이것은 ③에서 '정말'이 단일한 구성 성분인 '그'와 '집에'의 사이에 끼어들었기 때문이다.

따라서 문장부사어의 위치 이동이 자유스럽다고 하더라도 (5)의 ③과 같이 내포문의 성분 사이로 이동하는 경우와 (6)의 ③과 같이 단일한 구성 성분 사이로 이동하는 경우에는 제약을 받는다. 그리고 (7)의 ①과 ②에는 밑줄 친 두 개의 부사어가 겹쳐 나타난다.

✔ 독립어

독립어는 뒤에 이어지는 문장의 어느 성분과 직접적인 관련이 없는 것도 있지만, 깊이 관련된 것도 있다.

❶ 독립어의 형식

감탄사가 그대로 독립어로 기능하기도 하고, 체언에 호격조사가 결합하여 독립어로 기능하기도 하며, 명사 단독으로 독립어 기능을 수행하기도 한다.

(1) ① 야, 경치가 좋다.
　　② 영수야, 지금 뭐하니?
　　③ 할아버지, 그분은 참 부지런하셨다.
　　④ 팔공산, 이 산은 대구의 명산이다.

❷ 독립어의 갈래

독립어에는 부름말, 보임말, 느낌말 등이 있다.

(2) ① 영희야, 어디 가니?
　　② 지리산, 이 산은 한국의 명산이다.
　　③ 예, 저도 가겠습니다.

(2)에서 ①의 밑줄 친 부분은 부름말(호격어)이고, ②의 밑줄 친 부분은 보임말(제시어)이며, ③의 밑줄 친 부분은 느낌말이다.

❸ 독립어의 특징

독립어라고 하여 문장의 다른 성분과 전혀 관련이 없는 성분이 아니고, 다른 성분과 관련이 있는 것도 있고 없는 것도 있다.[7]

(3) ① <u>영수야</u>, 어서 가자.
　　② <u>자네</u>, 어서 가세.
　　③ <u>아저씨</u>, 어서 갑시다.
　　④ *<u>영수야</u>, 어서 갑시다.

(3)의 밑줄 친 부분은 부름말로 모두 독립어인데, ①~③에서 각 문장의 독립어와 그 문장을 끝맺는 종결어미는 직접적인 관련을 맺고 있다. 즉 ①에서 체언 뒤에 호격조사 '-야'가 결합하여 독립어로 기능하기 때문에 문장의 종결어미로 '-(으)자'가 선택되었고, ②에서는 부름말로 선택된 '자네'가 독립어로 기능하기 때문에 문장의 종결어미로 '-(으)세'가 선택되었으며, ③에서는 독립어로 높임의 대상인 '아저씨'가 선택되었기 때문에 문장의 종결어미로 '-습시다'가 선택되었다.

독립어로 기능하는 부름말과 종결어미가 모두 청자대우법을 실현하기 때문에 높임의 등급이 일치해야 하며, 만약 그 등급이 일치하지 않으면 ④와 같이 비문이 되고 만다. 따라서 독립어로 기능하는 부름말은 문장의 다른 성분과 문법적으로 밀접한 관련을 가진다.

(4) ① <u>철수</u>, 그는 참 부지런하다.
　　② <u>할아버지</u>, 그분은 참 부지런하시다.
　　③ *<u>철수</u>, 그는 참 부지런하시다.
　　④ <u>지리산</u>, 그 산은 한국의 명산이다.
　　⑤ <u>지리산</u>, 그 산은 한국의 명산입니다.

---

7) 독립어의 문법성에 대해서는 김태엽(1996)을 참조.

(4)의 밑줄 친 부분은 모두 독립어로 기능하는 보임말인데, 사람이 보임말로 선택되는 경우와 사람이 아닌 대상이 보임말로 선택되는 경우에 차이가 있다. ①~③과 같이 사람이 보임말로 선택된 경우는 문장의 다른 성분과 직접 관련이 있으나, ④~⑤와 같이 사람이 아닌 대상이 보임말로 선택된 경우는 문장의 다른 성분과 관련을 맺지 않는다. 전자의 경우는 보임말이 높임의 대상이 아니면 문장의 서술어에 '–(으)시–'를 결합하지 않고 보임말이 높임의 대상이면 '–(으)시–'가 서술어에 결합한다. ③에서 보임말 '철수'가 높임의 대상이 아닌데도 서술어에 '–(으)시–'가 결합하여 비문이 되고 말았다. 하지만 후자의 경우에는 전자와 같은 제약이 없어 ④와 ⑤가 정상적인 문장으로 받아들여진다.

따라서 독립어로 기능하는 보임말이 [+인간]의 의미자질을 가지면 문장의 다른 성분과 문법적으로 관련이 있고, [−인간]의 의미자질을 가지면 문장의 다른 성분과 문법적으로 관련이 없다.

(5) ① <u>아</u>, 달이 밝구나.
  ② <u>아</u>, 달이 밝습니다.
  ③ 너 어디 가니?
  ④ <u>예</u>, 저는 학교에 갑니다.
  ⑤ *<u>예</u>, 나는 학교에 간다.

(5)의 밑줄 친 부분은 독립어로 기능하는 느낌말인데, [+상대성]의 의미자질을 가진 말이 느낌말로 선택되는 경우와 [−상대성]의 의미자질을 가진 말이 느낌말로 선택되는 경우에 제약의 차이가 있다. ①, ②와 같이 독립어가 화자의 개인적인 느낌을 드러낸 '아'는 [−상대성]을 가지므로 문장의 다른 성분과 관련이 없는 반면, ③의 물음에 대한 대답으로 발화한 ④와 ⑤의 독립어 '예'는 [+상대성]을 가지므로 문장의 종결어미와 문법적으로 밀접히 관련된다.

따라서 독립어라고 하여 모두 문장의 다른 성분과 문법적으로 관련이 없는 것이 아니고, 독립어의 종류에 따라 뒤에 이어지는 문장의 다른 성분과 문법적 관련성을 가지는 것도 있고 가지지 않는 것도 있다.

4. 문장의 유형

(1) 서술어의 의미 특성에 따른 유형

서술어의 의미 특성에 따른 문장의 유형은 아래와 같다.

① 무엇이 어찌한다
② 무엇이 어떠하다
③ 무엇이 무엇이다

국어의 문장 유형 ①은 서술어가 '어찌한다'인데, 이것은 동사가 서술어로 기능하는 경우의 문장이고, ②는 서술어가 '어떠하다'인데, 이것은 형용사가 서술어로 기능하는 경우의 문장이며, ③은 서술어가 '무엇이다'인데, 이것은 체언 뒤에 서술격조사가 결합하여 서술어로 기능하는 경우의 문장이다. 따라서 ①을 동사문 또는 동작 동사문이라 하고, ②를 형용사문 또는 상태 동사문이라 하며, ③을 지정사문(계사문 / 술격문) 또는 환언 동사문이라 한다.

① 해가 뜬다.
② 영수가 책을 샀다.
③ 영희가 동생에게 책을 주었다.
④ 이 꽃이 곱다.
⑤ 이것은 연필이다.

위의 ①, ②, ③은 모두 동사문이고, ④는 형용사문이며, ⑤는 지정사문이다.

(2) 마침법의 하위범주에 따른 유형

이것은 서술어에 결합하는 종결어미에 의해 실현되는 마침법에 따라 문장의 유형을 분류하는 방법인데, 아래와 같이 대개 서술문, 의문문, 명령문, 청유문 등으로 나뉜다.

① 날씨가 맑<u>다</u>.
② 날씨가 맑<u>으냐</u>?
③ 너도 같이 가<u>거라</u>.
④ 우리도 같이 가<u>자</u>.

위의 ①은 평서문이고, ②는 의문문이고, ③은 명령문이고, ④는 청유문이다.

(3) 서술기능에 따른 유형

문장 성분 가운데 가장 중심적인 기능을 맡고 있는 것이 서술어이다. 서술어가 수행하는 기능을 서술기능이라 하는데, 이 서술기능은 문장의 유형을 분류하는 기준이 될 수 있다. 서술기능에 따른 문장의 유형에는 서술기능의 자립성 유무에 따른 유형과 서술기능의 수에 따른 유형이 있다(권재일, 1992).

먼저 서술기능을 수행할 수 있는 품사에는 동사, 형용사, 지정사(서술격 조사) 등이 있는데, 서술기능은 기능 수행의 자립성에 따라서, 자립하여 스스로가 서술기능을 가지는 '자립 서술기능'과 그렇지 못하고 다른 구성에 의존해야 서술기능을 수행하는 '의존 서술기능'으로 나뉜다. 따라서 동사, 형용사도 서술기능의 자립성에 따라, 자립동사 / 자립형용사와 의존 동사 / 의존형용사로 나뉜다.

(1) ① 나는 학교에 <u>간다</u>.
② 꽃이 <u>아름답다</u>.
③ 나는 철수가 학교에 가게 <u>했다</u>.
④ 나는 학생<u>이다</u>.

(1)에서 문장 ①과 ②의 '가다'와 '아름답다'는 자립용언이고, 문장 ③의 '하다'와 ④의 '이다'는 의존용언이다. ③의 의존동사 '하다'는 내포문 '철수가 학교에 가-'의 도움을 받아 서술기능을 수행하고, ④의 '-이다'는 명사구 '학생'의 도움을 받아 서술기능을 수행한다.

두 번째는 한 개의 문장 안에서 서술기능이 몇 번 수행되느냐에 따른 구분이다. 주어진 문장 구성에서 서술기능을 한 번 수행하는 경우도 있고, 두 번 이상 수행하는 경우도 있다. 즉 문장과 서술기능이 1 : 1의 관계에 있는 문장 구성을 단순문(simple sentence) 구성이라 하고, 문장과 서술기능이 1 : 2 이상의 관계에 있는 문장 구성을 복합문(complex sentence) 구성이라 한다.

복합문 구성은 한 개의 문장에서 서술기능이 두 번 이상 수행되는 문장 구성을 말하는데, 두 번 이상의 서술기능이 어떤 방식으로 짜여지느냐에 따라 다시 접속문 구성과 내포문 구성으로 나뉜다. 한 문장에서 두 번의 서술기능을 수행한다는 것은 곧 단순문이 두 개라는 뜻이다. 즉 두 개의 단순문이 어떤 방식으로 짜여지느냐에 따라 접속문과 내포문으로 나뉜다는 것이다. 복합문의 유형은 상위문이 하위문을 관할하는 방식에 따라 체계화할 수 있는데, 상위문이 하위문을 직접 관할하는 복합문 구성을 접속문 구성이라 하고, 상위문이 하위문을 간접 관할하는 복합문 구성을 내포문 구성이라 한다.

(2) ①   ②

(2)의 ①과 같이 상위문이 하위문을 직접적으로 관할하는 복합문 구성은 접속문 구성(이것은 집이고 저것은 학교이다)이고, ②와 같이 상위문이 명사구나 동사구를 통해 하위문을 간접적으로 관할하는 복합문 구성은 내포문 구성(영수는 철수가 착하다고 말했다)이다.

▌서술기능에 따른 문장 유형

```
            ┌─ 단순문 구성
문장 ─┤                    ┌─ 접속문 구성
            └─ 복합문 구성 ─┤
                             └─ 내포문 구성
```

문장의 유형은 실제로 문장의 구조와 관련되기 때문에, 연구자에 따라서는 문장 구조에 따른 유형을 위와 같이 분류하기도 한다.

5. 문장의 구조

문장은 주어와 서술어를 갖추고 형식적으로 자립하고 의미적으로 완결되어 있는 하나의 독립적인 구조체라 할 수 있다. 따라서 문장의 구조는 핵심 성분인 서술어의 서술기능에 따라 단순문과 복합문으로 크게 나뉘며, 복합문은 다시 접속문과 내포문으로 나뉜다.

단순문은 하나의 문장 안에 주어와 서술어의 관계가 한 번 나타나는

문장이고, 복합문은 하나의 문장 안에 주어와 서술어의 관계가 두 번 이상 나타나는 문장이다. 하나의 문장 안에 주어와 서술어가 두 번 이상 나타나서 접속문과 내포문으로 만드는 것을 흔히 문장의 확대라고 한다.

(1) 접속문

복합문은 주어와 서술어의 관계가 두 번 이상인 문장을 말한다. 복합문 중에서 접속문은 상위문이 하위문을 직접적으로 관할하는 문장이고, 내포문은 상위문이 하위문을 간접적으로 관할하는 문장이다. 따라서 접속문은 상위문이 두 개 이상의 하위문을 직접적으로 관할하는 구성이며, 하위문은 선행절과 후행절로 구분된다. 그리고 선행절 뒤에 접속어미가 결합하여 후행절과 함께 접속문을 구성한다.

접속문의 유형은 선행절과 후행절의 의미관계에 따라 대등 접속문과 종속 접속문으로 크게 나뉜다. 후행절에 대한 선행절의 의미관계가 대등한 관계이면 대등 접속문이고, 후행절에 대한 선행절의 의미관계가 종속적인 관계이면 종속 접속문이다. 따라서 접속문에서 의미의 중심은 후행절에 있다.

최근 접속문의 유형 중에서 대등 접속문만 인정하고 종속 접속문을 인정하지 않고 그 대신 내포문의 부사절로 보려는 논의가 일어나고 있는데, 이것은 낱말의 확대 방법의 하나인 합성어의 유형과 그 맥락을 함께 고려할 필요가 있다. 즉 낱말을 확대할 때 적용하는 합성법에서 대등적으로 합성하기도 하고 종속적으로 합성하기도 하듯이, 문장의 확대 방법의 하나인 접속에서도 두 개의 문장이 대등적으로 이어지기도 하고 종속적으로 이어지기도 하는 방법으로 유형화하는 것이 바람직할 것이다.[8]

---

8) 내포문의 부사절을 확대 해석하는 경향이 있는데, 이것은 타당성이 있긴 하지만 신중한 검토가 필요하다.

✔ 대등 접속문

대등 접속문은 선행절과 후행절의 의미관계에 따라 다시 나열(순접)관계, 대조(역접)관계, 선택(선접)관계로 나뉜다.

  (1) ① 비가 오고 바람이 분다.
      ② 비는 오지만 바람은 불지 않는다.
      ③ 비가 오거나 바람이 분다.

(1)의 ①은 선행절과 후행절이 '나열'의 의미관계를 가진 대등 접속문이고, ②는 선행절과 후행절이 '대조'의 의미관계를 가진 대등 접속문이며, ③은 선행절과 후행절이 '선택'의 의미관계를 가진 대등 접속문이다.

그런데 (1)과 같은 대등 접속문은 아래 (2)와 같이 선행절과 후행절을 서로 바꾸어 배열하더라도 문장이 성립되는 통사적인 특징을 가진다.[9]

  (2) ① 바람이 불고 비가 온다.
      ② 바람은 불지 않지만 비는 온다.
      ③ 바람이 불거나 비가 온다.

✔ 종속 접속문

종속 접속문은 선행절과 후행절의 의미관계에 따라 인과관계, 조건관계, 목적관계, 평가관계, 결과관계, 첨의관계, 강조관계 등으로 나뉜다.

  (3) ① 비가 오니 날씨가 춥다.
      ② 날씨가 맑으면 나도 가마.
      ③ 영수는 운동하러 체육관에 갔다.

---

9) 통사적으로 문장이 성립된다고 하여 바꾸기 이전의 문장과 의미적으로 반드시 동일한 것은 아니다.

④ 내가 <u>보건대</u> 그는 착하다.
⑤ 사람이 지나가<u>도록</u> 차가 정지했다.
⑥ 소리가 클<u>수록</u> 듣는 사람이 적다.
⑦ 그는 보면 볼<u>수록</u> 마음이 착하다.

(3)의 ①은 선행절과 후행절이 인과관계로 이어진 종속 접속문이고, ②는 조건관계로 이어진 종속 접속문이고, ③은 목적관계로 이어진 종속 접속문이고, ④는 평가관계로 이어진 종속 접속문이고, ⑤는 결과관계로 이어진 종속 접속문이고, ⑥은 첨의관계로 이어진 종속 접속문이고, ⑦은 강조관계로 이어진 종속 접속문이다.

이들 종속 접속문은 대등 접속문과 달리 선행절과 후행절을 서로 바꾸어 배열하면 아래 (4)와 같이 정상적인 문장이 되지 못한다. (4)의 ⑤가 문장으로 성립되기는 하지만, (3)의 ⑤와 전혀 다른 뜻을 가진 문장이기 때문에 선행절과 후행절의 교체가 사실상 불가능하다.

(4) ① *날씨가 추우니 비가 온다.
② *나도 가면 날씨가 맑다.
③ *영수는 체육관에 가러 운동했다.
④ *그는 착하건대 내가 본다.
⑤ ?차가 정지하도록 사람이 지나간다.
⑥ *사람이 적을수록 소리가 크다.
⑦ *마음이 착할수록 그는 본다.

종속 접속문의 통사적 성격에 대해서는 크게 세 가지의 견해가 있다. 첫째는 순수하게 문장을 접속하는 기능으로 보는 견해가 있는데, 최현배(1971), 허웅(1983), 권재일(1992) 등이 여기에 속한다. 둘째는 부사적인 종속절의 기능으로 보는 견해인데, 종속 접속문으로 보되 그 기능은 부사어의 성격으로 처리한다. 이익섭·임홍빈(1983)이 여기에 속한다. 셋째는 종속 접속문을 인정하지 않고 순수한 부사절의 기능으로 보는 견해인데, 남기심(1985), 유현경(1986), 이관규(1990, 1999), 서정수(1994), 최재희(1997) 등이 여기에 속한다.[10]

✔ 접속문의 통사 특성

접속문은 선행절에 접속어미가 결합하여 후행절에 통합되어 있어서, 선행절에 결합한 접속어미가 여러 가지 통사적 특성을 가진다. 여기에서는 주어, 서술어, 시제법, 마침법 등이 접속문에서 어떤 양상을 보이는지 살펴본다.

❶ 주어

접속어미에 따라 선행절과 후행절의 주어를 모두 요구하는 경우도 있고, 선행절의 주어만 요구하는 경우도 있다.

(5) ① 영수는 학교에 가고 철수 / 그는 서점에 갔다.
    ② 영수i는 체육관에 가서 øi 열심히 운동했다.

(5)의 ①에서는 선행절과 후행절에 모두 주어가 실현되었으나 ②에서는 선행절에만 주어가 실현되었다. ②에서는 선행절의 주어가 후행절의 주어와 동일하기 때문에 후행절의 주어가 생략되었지만, ①에서는 그런 관계가 성립되지 않으므로 선행절과 후행절에 모두 주어가 실현되었다. 접속문에서 주어의 실현 여부는 접속어미의 기능과 주어의 의미 특성에 따라 각각 다른 제약을 나타낸다.

---

10) 둘째 견해는 첫째 견해와 셋째 견해의 중간적인 성격을 가지는데, 이것은 선행절이 후행절을 의미적으로 수식하는 것으로 보는 관점이다. 그리고 만약 셋째 견해를 따른다면 접속문에는 대등접속문만 존재하게 되고, 첫째 견해에서 설정한 종속접속문은 내포문의 부사절에 포함될 수 있다.

❷ 서술어

접속문에서 서술어의 제약은 많지 않다. 선행절과 후행절의 서술어가 동일할 경우 생략과 대용 현상이 나타난다.

> (6) ① 영수는 학교에 øi, 영희는 집에 갔다i.
> ② 철수도 갔고, 순희도 <u>그랬다</u>.

(6)의 ①에서는 선행절의 서술어가 생략되었는데, 이것은 후행절의 서술어와 동일하기 때문이다.[11) 그리고 ②에서 후행절의 서술어가 '그러하다'로 대용되었는데, 선행절의 서술어와 동일한 경우에 대용이 가능하다.

❸ 시제법

접속문의 선행절에 시제어미가 결합된 경우에는 선행절과 후행절의 시제법은 서로 관여하지 않는다. 하지만 선행절에 시제어미가 결합하지 않은 경우에 선행절의 시제법은 후행절 시제법에 의존한다.

> (7) ① 영수가 학교에 갔<u>으니</u>, 너도 가거라.
> ② 영수는 학교에 가<u>서</u> 순희를 만났다.

(7)의 ①에는 선행절에 시제어미가 결합해 있으므로 선행절과 후행절의 시제법은 서로 관여하지 않는다. 그러나 ②에는 선행절에 시제어미가 결합하지 않아 후행절의 시제법에 의존하므로, 선행절의 시제법도 후행절과 마찬가지로 과거로 해석된다.

❹ 마침법

접속문의 선행절에는 마침법을 실현하는 종결어미가 결합하지 않으므

---

11) 선행절과 후행절의 주어와 서술어가 동일한 경우에 주어는 후행절에서 생략되고 서술어는 선행절에서 생략된다.

로, 대부분의 접속문에서 선행절은 마침법과 무관하다. 하지만 선행절에 결합하는 접속어미에 따라 선행절과 후행절의 마침법이 관련을 가진다.

> (8) ① 철수가 학교에 가<u>거든</u> 너도 가거라.
>   ② 철수는 학교에 가<u>고</u> 영희는 집에 가<u>거라</u>.

(8)의 ①에는 접속어미 '—거든'이 결합한 접속문이고 ②에는 접속어미 '—고'가 결합한 접속문이다. 접속어미 '—거든'이 결합한 접속문 ①에는 선행절과 후행절의 마침법이 서로 무관한 반면, '—고'가 결합한 접속문 ②에서는 선행문의 마침법이 후행문과 동일한 것으로 해석된다. 따라서 접속문에서 선행문과 후행문의 마침법은 선행문에 결합하는 접속어미와 깊이 관련된다.

(2) 내포문

내포문은 주어와 서술어의 관계가 두 번 이상의 복합문 구성 중에서, 상위문이 하위문을 간접적으로 관할하는 구성을 가진 문장을 말한다.

내포문의 유형을 나누는 방법에는 크게 세 가지가 있다. 첫째는 학교문법과 같이 전통적인 방법으로 명사절, 서술절, 관형절, 부사절, 인용절 등이 내포된 복합문 구성으로 구분된다.[12] 둘째는 보문과 관계절로 구분하는 방법이다. 셋째는 동사구 내포문과 명사구 내포문으로 구분하는 방법이다.

---

12) 최현배(1971), 남기심·고영근(1995) 참조.

✔ 전통적인 방법

❶ 명사절

명사절은 명사형 어미 '−(으)ㅁ'이나 '−기'가 결합하거나 또는 의존명사 '것'을 취하여 명사화하여 상위문(모문)에 안긴 절을 말한다.

> (1) ① 어제 [그가 왔음]이 분명하다.
>   ② 나는 [영수가 오기]를 고대한다.
>   ③ 영수는 [그가 떠났다는 것]을 알고 있었다.
>   ④ 영수는 [그가 떠난 것]을 알고 있다.

(1)에서 ①의 밑줄 친 명사절은 명사형 어미 '−(으)ㅁ'이 결합하였고, ②의 밑줄 친 명사절은 명사형 어미 '−기'가 결합하였으며, ③에서는 밑줄 친 명사절이 종결형으로 끝난 뒤에 '것'이 통합하여 안긴 절이 되었다. 그리고 ④에서는 밑줄 친 명사절이 관형사형으로 끝난 뒤에 '것'이 통합하여 안긴 절이 되었다. 한편 ①의 명사절은 주어로 기능하고 ②~④의 명사절은 목적어로 기능한다. 한편 ③과 ④에서 밑줄 친 부분의 '것'을 수식하는 앞부분을 관형절로 처리할 수도 있다.

❷ 서술절

서술절은 복합문 구성에서 서술어로 기능하는 한 개의 문장이 안긴 절을 말한다.

> (2) ① [영수가 [눈이 크다]].
>   ② [대구는 [관공서가 [울타리가 없다]]].

(2)의 ①은 밑줄 친 서술절이 서술어로 기능하는 내포문이다. 그리고 ②에는 밑줄 친 서술절이 '관공서가'를 주어로 한 서술어로 기능하며, 이것은 다시 '대구는'을 주어로 하여 서술어로 기능하는 안긴 절이다.

❸ 관형절

관형사형 어미가 안긴 절의 서술어에 결합하여 관형절을 이룬다.

(3) ① 영수는 <u>철수가 왔다는</u> 소식을 들었다.
　　② <u>내가 그를 만난</u> 기억이 전혀 없다.
　　③ 이것은 <u>이 선생님이 지은</u> 책이다.
　　④ 영수는 <u>버드나무가 서 있는</u> 강가에서 순희를 만났다.

(3)의 밑줄 친 부분이 모두 관형절이다. ①의 관형절은 '철수가 왔다고 하는'에서 '-고 하'가 생략되었으나, ②의 관형절에는 '-고 하'가 생략되지 않았다. 그러나 ①과 ②에서 관형절의 수식을 받는 말의 내용이 곧 관형절의 내용과 동일하여 이런 관형절을 흔히 동격관형절이라 한다. 이와 같은 동격관형절은 문장의 모든 성분을 온전하게 갖추고 있다. 하지만 ③과 ④의 관형절은 관형절의 수식을 받는 말의 내용이 관형절의 내용과 동일하지 않으며, 관형절이 문장의 모든 성분을 온전하게 갖추고 있지 않다. 이런 관형절을 관계관형절이라 하여 동격관형절과 구별한다. 관계관형절에서 생략된 문장의 성분은 내포된 관형절을 안고 있는 상위문의 핵명사를 통해 알 수 있는데, ③의 관형절에는 목적어 '책'이 생략되었고 ④의 관형절에는 부사어 '강가에서'가 생략되었다.

❹ 부사절

부사절은 어미 '-이', '-게', '-도록', '-어서' 등이 결합하여 부사어로 기능하는 안긴 절을 말한다.

(4) ① 영수가 <u>말도 없이</u> 결석했다.
　　② 이곳은 <u>꽃이 아름답게</u> 피어 있다.
　　③ 순희는 <u>다리가 아프도록</u> 걸었다.
　　④ 길이 <u>비가 와서</u> 질다.

(4)의 밑줄 친 부분은 모두 문장의 서술어를 수식해 주는 부사절로 상위문에 안겨 있는 내포절이다. 앞에서 종속 접속문을 인정하지 않고 모두 내포문의 부사절에 포함시키려는 견해가 있다고 하였는데, 여기에서 (4)의 ①~④를 종속 접속문과 같은 구성으로 변형시켜 보면 아래 (5)와 같이 나타난다.

> (5) ① <u>말도 없이</u> 영수가 결석했다.
> ② ??<u>꽃이 아름답게</u> 이곳은 피어 있다.
> ③ <u>다리가 아프도록</u> 순희는 걸었다.
> ④ <u>비가 와서</u> 길이 질다.

앞의 (4)를 접속문과 같은 구성으로 고친 (5)에서는 ①, ③, ④가 정상적인 문장으로 받아들여지지만, ②는 매우 어색한 문장이 되고 만다. 이것은 종속 접문속을 모두 내포문의 부사절로 안긴 내포문이라고 단정하기 어려운 점이 있음을 보여주는 근거가 될 수 있다. 따라서 여기에서는 (4)의 밑줄 친 부사절을 종속 접속문과 구별한다.

❺ 인용절

인용절은 안겨진 문장에 조사 '−고', '−라고', '−하고' 등이 결합하여 이루어진다.

> (6) ① 영수는 <u>철수가 오늘 안 온다고</u> 말했다.
> ② 순희는 <u>"내가 그 사실을 아느냐?"라고</u> 묻더라.
> ③ 영희는 <u>그가 군인이라고</u> 알려 주더라.
> ④ 돌이 떨어지는 소리가 <u>"쿵" 하고</u> 울렸다.

(6)의 ①과 ③은 간접인용문이고 ②와 ④는 직접인용문인데, ③의 밑줄 친 부분과 같이 서술격조사 '−이다'와 형용사 '아니다'가 결합한 간접인용문에서는 각각 '−이라고'와 '아니라고'로 나타난다.[13]

✔ 보문과 관계절

내포문을 보문과 관계절로 나누기도 한다.

❶ 보문

보문은 하나의 문장 안에서 상위문의 의미를 보충해 주는 절(clause)을
가진 문장을 말한다.

> (1) ① 영수가 <u>날씨가 맑기</u>를 고대한다.
>   ② 영수는 <u>철수가 떠났다</u>는 사실을 모른다.
>   ③ 순희는 <u>영수가 최고라고</u> 믿는다.

(1)의 밑줄 친 부분은 모두 주어와 서술어의 관계를 갖춘 구성의 절인
데, 이것은 상위문의 의미를 보충해 줌으로써 온전한 의미를 가진 문장이
되게 한다. 따라서 밑줄 친 부분의 절이 생략되면 상위문만으로 온전한
의미를 갖지 못한다. 보문을 만드는 기능을 수행하는 문법요소를 보문소
(complementizer) 또는 보문자라고 하는데, ①에서는 ‘-기’가 보문소이고 ②에
서는 ‘-는’이 보문소이며 ③에서는 ‘-고’가 보문소로 기능한다. 이 밖에
도 ‘-음’, ‘-어’, ‘-게’, ‘-은’ 등의 보문소가 있다.

❷ 관계절

관계절은 문장 안에서 명사(구)를 수식해 주는 절인데, 이것은 수식하
는 명사구와 함께 하나의 구성 성분을 이룬다.

> (2) ① 영수가 <u>책을 빌려간</u> 순희를 찾아다녔다.
>   ② <u>철수가 출발하는</u> 수요일은 그의 생일이다.
>   ③ 순희는 <u>영수가 버릴</u> 책들을 모았다.

---

13) 이관규(1999)에는 명사절, 관형절, 부사절만 설정하고 서술절과 인용절은 설정하지 않
   았다.

(2)에서 ①의 밑줄 친 부분은 주어와 서술어의 관계를 갖추어 '순희'를 수식하는 관계절인데, 이것은 '순희'와 함께 하나의 구성 성분을 이루어 목적어로 기능한다. ②의 밑줄 친 관계절은 '수요일'을 수식하는데, 이 관계절은 '수요일'과 함께 하나의 구성 성분으로 주어 기능을 수행한다. 그리고 ③의 밑줄 친 관계절도 수식을 받는 '책'과 함께 목적어로 기능한다.

관계절은 보문의 경우와는 달리 생략되더라도 상위문만으로 온전한 문장이 된다. 그리고 관계절의 수식을 받는 명사구와 관계절 내의 어느 명사구가 동일한 대상을 나타낼 때는 관계절 내의 명사구가 반드시 생략된다. 따라서 ①의 밑줄 친 관계절에서는 주어인 '순희가'가 생략되었고, ②의 관계절에서는 부사어인 '수요일에'가 생략되었으며, ③의 관계절에서는 목적어인 '책을'이 생략되었다.

✔ 동사구 내포문과 명사구 내포문

상위문에 안긴 내포문은 다시 동사구 내포문과 명사구 내포문으로 나뉜다. 동사구 내포문은 동사구를 통해 관할하는 구성이고, 명사구 내포문은 명사구를 통해 관할하는 구성이다(권재일, 1992).

❶ 동사구 내포문

동사구 내포문은 다시 완형동사구 내포문과 불구동사구 내포문으로 나뉜다. 전자는 내포된 문장의 종결어미가 온전하게 갖추어진 내포문을 말하고, 후자는 내포된 문장의 종결어미가 온전하게 갖추어지지 않은 내포문을 말한다.

> (1) ① 나는 [철수가 학교에 가]게 했다.
> ② 나는 [학교에 가]고 싶다.
> ③ 나는 [철수가 학교에 간다]고 말했다.

  (1)의 밑줄 친 부분은 상위문의 서술기능을 보완해 주는 통사 기능을 가진 동사구 내포문이다. ①과 ②의 밑줄 친 부분에서는 종결어미가 갖추어져 있지 않으나, ③의 밑줄 친 부분에서는 종결어미가 갖추어져 있다. ①, ②와 같이 내포문의 종결어미가 온전하게 갖추어져 있지 않은 동사구 내포문을 불구동사구 내포문이라 하고, ③과 같이 종결어미가 갖추어져 있는 동사구 내포문을 완형동사구 내포문이라 한다.

❷ 명사구 내포문

  명사구 내포문은 다시 명사화 내포문과 관형화 내포문으로 나뉜다. 전자는 내포된 문장의 서술어에 명사형어미가 결합한 내포문이고, 후자는 내포된 문장의 서술어에 관형사형어미가 결합한 내포문이다.

  (2) ① 나는 <u>철수가 학교에 갔음을</u> 알았다.
      ② 나는 <u>영수가 여기서 떠나기를</u> 싫어한다.
      ③ 나는 <u>그가 버릴</u> 책을 미리 감췄다.
      ④ <u>내가 이 책을 읽은</u> 이유는 재미있었기 때문이다.
      ⑤ 영수는 <u>내가 읽는</u> 책을 빼앗았다.
      ⑥ 이것은 <u>내가 읽던</u> 책이다.

  (2)의 ①과 ②의 밑줄 친 내포문은 상위문의 목적어로서 명사구의 기능을 수행하고, ③과 ④의 밑줄 친 내포문은 명사를 수식하는 관형절로 수식을 받는 명사와 함께 명사구의 구성에 관여한다. ①과 ②의 밑줄 친 부분과 같이 명사화 내포어미 '-음', '-기'에 의해 구성되는 내포문을 명사화 내포문이라 하고, ③과 ④의 밑줄 친 부분과 같이 관형화 내포어미 '-을', '-은', '-는', '-던' 등에 의해 구성되는 내포문을 관형화 내포문이라 한다.

6. 문법 범주

(1) 문법 범주의 개념

문장을 구성하기 위해 낱말들이 결합할 때, 이 낱말들이 의미작용을 할 수 있도록 낱말에 일정한 형태—통사적 속성을 부여하는 것을 문법 범주라 한다. 이것은 실제로 문법적 관념을 표현하는 모든 범주를 포괄할 수 있는데, 문법적 관념은 매우 다양하여 순수한 관계 관념과 같은 추상적인 사실을 나타내기도 하고, 상황을 나타내기도 하며, 경우에 따라서는 화자의 감정이나 의지를 나타내기도 한다.

화자에 의해 전달되는 언어 내용은 구체적으로 문장으로 전달된다. 따라서 언어활동의 환경에 나타나는 요소들 사이의 관계라는 것은 화자가 청자에 대해 가지는 관계, 화자가 언어내용에 대해 가지는 관계, 언어 내용 안에서의 여러 요소들의 관계 등이 있을 수 있다. 그러므로 문법 범주란 이러한 문법적 관념이 구체적으로 문장에서 표현되는 범주라 할 수 있다(권재일, 1992), 이를테면 마침법, 대우법, 사동법 등은 곧 국어의 문법 범주를 나타낸 것이다.

(2) 문법 범주의 유형

국어의 문법 범주는 앞에서 언급한 대로 언어활동의 환경에 나타나는 요소들 사이의 관계, 즉 화자가 청자에 대해 가지는 관계, 화자가 언어 내용에 대해 가지는 관계, 그리고 언어내용 안에서의 여러 요소들의 상호관계 등에 따라 그 유형을 나눌 수 있다.

이러한 세 가지 유형의 관계는 화자와 관련된 관계와 문장 성분 사이의 관계로 크게 나뉜다. 화자와 관련된 관계는 다시 세 가지로 나뉘는데, 첫째는 청자에 대한 태도이고 둘째는 문장의 명제에 대한 판단이고 셋째는 화자 자신에 대한 태도이다. 화자의 청자에 대한 태도를 나타내는 문법범주에는 마침법과 청자대우법이 포함되고, 화자의 명제에 대한 판단을 나타내는 문법 범주에는 시제법, 강조법 등이 포함되고, 화자 자신에 대한 태도에는 화자대우법이 있다. 그리고 문장 성분 사이의 관계를 나타내는 문법범주에는 주체대우법, 객체대우법, 사동법, 피동법, 부정법, 격 등이 포함된다.

이러한 국어의 문법 범주의 유형을 요약하여 나타내면 아래와 같다.

▌국어 문법범주의 유형
  (1) 화자와 관계됨
    ① 청자에 대한 태도 : 마침법, 청자대우법
    ② 명제에 대한 판단 : 시제법, 강조법
    ③ 화자 자신에 대한 태도 : 화자대우법
  (2) 문장 성분 사이의 관계 : 주체대우법, 객체대우법, 사동법, 피동법,
                         부정법, 격

(3) 마침법

마침법은 언어 내용을 전달하는 과정에서 청자에 대하여 화자가 가지는 태도를 실현하는 문법 범주인데, 의향법, 종결법, 종지법, 문체법, 서법14) 등으로 부르기도 한다.

---

14) 문법에서 양태(modality)는 화자의 주관적 태도와 관련된 문법적 관념인데, 서법(mood)은 양태가 일정한 굴곡적 층위에서 문법 형태에 의해 실현될 때의 문법범주이다. 따라서 종결어미에 의해 실현되는 마침법을 흔히 문말서법이라 부르기도 한다.

✔ 마침법의 하위 범주

  화자가 언어 내용을 전달하는 과정에서 청자에 대한 화자의 태도를 실현하는 방법에 따라 마침법의 하위 범주를 나눌 수 있다. 마침법의 하위 범주를 나누는 경우 몇 가지 객관적인 기준을 세울 수 있다. 첫째로는 의미론 층위의 기준을 세울 수 있고, 둘째로는 통사론 층위의 기준을 세울 수 있다.

  의미론 층위의 기준에 의해 마침법의 하위 범주를 나누는 방법이 지금까지 주로 사용되어 왔다. 즉 언어 내용을 청자에게 전달하는 과정에서, 화자가 청자에게 어떤 요구를 하면서 전달하기도 하고 어떤 요구를 하지 않으면서 전달하기도 한다. 그리고 두 번째는 언어 내용을 청자에게 전달하는 과정에 어떤 요구를 하면서 전달하는 경우에, 그 요구가 행동수행을 동반하는 요구인지 행동수행을 동반하지 않는 요구인지에 따라 구분한다.

  그리고 통사론 층위의 기준은 화자가 청자에게 전달한 언어 내용을 일정한 통사적 장치라고 할 수 있는 간접인용문에 내포시켰을 때 나타나는 내포어미에 따라 마침법의 하위범주를 나누는 방법이다. 간접인용문에 내포된 내포어미는 전달하는 언어 내용에 대한 화자의 태도가 객관화된 문법 형태이다. 따라서 여기에서는 마침법의 하위 범주를 분류하는 기준을 의미론의 층위와 통사론의 층위로 구분하고, 이 두 기준을 각각 적용하여 일치하는 결과에 따라 분류하기로 한다.

▍마침법의 하위범주 분류 기준
  (1) 의미론 층위의 기준[15]
     ① 청자에 대한 요구의 있음 / 없음
     ② 요구의 행동수행이 있음 / 없음
  (2) 통사론 층위의 기준[16]
     ① 간접인용문의 내포어미

---

15) 허웅(1984)과 권재일(1992)을 따름.
16) 남기심(1973)과 김태엽(2001)에 의함.

▌ 마침법의 하위범주 체계
  (1) 의미론 층위의 기준

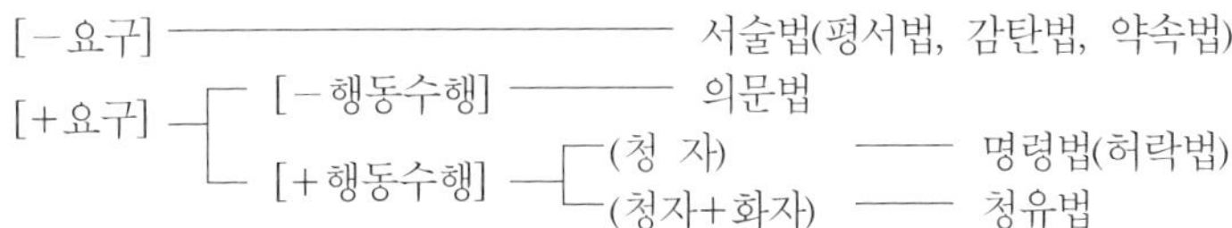

  (2) 통사론 층위의 기준

✔ **마침법의 실현 방법**

마침법의 실현 방법에는 크게 두 가지가 있다. 하나는 종결어미에 의해 실현되는 굴곡적 방법이고, 다른 하나는 억양에 의해 실현되는 음운적 방법이다.

  (1) ① 눈이 내린다.
      ② 눈이 내리느냐?
      ③ 혼자 가거라.
      ④ 같이 가자.

(1)의 ①~④는 종결어미 '-ㄴ다', '-느냐', '-으라', '-자' 등에 의해 평서법, 의문법, 명령법, 청유법 등의 네 가지 하위범주가 실현된다. 그러나 아래 (2)는 종결어미의 형태에 의해 마침법의 하위범주가 결정되지 않는 문장이다.

  (2) ① 비가 왔어 / 왔어?
      ② 비가 왔지 / 왔지?

③ 비가 왔는데 / 왔는데?
④ 집에 가오 / 가오?

(2)의 ①~④는 문장의 서술어에 결합한 종결어미의 형태에 의해 마침법의 하위범주가 결정되지 않고 종결어미의 형태에 얹힌 억양에 의해 마침법의 하위범주가 결정된다. 즉 (2)의 각 문장에 결합한 종결어미 '－어', '－지', '－는데', '－으오' 등은 이들 형태에 얹힌 억양에 의해 마침법의 하위범주가 결정된다.[17] (2)의 각 문장에 결합한 종결어미의 형태에 얹힌 억양이 내림억양이면 평서법이 되고 올림억양이면 의문법이 된다.[18]

이와 같이 억양에 의해 마침법의 하위범주가 결정되는 종결어미를 특히 상황의존어미, 범용어미, 통용어미라 하여 다른 종결어미와 구별하기도 한다. 문장 ③의 종결어미 '－는데'는 본디 접속어미에서 전용된 것인데, 접속어미에서 전용된 종결어미에는 이 밖에도 '－거든', '－니까', '－으면', '－면서' 등이 있다.[19] 다른 어미에서 종결어미로 전용된 것에는 접속어미를 비롯하여 아래 문장 (3)과 같이 명사형어미 '－음', '－기'에서 전용된 것도 있다.

(3) ① 영수는 집에 갔음.
② 모두 함께 뛰어가기.

(3)의 ①과 ②는 각각 '－음'과 '－기'가 종결어미의 기능을 수행함으로써 각각 온전한 문장을 이룬다.

---

17) 김태엽(2001)에는 종결어미에서 문장종결의 기능을 수행하는 문법소인 문장종결소를 형태적 문장종결소와 음운적 문장종결소로 구분하고, 종결어미에 얹힌 억양을 음운적 문장종결소라 하였다.
18) 임홍빈(1984)와 권재일(1992) 참조.
19) 권재일(1992), 허웅(1995), 김태엽(1998) 등을 참조.

✔ 마침법 실현의 실제

❶ 서술법

서술법을 실현하는 종결어미에는 평서어미, 감탄어미, 약속어미 등이 있다. 하지만 학교문법에서는 감탄법을 서술법에 포함시키지 않고 마침법의 독립된 한 개의 하위 범주로 설정하고 있다. 그러나 평서어미, 감탄어미, 약속어미에 의해 실현되는 문장을, 앞에서 설정한 의미론 층위의 기준과 통사론 층위의 두 기준을 적용하면 이들 어미가 모두 서술법에 포함되어야 한다.

(1) ① 비가 온다. (평서)
    ② 비가 오는구나. (감탄)
    ③ 3시에 철수에게 가마. (약속)   (화자 : 영수)

먼저 의미론 층위의 기준을 적용해 본다. (1)의 ①~③을 화자의 청자에 대한 요구가 있는지 없는지를 살펴보면, (1)의 3개 문장 모두가 청자에 대해 어떤 요구도 없다. 따라서 이들 문장은 [-요구]라는 공통자질을 가지므로 모두 서술법에 포함된다. 그리고 두 번째는 통사론 층위의 기준을 적용해 본다. 위이 3개의 문장을 간접인용문에 내포시키면 각각 아래 (2)와 같은 문장으로 나타난다.

(2) ① 영수는 [비가 온다]고 말했다.
    ② 영수는 [비가 온다]고 말했다.
    ③ 영수가 [3시에 철수에게 간다]고 말했다.

(1)의 3개 문장을 간접인용문으로 각각 내포시킨 문장이 (2)인데, 각 문장의 내포문어미가 모두 '-ㄴ다'의 형태로 중화되어 나타난다. 따라서

(1)의 각 문장에 결합한 종결어미 '-ㄴ다', '-구나', '-으마' 등은 별개의 범주로 설정하는 것보다 모두 서술법에 포함시키는 것이 타당하다.

❷ 의문법

의문법을 실현하는 종결어미에는 '-느냐', '-니', '-나', '-은가', '-습니까' 등이 있고 범용어미(상황의존어미)에는 '-어', '-지', '-으오' 등이 있다.

   (3) ① 비가 오느냐?
      ② 비가 오는가?
      ③ 비가 오오?
      ④ 비가 옵니까?　　　(화자 : 영수)

(3)의 ①은 '-느냐'에 의해 의문법이 실현되고 ②는 '-는가'에 의해 의문법이 실현되고 ③은 범용어미 '-으오'에 의해 의문법이 실현되고 ④는 '-습니까'에 의해 의문법이 실현된다. 이 4개의 문장은 청자에게 행동수행의 요구를 하지 않고 대답을 요구하는 마침법을 실현하는데, 간접인용문으로 내포시키면 아래 (4)이 나타난다.

   (4) 영수는 [비가 오느냐]고 물었다.

(3)의 4개 문장을 간접인용문으로 내포된 문장이 (4)인데, 이 (4)에서 내포문어미는 대표적인 의문어미의 형태 '-느냐'로 중화되어 나타난다. 따라서 (3)의 각 문장에 결합한 종결어미는 모두 의문법을 실현하는 것이다.

❸ 명령법

명령법을 실현하는 종결어미에는 '-어라', '-으라', '-게', '-습시오' 등의 명령어미와 '-으마', '-으렴' 등의 약속어미 그리고 '-어', '-지',

‘-으오’ 등의 범용어미가 있다.

   (5) ① 빨리 먹어라.
       ② 빨리 먹으마.
       ③ 빨리 먹어.
       ④ 영수가 [빨리 먹으라]고 한다.　　　(화자 : 영수)

  (5)의 ①은 명령어미 ‘-어라’에 의해 명령법이 실현되고 ②는 약속어미 ‘-으마’에 의해 명령법이 실현되며 ③은 범용어미 ‘-어’에 의해 명령법이 실현된다. 이들 세 개의 문장을 간접인용문으로 내포시키면 문장 ④와 같이 내포문어미가 대표적인 명령어미 ‘-으라’로 중화되어 나타난다. 따라서 (5)의 ①~③은 모두 명령법에 포함시키는 것이 타당하다.

  ❹ 청유법

  청유법을 실현하는 종결어미에는 ‘-자’, ‘-세’, ‘-습시다’ 등의 청유어미와 ‘-어’, ‘-지’, ‘-으오’ 등의 범용어미가 있다.

   (6) ① 우리 같이 가자.
       ② 우리 같이 가세.
       ③ 우리 같이 가지.
       ④ 영수가 [우리 같이 가자]고 한다.　　　(화자 : 영수)

  (6)의 ①은 ‘-자’에 의해 청유법이 실현되고 ②는 ‘-세’에 의해 청유법이 실현되고 ③은 범용어미 ‘-지’에 의해 청유법이 실현된다. 이 세 개의 문장을 간접인용문으로 내포시키면 ④와 같이 ‘-자’로 중화되어 나타난다.

(4) 대우법

국어는 화자가 언어 내용을 전달하면서 문장의 주체, 객체, 청자 그리고 화자 자신을 어떻게 대우하느냐가 언어 예절에서 매우 중요하다. 언어 예절은 하나의 사회적 규범이라 할 수 있으며,[20] 한 언어 사회의 언어 체계는 그 사회의 규범과 깊이 관련을 맺는다. 따라서 국어의 대우법 체계는 국어의 언어 예절과 밀접하게 관련되는 것이다.

언어 내용을 전달하면서 발화 장면에 따라 화자가 문장의 주체, 객체, 청자에 대해 높임의 문법관념을 표현할 수도 있고 표현하지 않을 수도 있으며, 화자가 자신[21]에 대해 낮춤의 문법관념을 표현할 수도 있고 표현하지 않을 수도 있다. 이렇게 화자가 언어 내용을 전달하면서 어떤 대상에 대하여 높여서 대우하거나 화자 자신을 낮추어 대우하는 문법적 관념을 표현하는 문법범주가 대우법[22]이다.

✔ 대우법의 하위범주

대우법의 하위범주를 세우기 위해 먼저 그 기준을 설정하고, 정해진 기준에 따라 대우법을 체계화한다.

---

20) 기젤라 치포눈(Gisela Zifonun, 1986)를 번역한 이희자(2002 : 9)에서 "언어 체계는 사회적 규범에 속한다"라고 언급하고 있다.

21) 지금까지 국어 대우법의 논의에서 화자가 자신에 대한 대우 문제를 다룬 적이 없다. 그러나 여기에서 우리는 화자가 문장의 주체, 객체, 청자에 대한 대우와 함께 화자 자신에 대한 대우도 포함시켜야 하는 입장을 가지고 대우법의 체계를 세운다(김태엽 : 2005).

22) 대우법을 높임법, 경어법, 존비법 등으로 부르기도 한다. 높임법과 경어법은 화자가 어떤 대상을 높임의 문법적 관념을 가지고 표현하는 경우에 적절한 용어인데, 이 글에서는 문장의 주체, 객체, 청자 등을 높여서 표현하는 경우와 화자 자신을 낮추어 표현하는 경우를 포괄하는 중립적인 용어로 대우법을 사용하기로 한다.

　　가. 대우법의 분류 기준
　　　　(1) 대우 대상에 따라 : 타인대우법 / 자기대우법
　　　　(2) 대우 등급에 따라 : 높임 : 안높임 / 낮춤 : 안낮춤

　　나. 대우법의 하위범주
　　　　(1) 타인대우법 : 높임 / 안높임의 대립
　　　　　　① 주체대우법
　　　　　　② 객체대우법
　　　　　　③ 청자대우법
　　　　(2) 자기대우법 : 낮춤 / 안낮춤의 대립
　　　　　　① 화자대우법

　대우법은 화자의 대우 대상이 타인인 경우 높임과 안높임으로 표현하고, 화자 자신인 경우 낮춤과 안낮춤으로 표현한다. 따라서 국어 대우법은 크게 타인대우법과 자기대우법으로 나뉘며, 타인대우법은 다시 주체대우법, 객체대우법, 청자대우법 등으로 나뉘고 자기대우법은 곧 화자대우법이다.

　그러나 학교문법서나 많은 연구자들의 논의에서는 대우의 대상을 타인대우법에 국한하여 다루고 있으며, 국어 대우법을 주체대우법, 객체대우법, 청자대우법 등으로 크게 구분하고 있다. 또 주체대우법과 객체대우법은 높임과 안높임의 대립적 체계로 세우는 반면, 청자대우법은 높임과 낮춤의 대립적인 체계를 세웠다. 이러한 대우법의 체계는 일관된 기술 태도라고 말할 수 없다.

　그리고 국어 청자대우법에 낮춤 등급이 설정될 수 없는 근거는 아래와 같다.

　첫째, 국어에 청자 높임의 문법요소는 존재하지만 청자 낮춤의 문법요소는 존재하지 않는다. 둘째, 국어의 인칭대명사에서 청자로 상정할 수 있는 2·3인칭대명사에 기본형과 높임형이 존재하고 화자로 상정할 수

있는 1인칭대명사는 기본형과 낮춤형이 존재한다. 셋째, 발화된 문장을 간접인용문에 내포시킬 경우 내포문어미로 중화된 형태가 낮춤법을 실현하지 않는다. 넷째, 주체대우법과 객체대우법에서는 낮춤법을 설정하지 않으면서 청자대우법에만 낮춤법을 설정하는 방법은 객관성이 없다.

✔ 대우법의 실현 방법과 실제

대우법의 실현 방법에는 크게 어휘적 방법과 문법적 방법이 있다.[23] 어휘적 방법은 높임명사나 높임동사에 의해 실현되고, 문법적 방법은 접사, 어미, 조사 등에 의해 실현된다.

✔ 타인대우법

타인에 대한 대우법은 주체, 객체, 청자가 높임의 대상이냐 높임의 대상이 아니냐에 따라 높임과 안높임의 대립을 이룬다. 그리고 청자는 담화에 직접 관여하므로 타인대우법 중에서 청자대우법이 가장 큰 관심의 대상이다.

❶ 주체대우법

주체대우법은 문장의 주체가 높임의 대상일 경우에 실현되는데, 높임과 안높임의 대립을 이룬다.

    (1) ① 영수가 방에서 잔다.
        ② 이 선생님께서 방에서 주무신다.

(1)의 ①은 문장의 주체인 '영수'가 높임의 대상이 아니므로 주체를 높

---

23) 권재일(1992)에서는 대우법의 실현방법을 어휘적 방법, 파생적 방법, 굴곡적 방법 등으로 세분하여 기술하였다.

여서 대우하지 않았지만, ②에는 문장의 주체인 '이 선생님'이 높임의 대상이므로 주체를 높여서 대우했다. 즉 문장 ②에서 주체를 높이기 위한 어휘적 방법으로 서술어에 '주무시다'가 선택되었고, 문법적 방법으로 높임접사 '-님'이 '선생' 뒤에 결합하였으며, 그리고 주격조사 '-께서'가 '선생님' 뒤에 결합하였다. 따라서 ①은 안높임의 주체대우법이 실현되고 ②는 높임의 주체대우법이 실현되었다.

❷ 객체대우법

객체대우법은 문장의 목적어나 부사어로 기능하는 객체가 높임의 대상일 경우 실현되며, 높임과 안높임의 대립을 이룬다.

> (2) ① 이걸 영수에게 주어라.
>   ② 이걸 이 선생님께 드려라.

(2)의 ①에는 객체가 높임의 대상이 아니므로 객체를 높이 않고 대우하였으나, ②에서는 객체가 높임의 대상이므로 높여서 대우했다. 즉 문장 ②에서 객체인 '이 선생님'을 높이기 위해 어휘적 방법으로 서술어에 '드리다'가 선택되었고, 문법적 방법으로 '선생' 뒤에 높임접사 '-님'이 결합하고 객체 뒤에 부사격조사 '-께'가 결합하였다. 따라서 ①은 안높임의 객체대우법이 실현되고 ②는 높임의 객체대우법이 실현되었다.

❸ 청자대우법

청자는 화자의 발화를 직접 듣는 대상이므로 대우법의 등급이 민감하게 반응한다. 따라서 높임의 청자대우법은 다시 몇 개의 등급으로 구분된다.

> (3) ① 영수야, 잘 자거라.
>   ② 이 선생님, 잘 주무십시오

   (4) ① 빨리 집에 가십시오.
      ② 빨리 집에 가오.
      ③ 빨리 집에 가게.
      ④ 빨리 집에 가거라.
      ⑤ 빨리 집에 가.
      ⑥ 빨리 집에 가요.

(3)의 ①은 청자가 높임의 대상이 아니므로 청자를 높이지 않고 대우했으며, ②는 청자가 높임의 대상이므로 청자를 높여서 대우했다. 문장 ②에서 청자를 높이기 위해 어휘적 방법으로 서술어로 '주무시다'를 선택했고, 문법적 방법으로 높임접사 '-님'을 '선생' 뒤에 결합하고, 높임의 종결어미에 '-습시오'를 결합했다.

그리고 (4)와 같이 청자대우법은 청자에 대한 높임 관념의 정도에 따라 여러 등급으로 다시 나뉜다.[24] 흔히 ①~④를 격식체라 하고 ⑤~⑥을 비격식체라 한다. 공식적 장면에서는 격식체를 사용하고 비공식적 장면에서는 비격식체를 사용한다고들 하지만, 사실은 공식적인 장면에서 비격식체가 얼마든지 사용되고 비공식적인 장면에서 격식체가 얼마든지 사용된다. 실제로 화자들의 발화 양상을 관찰해 보면, 이른바 격식체보다 비격식체의 사용 빈도가 훨씬 높다. 화자들이 공식적인 장면에서 ⑤~⑥과 같은 문장을 많이 사용하고 있어서,[25] 현실 국어에서 격식체와 비격식체의 구분은 큰 의미가 없다.[26]

---

24) 고등학교 '문법'(2004)에는 화자와 청자의 상하관계와 친소관계에 따라 청자대우법의 등급이 다르게 실현된다고 하였다. 한편 Leech(1983)에는 힘과 사회적 거리를 등급 차이의 변인으로 설정하였고, Brown & Levinson(1987)에는 힘, 사회적 거리, 부담 등을 등급 차이의 변인으로 설정하였다.

25) 권재일(2004)에는 구어 한국어에서 이른바 비격식체로 볼 수 있는 범용어미의 사용 빈도가 격식체를 실현하는 어미의 사용 빈도보다 훨씬 높은 실태를 확인하여 제시한 바 있다. 거기에서 범용어미의 사용 빈도가 서술문에서 66.64%, 의문문에서 55.92%, 명령문에서 80.15%, 청유문에서 38.46%로 나타나는 것으로 파악되었는데, 이런 결과는 범용어미의 사용 빈도가 다른 어미에 비해 훨씬 더 높은 사실을 보여준다.

한편 청자대우법은 상하관계와 친소관계는 물론 공적 장면과 사적 장면의 차이에 따라 청자대우법의 등급이 다르게 나타난다. 즉 친구 사이의 화자와 청자인 경우 공적 장면에서는 청자를 높여서 대우하고, 사적 장면에서는 청자를 높이지 않고 대우하는 것이 우리말의 언어 예절이다.

✔ **자기대우법**

자기대우법은 화자가 자신에 대한 대우 방법인데, 자기대우법은 곧 화자대우법이다. 화자가 청자 앞에서 자신을 대우하는 것은 안낮춤과 낮춤의 대립을 이룬다.

❶ 화자대우법

화자가 담화에서 화자 자신을 대우하는 방법을 화자대우법이라 하는데, 화자대우법을 실현하는 방법에는 어휘적 방법과 문법적 방법이 있다.

> (5) ① <u>내</u>가 가겠습니다.
> ② <u>저</u>가 가<u>겠사</u>옵니다.
> ③ <u>폐사</u>에서는 아직 그런 계획이 없습니다.
> ④ 우리 <u>여식</u>은 아직 어립니다.

(5)의 ①은 안낮춤의 화자대우법이 실현된 문장이고, ②~④는 낮춤의 화자대우법이 실현된 문장이다. 국어에서 화자는 자기를 낮추어 표현하는 것이 일반적인 언어 예절로 인식되고 있다. 그래서 ②에서는 어휘적 방법으로 1인칭대명사 '저'를 선택하고 문법적 방법으로 서술어에 화자 낮춤의 선어말어미 '-사오-'를 결합하였다. ③에는 화자 자신의 회사를 낮

---

26) 또 다른 이유는 이른바 격식체와 비격식체가 동일한 장면에서 서로 혼용되기 때문이다. "선생님, 안녕하셨습니까? 오래간만에 뵙습니다. 그런데 하시는 일은 잘 되셨나요. 그 동안 고생이 많으셨지요?"(남시심·고영근, 1995 : 334) 이른바 격식체와 비격식체의 구분이 비현실적임을 논증한 김태엽(2007)을 참조.

추어 '폐사'로 표현했고, ④에서는 화자 자신의 딸을 낮추어 '여식'으로 표현했다. ②~④에서 낮춤 등급의 화자대우법 실현에 관여하는 '저', '폐사', '여식' 등은 모두 화자대우어라고 할 수 있다.

그런데 화자대우법의 실현과 청자대우법은 직접 관련되지 않는다. 즉 (5)에서 낮춤의 화자대우법이 실현된 ②~④와 안낮춤의 화자대우법이 실현된 ①에서 청자대우법의 등급 차이는 없다. 왜냐하면 ①~④에서 청자대우법을 실현하는 종결어미가 모두 동일한 '-습니다'이기 때문이다. ②~④와 같이 화자가 자신과 관련된 대상(자)을 낮추어 표현하는 어휘 요소에는 대명사 '저' 외에 '졸고(拙稿)', '폐사(弊社)', '가아(家兒)', '여식(女息)', '아비', '어미' 등의 자기대우어27)가 있으며, 문법 요소에는 '-삽-', '-사오-', '-잡-', '-자오-', '-옵-', '-으오-' 등이 있다.

(5) 시제법

시간에 대한 인식 내용을 문법 범주로 나타낸 것이 시제이다. 따라서 시제법은 언어 내용의 전달에서 시간과 관련을 맺는다. 어떤 문장에서든 동작이나 상태는 시간과 관련되고, 이것은 대개 시제로 표현된다.

시간과 관련된 문법적 관념에는 시제, 동작상, 서법 등이 있다. 시제는 발화시에 대한 사건시의 시간적인 앞뒤 관계를 나타내고, 동작상은 발화시를 기준으로 사건의 진행, 완료, 반복, 예정 등을 나타내며, 서법은 사건의 시간과 관련된 직설, 회상, 추정, 의지 등과 같은 화자의 심리적 태도를 나타낸다.

---

27) 이런 자기대우어는 대우법의 실현에서 '옥고, 귀사, 영식, 영애' 등의 타인대우어와 구별하여 사용된다.

    (1) ① 영수가 책을 읽었다.
       ② 영희가 곧 여기에 오겠다.
       ③ 너는 언제 가느냐?
       ④ 철수가 집에 가더냐?

(1)의 ①은 화자가 발화한 시점보다 사건시, 즉 영수가 책을 읽은 시점이 앞서므로 과거 시제이며, 영수가 책을 읽은 사건이 끝났으므로 완료상이다. 그리고 ②에서 서술어에 결합한 '-겠-'은 미래 시제와 예정상 그리고 추정의 서법을 실현한다. 또 ③의 서술어에 결합한 '-느-'는 직설의 서법을 실현하며 ④의 서술어에 결합한 '-더-'는 화상의 서법을 실현한다.

✔ 시제법의 하위 범주

국어의 시제법은 보통 현재(현실법), 과거(완결법), 미래(미정법) 등으로 크게 구분한다.

발화시와 사건시가 서로 일치하는 시제를 현재시제라 하고, 사건시가 발화시보다 앞서면 과거시제라 하며, 발화시가 사건시보다 앞서면 미래시제라 한다.

    (2) ① 영수가 방에서 책을 읽는다.
       ② 영수가 방에서 책을 읽었다.
       ③ 영수가 방에서 책을 읽겠다.
       ④ 영수는 내일 대구에 간다.
       ⑤ 영수가 집에 가고 있다.

(2)의 문장 ①의 시제는 현재이고, ②의 시제는 과거이며, ③의 시제는 미래이다. 이들 문장에서 시제법을 실현하는 문법 요소로 ①에는 '-는-'

이, ②에는 '-었-'이, ③에는 '-겠-'이 서술어에 결합하였다. 하지만 ④에는 시간부사 '내일'이 선택된 미래 시제의 문장이지만 서술어에 '-ㄴ-'이 결합하였는데, 이것은 ①에 결합한 '-는-'과 상보적으로 분포한다. 따라서 '-는/ㄴ-'이 반드시 현재 시제를 실현하는 선어말어미라고 단정하기 어려운 점이 있다. 그리고 ⑤는 통사론적 구성인 보조용언 구문 '-고 있-'에 의해 현재 시제를 실현하는 문장이다.

✔ 시제법의 실현 방법

국어의 시제법을 실현하는 요소에는 시간부사, 시제어미, 관형어미, 그리고 통사론적 구성 등이 있다. 따라서 시제법을 실현하는 방법은 아래의 (3)과 같이 어휘적 방법, 굴곡적 방법, 통사적 방법 등으로 나뉜다.

> (3) ① 어휘적 방법 : 어제, 오늘, 내일 등
> ② 굴곡적 방법 : 시제어미 : -었/았-, -는/ㄴ-, -겠-
>   관 형 어 미 : -은, -는, -던,[28] -을
> ③ 통사적 방법 : -고 있-, -는 중이-, -어 가/오- (현재)
>   -어 버리-, -고 말-, -어 있- (과거)
>   -을 것이- (미래)

✔ 절대시제와 상대시제

발화시에 의해 결정되는 시제를 절대시제라 하고, 상위문의 사건시에 의해 결정되는 시제를 상대시제라 한다. 따라서 절대시제는 문장의 서술어에 결합하는 시제어미에 의해 주로 실현되고, 상대시제는 관형어미에 의해 주로 실현된다.[29]

---

28) 관형어미 '-는'과 '-던'은 각각 '느+은', '더+은'으로 분석될 수 있다.
29) 절대시제와 상대시제에 대해서는 Comrie(1985 : 64~65)참조.

(4) 영수는 책을 읽는 동생을 보았다.

(4)에서 절대시제는 서술어에 결합한 선어말어미 '-었-'에 의해 과거시제를 실현하고, 상대시제는 관형어미 '-는'에 의해 현제시제를 실현한다.

(6) 강조법

✔ 강조법의 개념

강조법은 전달되는 언어 내용에 대하여 화자가 강조의 태도를 나타내는 문법 범주이다.[30] 따라서 강조법은 화자가 청자에게 특정한 언어 내용을 좀더 분명하게 전달하거나 강조하기 위해 실현된다.

✔ 강조법의 실현 방법

강조법을 실현하는 방법에는 음운적 방법, 어휘적 방법, 파생적 방법, 굴곡적 방법, 통사적 방법 등이 있다.

(1) ① 영수는 먼[먼ː] 곳으로 떠났다.
    ② 비가 많이 와서 곳곳에 흙탕물이다.
    ③ 영수는 컵을 깨뜨리고 말았다.
    ④ 영수가 벌써 학교에 갔다-니까.
(2) ① 영수가 소설을 읽었다.
    ② 소설을 읽은 사람은 영수이다.
    ③ 영수가 읽은 것은 소설이다.

(1)에서 ①~④는 모두 강조법이 실현된 문장이다. ①에서는 '먼'의 모

---

30) 권재일(1992 : 190).

음을 길게 발음함으로써 음운적 방법으로 강조법을 실현하고, ②에서는 반복합성어 '곳곳'을 선택함으로써 어휘적 방법으로 강조법을 실현하고, ③에서는 강세의 파생접사 '-뜨리-'를 결합함으로써 파생적 방법으로 강조법을 실현하고, ④에서는 접속어미 '-니까'를 문장 뒤에 결합함으로써 굴곡적 방법으로 강조법을 실현한다. 그리고 (2)의 ①은 강조법이 실현되지 않은 문장이다. 하지만 (2)의 ②와 ③은 ①을 분열문(쪼갠월)으로 고친 문장인데, ②에서는 '영수'를 강조하고 ③에서는 '소설'을 강조한다.

(7) 사동법

✔ 사동법의 개념

사동법은 사동주가 피사동주로 하여금 어떤 행위를 하도록 하는 문법 범주이다. 이 경우 사동주는 원인을 제공하고 피사동주는 결과를 드러내는 두 상황을 하나의 복합 상황으로 표현하는 것이 사동 표현이다. 따라서 사동 표현은 하나의 주격을 다른 격으로 이동시키고 새로운 행위자를 새 주격으로 끌어들여서 자릿수가 더 늘어나게 된다.

> (1) ① 영수가 밥을 먹었다.
> ② 누나가 영수에게 밥을 먹였다.
> ③ 누나가 영수에게 밥을 먹게 했다.

(1)의 ②와 ③은 주동문인 ①을 사동문으로 변형시킨 문장이다. ②와 ③에서 사동주는 '누나'이고 피사동주는 '영수'인데, 사동의 원인 제공은 사동주가 하고 그 결과는 피사동주에 의해 실현된다. ②와 ③에서는 명사구가 세 자리로 늘어났으며, ①에서 주격인 '영수'가 ②와 ③에서 부사격으로 바뀌었고 '누나'가 사동주로 등장하여 새로운 주격이 되었다.

✔ 사동법의 실현 방법

사동법의 실현 방법에는 어휘적 방법, 파생적 방법, 통사적 방법 등이 있다.

   (2) ① 영수가 동생을 집에 <u>보냈다</u>.
      ② 영수가 동생에게 밥을 <u>먹였다</u>.
      ③ 영수가 동생에게 밥을 <u>먹게 했다</u>.

  (2)의 ①은 서술어로 '보내다'가 선택됨으로써 어휘적 방법에 의해 사동법이 실현되고,[31] ②는 서술어에 사동접사 '-이-'가 결합함으로써 파생적 방법에 의해 사동법이 실현되고, ③은 서술어에 '-게 하-'가 선택됨으로써 통사적 방법에 의해 사동법이 실현되었다.

  파생적 방법에 의한 사동문과 통사적 방법에 의한 사동문은 의미해석에서 약간의 차이가 있다. 즉 ②와 같이 파생적 방법에 의한 사동문은 사동주의 직접행위와 간접행위가 모두 의미로 해석되는 반면, ③과 같이 통사적 방법에 의한 사동문은 사동주의 간접행위만 의미로 해석된다. 그리고 사동법의 실현에서 파생적 방법에 의한 사동법의 실현이 통사적 방법에 의한 사동법의 실현에 비해 제약이 더 크다.[32]

   (3) 사동법의 실현 방법
     ① 어휘적 방법 : 동사 '시키다, 보내다, 끼치다' 등
     ② 파생적 방법 : 사동접사 '-이-, -히-, -리-, -기-, -우-,
                        -구-, -추-, -시키-'
     ③ 통사적 방법 : 통사적 구성 '-게 하-, -게 만들-, -도록 하-,
                       -도록 만들-'

---

31) 연구자에 따라서는 어휘적 방법을 제외하기도 한다. 그러나 여기에서는 영어의 'kill'이 'die'에 대한 사동 표현을 하는 점에서 어휘 그 자체가 사동 표현을 할 수 있다고 본다(권재일, 1992 : 157).

32) 이를테면 형용사 '곱다'와 동사 '공부하다'에 사동접사를 결합하지 못하는 제약이 있으나, 통사적 방법의 사동법은 '곱게 하다', '공부하게 하다'와 같이 실현이 가능하다.

(8) 피동법

✔ 피동법의 개념

언어 내용을 표현할 때, 동작주의 주체성이 비동작주보다 더 강할 경우를 능동 표현이라 하고, 비동작주의 주체성이 동작주보다 강할 경우를 피동 표현이라 한다. 따라서 언어 내용을 피동 표현으로 나타내는 문법 범주를 피동법이라 한다.

> (1) ① 김 교수가 학생들에게 존경을 <u>받았다</u>.
> 　　② 토끼가 사냥꾼에게 <u>잡혔다</u>.
> 　　③ 그 원리는 이 박사에 의해 <u>만들어졌다</u>.
> 　　④ 철수는 집에 <u>가게 되었다</u>.
> (2) ① 학생들이 김 교수를 존경한다.
> 　　② 사냥꾼이 토끼를 잡았다.
> 　　③ 이 박사가 그 원리를 만들었다.
> 　　④ 철수는 집에 갔다.

(1)은 (2)의 능동문을 피동문으로 변형시킨 문장이다. (1)의 ①은 '동작성 명사+을/를 받다' 구성에 의해 피동법이 실현되었고, ②는 동사 어간에 피동접사 '-히-'가 결합한 피동사 '잡히다'에 의해 피동법이 실현되었고, ③은 통사적 구성 '-어 지-'에 의해 피동법이 실현되었고, ④는 통사적 구성 '-게 되-'에 의해 피동법이 실현되었다.

✔ 피동법의 실현 방법

피동법의 실현 방법에는 어휘적 방법, 파생적 방법, 통사적 방법 등이 있다.

> (3) 피동법의 실현 방법
> 　　① 어휘적 방법 : 동사 '당하다, 받다, 되다' 등

② 파생적 방법 : 피동접사 '-이-, -히-, -리-, -기-, -되-'
③ 통사적 방법 : 통사론적 구성 '-어 지-, -게 되-'

(9) 부정법

✔ 부정법의 개념

언어 내용을 의미적으로 부정하는 문법적 방법을 부정법이라 한다. 부정법은 크게 단순부정과 능력부정으로 나뉜다. 단순부정은 동작주의 의지에 의해 언어 내용이 그렇지 않음을 나타내는 부정법이고, 능력부정은 동작주의 능력 밖의 외적 원인에 의해 언어 내용이 그렇지 않음을 나타내는 부정법이다.

(1) ① 영수는 그 책을 읽었다.
② 영수는 그 책을 안 읽었다.
③ 영수는 그 책을 못 읽었다.

(1)의 ①은 긍정문인데, 이 문장을 ②와 ③의 부정문으로 고칠 수 있다. ②는 부정부사 '안'에 의해 부정법이 실현된 단순부정문이고, ③은 부정부사 '못'에 의해 부정법이 실현된 능력부정문이다.

✔ 부정법의 실현 방법

부정법의 실현 방법에는 어휘적 방법, 파생적 방법, 통사적 방법 등이 있다.

(2) 부정법의 실현 방법
① 용언에 의한 방법 : 모르다, 없다, 아니다
② 부정부사에 의한 방법 : 안, 못

③ 부정접두사에 의한 방법 : 몰-, 무-, 부-, 불-, 비- 등
④ 통사적 구성에 의한 방법 : -지 아니하-, -지 못하-
(3) ① 이것은 연필이 <u>아니다</u>.
② 비가 <u>안</u> 온다.
③ 그것은 <u>몰지각한</u> 행동이다.
④ 비가 <u>오지 않는다</u>.[33]

(3)의 ①은 형용사 '아니다'에 의해 실현된 부정문이고, ②는 부정부사 '아니'에 의해 실현된 부정문이고, ③은 부정접두사 '몰-'에 의해 실현된 부정문이고, ④는 통사적 구성 '-지 아니하-'에 의해 실현된 부정문이다. 이 중에서 통사적 구성에 의한 부정법의 실현이 부정부사에 의한 부정법의 실현에 비해 제약이 더 적고 생산적이다. 이를테면 파생어나 합성어 '공부하다', '휘날리다', '오가다' 등은 부정부사에 의한 부정법의 실현에는 제약이 있으나, 통사적 구성에 의한 부정법은 '공부하지 아니하-', '휘날리지 아니하-', '오가지 아니하-'와 같이 실현에 제약이 없는 것을 아래 (4)에서 볼 수 있다.

(4) ① *영수는 <u>안/ 못 공부하였다</u>.
② 영수는 <u>공부하지 않았다/ 못하였다</u>.

✔ 부정문의 의미 해석

부정문은 부정이 미치는 영역에 따라 동일한 문장이 둘 이상의 의미로 해석될 수 있다.

---

33) 흔히 (3)의 ④와 같은 부정문을 장형부정문(긴부정문)이라 하고 (3)의 ②와 같은 부정문을 단형부정문(짧은부정문)이라 하는데, 이런 용어는 그 부정문에 대한 어떤 문법적인 정보도 제공하지 못하므로 부적절한 용어라고 생각한다. 이를테면 ④를 부정보조용언 부정문이라 하고 ②를 부정부사 부정문이라 한다면, 그 부정문에 대한 문법적 정보가 반영된 것으로 볼 수 있을 것이다(김태엽, 2003).

   (5) ① 영수는 신문을 <u>안</u> 읽었다.
      ② 영수는 신문을 <u>읽지</u> 않았다.

  (5)의 문장은 부정의 영역에 따라 크게 세 가지로 의미 해석이 가능하다. 즉 부정의 영역이 <영수>이면, '신문을 읽은 것은 영수가 아니다'라는 해석이 되고, 부정의 영역이 <신문>이면, '영수가 읽은 것은 신문이 아니다'라는 해석이 되며, 부정의 영역이 <읽다>이면, '영수가 신문에 대해 한 일은 읽은 것이 아니다'라는 해석이 된다.

  다시 아래 (6)의 문장을 살펴보자.

   (6) ① 학생이 모두 <u>오지</u> 않았다.
      ② 학생이 모두 <u>오지는</u> 않았다.

  (6)의 ①은 두 가지 의미로 해석될 수 있다. 즉 '학생이 아무도 안 왔다'와 '학생이 거의 다 왔다'라는 상반되는 해석이 가능한데, ②와 같이 보조사 '−는'을 결합하면 후자와 같이 해석되어 중의성이 사라진다.

▦ 연습문제

1. 국어에서 어순 배열의 이동이 비교적 자유로운 이유를 설명해 보자.

2. 서술어가 문장 성분의 핵심인 이유를 설명해 보자.

3. 서술어의 자릿수와 문장 구조를 설명해 보자.

4. 보어와 필수적 부사어의 차이를 설명해 보자.

5. 필수적 관형어의 보기를 들어보자.

6. '-를/을'과 '-들'의 문법 기능을 설명해 보자.

7. 보조용언과 의존명사의 공통점을 말해 보자.

8. 독립어는 뒤의 문장과 문법적으로 어떤 관련이 있는지 설명해 보자.

9. 국어 대우법의 체계와 국어 예절과의 관계를 말해 보자.

10. 국어 부정문의 의미 해석에 대해 설명해 보자.

11. 주동문과 사동문의 문장 구조 차이를 설명해 보자.

12. 문장의 구성 요건에 맞는 논설문을 써 보자.

13. 한 개의 문법형태가 둘 이상의 문법범주를 실현하는 보기를 들어 설명해 보자.

14. 문장의 확대 방법을 구체적으로 설명해 보자.

15. 사동접사 '-시키-'와 피동접사 '-되-'에 대해 설명해 보자.

16. 접속문의 종속절과 내포문의 부사절과의 관계를 설명해 보자.

| 참고문헌

고영근(2004), 한국어의 시제 서법 동작상, 태학사.

교육부(2004), 고등학교 문법, (주)두산.

권재일(1992), 한국어 통사론, 민음사.

권재일(1994), 한국어 문법의 연구, 서광학술자료사.

권재일(2004), 구어 한국어의 의향법 실현방법, 서울대출판부.

김광해 외(1999), 국어지식탐구, 박이정.

김귀화(1994), 국어의 격 연구, 한국문화사.

김기혁(1995), 국어 문법 연구, 박이정.

김동석(2003), 보편문법, 형설출판사.

김석득(1987), 시킴법과 입음법, 국어생활8, 국어연구소.

김승곤(1992), 한국어 토씨 연구, 서광학술자료사.

김승열(1990), 국어어순연구, 한신문화사.

김영희(1988), 한국어 통사론의 모색, 탑출판사.

김영희(2001), 이른바 대립 접속문의 구조적 유형, 한글253, 한글학회.

김일웅(1987), 월의 생성과정, 한글196, 한글학회.

김정대(1988), 사동논의에 대한 반성, 어문논집3, 경남대.

김종록(1994), 국어 접속문의 통사론적 연구, 경북대 박사학위논문.

김종록(1999), 국어 접속의 다단계성과 접속소의 기능, 국어교육연구31, 경북대.

김종택 외(1993), 신국어학, 형설출판사.

김진수(1991), 접속문의 시제 문제(2), 어문연구22, 어문연구학회.

김차균(1990), 우리말 시제와 상의 연구, 태학사.

김태엽(1995), 국어 청자높임법의 체계 재검토, 어문학56, 한국어문학회.

김태엽(1996), 국어 독립어의 문법성, 언어학18, 한국언어학회.

김태엽(1998), 국어 비종결어미의 종결어미화, 언어학22, 한국언어학회.

김태엽(1999), 우리말의 높임법 연구, 대구대 출판부.

김태엽(2001), 국어 종결어미의 문법, 국학자료원.

김태엽(2003), 국어 부정문의 유형 명칭에 대하여, 우리말글27, 우리말글학회.

김태엽(2005), 현대 국어의 대우법 체계, 어문학90, 한국어문학회.

남기심(1973), 국어 완형보문법 연구, 계명대출판부.

남기심 외(2004), 언어학 개론, 탑출판사.

남기심·고영근(1995), 표준국어문법론, 탑출판사.

박창해(1990), 한국어 구조론 연구, 탑출판사.

박호관(2001), 국어 명사구의 통사구조와 의미, 대구대 박사학위논문.

서정목(1987), 국어 의문문 연구, 탑출판사.

서정수(1994), 국어문법, 뿌리깊은나무.

성광수(1979), 국어 조사의 연구, 형설출판사.

성기철(1985), 국어 경어법의 연구, 개문사.

손세모돌(1996), 국어 보조용언 연구, 한국문화사.

송창선(1998), 국어 사동법 연구, 홍문각.

송창선(1998), 접속어미 '-면서'의 통사적 기능, 어문학65, 한국어문학회.

송철의(1992), 국어의 파생어 형성 연구, 태학사.

안주호(2003), 국어교육을 위한 문법탐구, 한국문화사.

양동휘(1989), 지배-결속이론의 기초, 신아사.

유현경(1986), 국어 접속문의 통사적 특질에 대하여, 한글261, 한글학회.

우형식(1990), 국어 타동구문에 관한 연구, 연세대 박사학위논문.

윤평현(2005), 현대 국어 접속어미 연구, 박이정.

이관규(1999), 학교문법론, 월인.

이기갑(1993), 한국어의 문법화, 언어와 문화, 목포대 어학연구소.

이남순(1998), 시제·상·서법, 월인.

이상태(1995), 국어 이음월의 통사·의미론적 연구, 형설출판사.

이성하(1998), 문법화의 이해, 한국문화사.

이정애(1998), '가지고'의 문법화 과정, 언어23-1, 한국언어학회.

이정애(1998), 문법화의 이론적 배경과 흐름, 한국언어문학40, 한국언어문학회.

이익섭·임홍빈(1983), 국어 문법론, 학연사.

이태영(1988), 국어 동사의 문법화 연구, 한신문화사.

이희자(2002), 의사소통 단위와 문장, 한국문화사.

임규홍(1986), 국어의 분열문에 관한 연구, 어문학48, 한국어문학회.

임지룡(1992), 국어의미론, 탑출판사.

임지룡 외(2005), 학교문법과 문법교육, 박이정.

임홍빈(1984), 문장 종결의 논리와 수행-억양, 말9, 연세대학교 한국어학당.

장경희(1980), 지시어 '이, 그, 저'의 의미분석, 어학연구16-2, 서울대 어학연구소.

최동주(1994), 국어 접속문의 시제 현상, 국어학24, 국어학회.

최웅환(2000), 국어문장의 형성원리 연구, 역락.

최재희(1991), 국어의 접속문 구성 연구, 탑출판사.

최재희(1997), 국어 종속 접속의 통사적 지위, 한글238, 한글학회.

최재희(2004), 한국어 문법론, 태학사.

최현배(1971), 우리말본, 정음사.

한영목(1992), 국어 구문도해 문법론, 한신문화사.

한영목(2004), 우리말 문법의 양상, 역락.

허 웅(1984), 국어학, 샘문화사.

허 웅(1995), 20세기 우리말의 형태론, 샘문화사.

허 웅(1999), 20세기 우리말의 통어론, 샘문화사.

황병순(1986), '-어'와 '-고'의 기능에 대하여, 국어학신연구, 탑출판사.

Comrie, B.(1985), Tense, Cambridge University Press.

Givon, T.(1984), Syntax, John Benjamins B.V.

Gleason, H. A.(1961), An Introduction to Descriptive Linguistics, Rinhart and
        Winston, Inc.

Hopper, J. & Traugott, E.(1993), Grammaticalization, Cambridge University Press.

Jespersen, O.(19124), The Philosophy of Grammar, George Allen and Unwin Ltd.

제6장 **의미**

1. 의미와 의미관[1]

(1) 의미의 개념

언어에는 형식과 내용이 있다. 언어의 형식을 음성이라 한다면 언어의 내용은 의미이다. 따라서 의미는 언어에서 매우 중요한 위치를 차지한다. 언어의 형식에 속하는 음운과 문법은 비교적 구체적이지만, 의미는 형식과 달리 추상적이다. 화자가 구체적인 문장을 발화하면 청자는 그것을 듣고 문장의 의미를 파악해야 한다. 따라서 의미는 언어의 형식을 통해 파악할 수밖에 없으며, 이 의미는 낱말의 의미, 문장의 의미, 발화의 의미, 담화의 의미 등으로 나누어 분석할 수 있다.

언어의 내용이 의미인 이상 의미를 외면한 채 언어를 온전하게 파악할

---

1) 임지룡(1992), 김종택 외(1993)에 기댐.

수 없다. 하지만 의미가 추상적인 대상이기 때문에 의미의 개념을 한 마디로 정리할 수 없는 점이 있다. 의미의 뜻을 낱말의 내포, 본질, 개념, 내재적 특성, 진술에 포함되거나 함의된 이론적 결과, 사전에서 어떤 낱말에 첨가된 다른 낱말들 등과 같이 다양하게 나타내기도 하지만,[2] 어느 것도 의미의 개념을 분명하고 완벽하게 드러낸 것이라고 말하기 어렵다. 따라서 여기에서 의미를 논의한 많은 연구자들의 여러 의미관을 살펴봄으로써 의미가 무엇인지에 대하여 이해하기로 한다.

(2) 의미관

✔ 지시설

이것은 초기에 거론된 의미관인데, 의미가 곧 '지시물'이라는 학설이다. 하나의 언어 표현에 대한 의미는 그 언어 표현이 가리키는 대상물이라는 것이다. 이를테면 '나무'라는 낱말의 의미는 실제로 존재하는 식물의 하나로 뿌리와 줄기 그리고 가지와 잎을 가진 대상물 그 자체라는 것이다.

그러나 이 지시설은 여러 가지 한계점을 가지고 있다. 첫째는 구체적인 지시물이 존재하지 않는 낱말의 경우인데, 이를테면 '도깨비', '불사조'와 같은 것은 실제적으로 존재하지 않으므로 그 의미가 허상이 되고 만다. 둘째는 낱말이 가리키는 대상물을 볼 수 없는 낱말의 경우인데, 이를테면 '잊다', '상상하다'와 같은 것은 대상물을 생각할 수 없다.

✔ 개념설

개념설은 의미가 곧 개념이라는 학설이다. 이것은 언어 표현이 가리키는 대상물이 의미가 아니라, 사람의 마음속에 내재하는 개념(concept)을 통

---

2) Ogden & Richards(1923) 참조.

해 간접적으로 그 대상물을 가리킨다는 것이다. 따라서 의미는 그 언어를 사용하는 사람의 마음속에 내재하는 개념이라는 것이다.

소쉬르는 언어를 랑그(langue)와 빠롤(parole)의 양면으로 구분하고, 랑그는 다시 시니피에(signifie)와 시니피앙(signifiant)으로 분리하여 시니피에를 시니피앙에 대한 개념으로 파악하였다. 이러한 생각을 발전시켜 더 구체적으로 나타낸 대표적인 사람은 오그덴과 리차즈(1923)인데, 이들은 아래와 같은 기호 삼각형(semiotic triangle)을 통해 언어 기호(symbol)가 나타내는 의미는 사물(referent)이 아니고 개념(thought / reference)이라고 설명하였다.

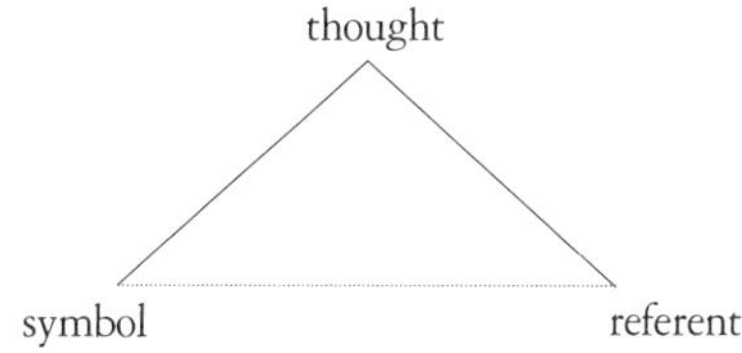

하지만 개념설의 한계는 의미를 사람의 주관적인 심리 현상과 깊이 관련된 것으로 파악함으로써 객관적인 분석에 문제가 있다는 부분적인 비판이 있다. 그럼에도 불구하고 이 개념설은 많은 사람들의 지지를 받아 왔다.

✔ 행동주의설

이 행동주의설을 주장하는 사람들은 언어 표현의 의미를 '자극―반응'(stimulus-response)으로 본다. 즉 언어 표현의 의미는 언어 표현(자극)에 의해 야기되는 반응이라는 것으로 행동주의 심리학의 관점이다. 하지만 이 행동주의설의 한계점은, 동일한 언어 표현에 대한 반응이 상황이나 사람에 따라 다르게 나타날 수 있어서 언어 표현의 의미에 대한 객관적인 분석이 어렵다는 점이다.

✔ 용법설

이 학설에서는 언어 표현의 의미를 곧 용법으로 본다. 따라서 언어 표현의 의미가 고정되어 있는 것이 아니고, 그것이 실현되는 구체적인 맥락에 의해 의미가 결정된다는 것이다. 용법설은 의미를 개념으로 보는 개념설과 대립된다. 개념설은 언어 표현의 의미가 사람의 마음 속에 내재하는 개념이나 관념으로 파악하는 반면, 용법설은 그 언어 표현이 실제로 실현되는 구체적인 맥락에 의해 의미가 파악되는 것으로 본다. 하지만 용법설은 실제 언어 현상에서 헤아리기 어려울 정도로 많은 맥락에 따른 용법을 모두 찾아내어 객관적으로 분석하고 기술하기 어려운 한계점을 가지고 있다.

✔ 원형이론

원형이론은 인지언어학에서 범주화[3]의 한 방법으로 제기한 의미이론이다. 여기에서 '원형'(prototype)은 그 범주를 대표할 만한 가장 '전형적', '적절한', '중심적', '이상적', '좋은' 보기를 말한다. 곧 원형적 보기는 중심적 보기이며, 비원형적 보기는 주변적 보기이다.

로쉬(1975)는 실험을 통해 각 범주의 원형적 보기, 보통의 보기, 비원형적 보기를 조사하였는데, 그 중에서 '가구', '과일', '새'에 대한 범주의 보기는 아래와 같다.

	원형적 보기	보통의 보기	비원형적 보기
① 가구	의자, 소파	밴치, 식기선반	선풍기, 전화기
② 과일	오렌지, 사과	라임, 탄젤로	피클, 스쿼시
③ 새	로빈, 참새	갈가마귀, 황금방울새	펭권, 박쥐

---

3) 범주화란 우리가 경험하게 되는 사물, 개념, 현상을 낱말이라는 단위를 통하여 분류하거나 무리지어 이해하는 방식이다(임지룡1997 : 90).

앞에서 원형은 한 범주의 가장 좋은 본보기라 할 수 있다. 위의 표 ③에서 '새'의 가장 좋은 본보기는 원형적 보기인 '로빈'과 '참새'라 할 수 있는데, 이 '참새'가 가지고 있는 가장 기본적인 속성이 '부리'와 '깃'이다. 따라서 '부리'와 '깃'을 가지고 있는 동물은 곧 '새'의 범주에 포함된다는 것이 원형이론에서의 설명이다. 이러한 원형이론은 사람들이 낱말을 어떻게 이해하는가의 모델로서 상당한 가치를 지닌 것으로 평가되며, 원형이론에 대한 최근의 진전은 의미의 본질에 대한 정신적 처리 과정에 새로운 관점을 보여준다.

2. 의미의 유형

의미는 중심적이고 기본적인 의미와 주변적이고 연상적인 의미로 크게 나뉘기도 하는데, 여기에서는 리치(Leech, 1974)에서 분류한 의미의 유형을 소개한다.

(1) 개념적 의미

개념적 의미(conceptual meaning)는 외연적 의미 또는 인지적 의미라고도 하는데, 곧 언어 표현에 의해 전달되는 중심적인 의미를 말한다. 개념적 의미는 언어 표현의 중심적 의미를 개념적 의미로 보고, 이것은 주로 의미자질(semantic feature) 또는 의미성분(semantic component)의 집합으로 나타낸다.

이를테면 '처녀'라는 낱말이 가진 개념적 의미를 [+인간] [+성숙] [−결혼] [−남성] 등의 의미성분으로 분석하는데, 이들 의미성분의 집합이 '처녀'의 개념적 의미라는 것이다.

(2) 내포적 의미

내포적 의미(connotative meaning)는 한 언어 표현에 대한 기본적인 의미라 할 수 있는 개념적 의미와 함께 덧붙여져서 드러나는 전달가치를 말한다. 이를테면 '처녀'라는 낱말의 내포적 의미는 [사교적이다] [치마 입기를 좋아한다] [모성 본능이 있다] [변덕스럽다] 등과 같이 나타낼 수 있다. '처녀'의 개념적 의미는 한정적이고 고정적이지만, 내포적 의미는 다소 개방적이고 유동적인 성격을 가지고 있다.

(3) 사회적 의미

사회적 의미(social meaning)는 어떤 언어 표현이 사용되는 사회적 환경에 의해 전달되는 의미를 말한다. 국어의 경우에 화자가 사용하는 언어가 중부 방언이냐 아니면 각 지역의 방언이냐에 따라 지리적, 사회적인 관계가 드러나게 된다. 이를테면 중부 방언 '고양이'에 대응하는 경북 방언으로 '고내기', '꼬내기', '괴내기', '굉이' 등이 사용된다. 만약 어떤 사람이 '고양이'로 사용하였을 경우와 '고내기', '꼬내기', '괴내기', '굉이' 등으로 사용하였을 경우 그 말을 들은 청자는 그 화자의 지역적, 사회적 관계를 어느 정도 판단할 수 있다. 따라서 사회적 의미는 화자가 사용하는 언어 표현에 의해 그 화자의 사회적 신분, 지리적 출신이나 청자와 화자의 관계 등이 드러나는 의미라 할 수 있다.

(4) 정서적 의미

정서적 의미(affective meaning)는 언어 표현에 의해 드러나는 화자의 개인적인 감정을 말한다. 정서적 의미는 실제 언어생활에서 누구나 경험하고 있는데, 화자가 청자에 대해 가지고 있는 심리적인 태도나 감정이 언어 표현에 실려서 전달되는 경우가 많다. 이것은 일반적으로 화자가 발화하는 문장에 선택되는 낱말이나 문체 그리고 음성적 특징에 의해 드러나기 마련이다. 이를테면 화자가 청자를 나중에 만나고 싶을 때를 상정해 본다. 꼭 만나고 싶은 사람에게는 '내일 오후 3시에 만나자'라고 구체적인 날짜와 시간을 명시하는 경우가 많은데, 꼭 만나고 싶지 않은 사람에게는 '나중에 만나든지'라고 하여 적당하게 넘어가는 발화로 대신하는 경우가 많다.

(5) 반영적 의미

반영적 의미(reflected meaning)는 청자에 따라 동일한 언어 표현에 대한 의미 해석이 다르게 나타나는 반응의 의미를 말한다. 이를테면 '그는 용이다'라는 언어 표현에 대해 어떤 청자는 그가 임금과 같은 높은 존재라고 해석할 수 있고, 또 다른 청자는 그는 실체가 없는 존재라고 해석할 수 있을 것이다. 이 경우 전자와 같이 해석하는 청자는 긍정적인 반응의 의미로 받아들인 것으로 볼 수 있고, 후자와 같이 해석하는 청자는 부정적인 반응의 의미로 받아들인 것으로 볼 수 있다.

(6) 연어적 의미

연어적 의미(collocative meaning)는 어떤 낱말이 사용되는 환경에서 그 낱말과 상호 의존적인 기대치를 갖는 의미를 말한다. 이를테면 '귀엽다'는 낱말은 '인형', '아이', '리본', '병아리' 등의 낱말을 수식하면서 공기할 수 있으나, '사자', '낙타', '돼지', '코뿔소' 등의 낱말을 수식하면서 공기하지 못한다. 따라서 '귀여운 인형, 아이, 리본, 병아리' 등은 자연스럽게 사용될 수 있지만 '귀여운 사자, 낙타, 돼지, 코뿔소' 등은 자연스럽게 사용되지 않는 제약이 있다.

(7) 주제적 의미

주제적 의미(thematic meaning)는 화자가 언어 표현을 통해 드러내는 의도적인 의미를 말하는데, 흔히 화자는 어순을 바꾸어서 초점화, 주제화를 통해 화자 자신의 의도적인 의미를 나타낸다. 아래 (1)과 (2)에서 주제적 의미를 살펴보자.

(1) ① 영수가 그 책을 읽었다.
    ② 그 책을 영수가 읽었다.
    ③ 그 책은 영수가 읽었다.
(2) 어디 가느냐?
    ①   ②

(1)의 ①에서는 화자의 의도적 의미가 '영수'에 놓여 있지만, ②에서는 초점화를 통해 화자의 의도적 의미가 '그 책'에 놓여 있다. 또 ③에서는 주제화를 통해 화자의 의도적 의미가 '그 책'에 놓여 있다. 그리고 (2)에서 화자의 초점이 ①에 있을 경우에는 청자로 하여금 '어디'에 대해 설명해 주기를 요구하는 설명의문문이 되지만, ②에 초점이 있을 때는 청자가 가는지 가지 않는지에 대해 대답해 주기를 요구하는 판정의문문이 된다.

3. 의미소와 의미 분석

(1) 의미소와 의미

음운론에서 음소와 이음을 구별하고 문법론에서 형태소와 이형태를 구별하는 것과 같이, 의미론에서 의미소와 변의를 구별한다.

의미소(sememe)는 의소라고도 하는데, 이 의미소는 순수한 의미적 단위이기 때문에 낱말의 형태와 직접적으로 관련되지 않는다. 이를테면 '집, 큰집, 작은집' 등은 모두 한 개의 낱말이지만 각 낱말을 이루는 형태소의 숫자는 서로 다르다. 하지만 '집', '큰집', '작은집' 등의 낱말이 가지고 있는 의미소는 각각 하나이다. 따라서 이런 보기들은 한 개의 어근으로 된 낱말이나 두 개 이상의 어근으로 이루어진 낱말이라 하더라도 각기 한 개의 의미소를 가진다.

아래 문장을 통해 의미소와 변의를 구별해 보자.

(1) ① 밥을 <u>먹다</u>.
② 담배 <u>먹다</u>.
③ 술을 <u>먹다</u>.

(1)의 각 문장에는 서술어로 '먹다'가 선택되었다. (1)의 ①에서는 '먹다(食)'의 뜻으로 사용되었지만, ②에서는 '피우다(吸煙)'의 대용어로 '먹다'가 선택되었고, ③에서는 '마시다(飮)'의 대용어로 '먹다'가 선택되었다. 이 경우 '피우다'와 '마시다'는 '먹다'의 변의로 볼 수 있다. 따라서 '먹다', '피우다', '마시다' 등은 '먹다[食]'라는 한 개의 의미소로 묶이게 된다.

(2) 의미 분석

의미의 기본 단위를 어휘소(lexeme)라 하는데, 이 어휘소의 의미는 대개 몇 개의 의미성분 또는 의미자질의 집합으로 분석된다. 따라서 어휘소의 의미는 의미성분 또는 의미자질들의 집합이라 할 수 있다. 아래 (2)에서 어휘소의 의미성분 또는 의미자질을 분석해 본다.

(2) ① 아버지 : [＋어버이] [＋남성]
② 어머니 : [＋어버이] [－남성]

 '아버지'라는 어휘소와 '어머니'라는 어휘소는 (2)와 같이 각각 그 의미를 분석할 수 있다. 즉 ①에서 '아버지'의 의미와 ②에서 '어머니'의 의미는 각각 [+어버이] [+남성], [+어버이] [−남성]과 같은 의미성분 또는 의미자질의 집합으로 분석된다. (2)에서 분석한 '아버지'와 '어머니'가 모두 가진 의미의 공통적 성분(common component)은 [+어버이] 자질이고 시차적 성분(diagnostic component)은 [+남성]과 [−남성] 자질이다. 여기서 [−남성] 자질은 곧 [+여성] 자질과 같다.

 다시 '총각'과 '처녀'의 의미를 분석해 보기로 한다.

 (3) ① 총각 : [+인간] [+성숙] [−결혼] [+남성]
     ② 처녀 : [+인간] [+성숙] [−결혼] [−남성]

 (3)에서 '총각'과 '처녀'의 의미를 분석한 것을 보면, 두 어휘소가 공통적으로 가지고 있는 의미성분 또는 의미자질은 [+인간] [+성숙] [−결혼] 등 세 가지이고 시차적 자질은 [+남성]과 [−남성]이다.

 한편 어휘소의 의미는 계층적 의미 영역의 차원에서도 분석될 수 있다. 이를테면 '동물', '가축', '소', '황소' 등의 어휘소들에 대한 계층적인 의미관계는 아래 (4)와 같이 나무꼴 그림으로 나타낼 수 있는데, 이런 그림을 코르지브스키는 '추상의 사닥다리'라고 불렀다.

(4)
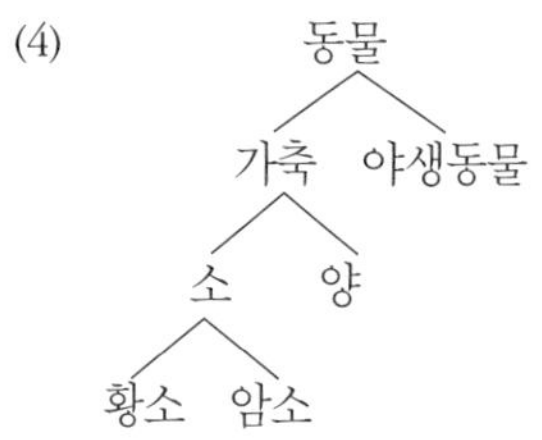

 (4)에서 위쪽의 어휘소는 상위어이고 아래쪽은 하위어이다. 상위어는

그 개념의 폭이 넓고 추상적이며, 하위어는 그 개념의 폭이 좁고 구체적이다. 따라서 하위어가 의미적으로 상위어를 함의하기 때문에, '황소'의 의미는 [+소], [+가축], [+동물], [+male] 등의 의미성분으로 분석될 수 있고 '암소'의 의미는 [+소], [+가축], [+동물], [−male] 등의 의미성분으로 분석될 수 있다.

(3) 의미장

의미장(어휘장)이란 하나의 상위어 아래 의미적으로 밀접하게 연관된 낱말들의 집합을 말한다. 이를테면 '과일'라는 상위어 아래 '사과', '배', '수박', '포도', '참외', '감', '복숭아', '밤', '대추' 등이 모여서 하나의 의미장을 이룬다. 그리고 어린이라는 상위어 아래 소년과 소녀가 하위어를 이루고, 꿩이라는 상위어 아래 장끼와 까투리가 하위어를 이룬다. 이러한 의미장은 하나의 어휘체계라고 할 수 있으며, 의미장에는 체계상의 빈자리(빈칸)이 있을 수 있다.

의미장의 빈자리는 곧 어휘 체계의 빈자리를 말하는데, 그 유형에는 계층관계에 따른 빈자리, 서열관계에 따른 빈자리 등이 있다.

✔ 계층관계

계층관계에 따른 빈자리는 상위어와 하위어의 계층구조에 나타나는 의미장의 빈자리를 말한다.

(1)	상위어	손가락		
	하위어	엄지가락 집게가락 가운뎃가락 ( ) 새끼가락		
(2)	상위어	어버이	( )	
	하위어	아버지 어머니	아저씨 아주머니	

(1)에는 상위어 '손가락'의 하위어 중에 넷째 손가락에 대한 어휘가 빈 자리이고, (2)에는 하위어 '아저씨'와 '아주머니'에 대한 상위어가 빈자리 이다.

✔ 서열관계

서열관계에 따른 의미장의 빈자리는 고유어의 항렬에 따른 여성의 호 칭과 날짜에 나타난다.

(1)	(高祖母) – 한할미 – 할미 – 어미 – 며느리 – (孫婦)
(2)	그끄제 – 그제 – 어제 – 오늘 – (來日) – 모레 – 글피

(1)에는 두 개의 (   )가 빈자리인데, 여기에 한자를 넣어 빈자리를 채 워주고 (2)에는 1개의 (   )가 빈자리인데, 역시 한자를 넣어서 빈자리를 채워준다.

4. 의미 대립과 의미 관계

(1) 의미 대립

낱말의 의미는 고정된 상태에서 파악하기보다 그 낱말이 실현되는 문 장을 통해 파악하는 것이 바람직하다. 이를테면 '돌', '나무', '고기', '사 람' 등의 낱말이 가지는 의미는 아래 (1)~(3)을 통해 파악할 수 있다.

(1) ① 돌이 있다.
② 나무가 있다.
③ 고기가 있다.
④ 사람이 있다.

(2) ① *돌이 죽는다.
　　② 나무가 죽는다.
　　③ 고기가 죽는다.
　　④ 사람이 죽는다.

　품사가 명사인 '돌', '나무', '고기', '사람' 등이 (1)에서와 같이 모두 '있다'를 서술어로 하는 문장의 주체로 선택될 수 있어서, 이것들이 모두 존재의 대상이라는 것을 알 수 있다. 그리고 (2)의 ①에서는 '돌'이 '죽다'를 서술어로 하는 문장의 주체로 선택될 수 없는 점으로 보아 '돌'은 생명체가 아니라는 사실이 드러난다. ②~④에서 '나무', '고기', '사람' 등은 '죽다'를 서술어로 하는 문장의 주체로 선택될 수 있으므로, 이것들은 모두 생명체라는 사실을 알 수 있다. 따라서 '돌'은 [−생명]의 자질을 가지며 '나무', '고기', '사람' 등은 [＋생명]의 자질을 가지므로, '돌'과 나머지 낱말은 [생명] 자질의 유무에 따라 대립된다.
　하지만 '나무', '고기', '사람' 등은 아래 (3)에서 선택의 양상을 달리한다.

(3) ① *나무가 웃는다.
　　② *고기가 웃는다.
　　③ 사람이 웃는다.

　(3)의 ①과 ②에서 '나무'와 '고기'는 '웃다'를 서술어로 하는 문장의 주체로 선택될 수 없고, ③의 '사람'은 '웃다'를 서술어로 하는 문장의 주체로 선택될 수 있다. '나무'와 '고기'는 [−유정성]의 자질을 가지는데 반해, 사람은 [＋유정성]의 자질을 가진다. 따라서 '나무', '고기'는 '사람'과 [유정성]의 자질 유무에 따라 서로 대립된다.

(2) 의미관계

어휘가 갖는 의미관계는 의미적으로 동위관계와 상하관계로 크게 나뉜
다. 동위관계는 다시 동의관계와 상대관계(대립관계)로 나뉘며, 상하관계에
는 상위어와 하위어가 있다. 그리고 동음관계는 다시 다의어와 동음어로
나뉜다.

✔ 동의관계

일반적으로 동의관계는 둘 이상의 서로 다른 형태가 동일한 의미를 가
지는 관계를 말하며, 이런 관계에 있는 어휘소를 동의어(synonym)라 한다.
동의어는 절대적 동의어와 상대적 동의어로 구분되는데, 전자는 개념적
의미, 연상의미, 주제의미 등이 모두 일치하고 모든 문맥에 치환이 가능
한 동의어를 말하고, 후자는 개념적 의미만 동일하고 연상의미나 주제의
미는 차이가 있고 문맥에 따라 치환이 가능하기도 하고 불가능하기도 한
동의어를 말한다. 보통 말하는 동의어는 대부분 상대적 동의어이고 절대
적 동의어는 거의 존재하지 않는다. 그래서 동의어 대신 유의어라 부르기
도 한다.

❶ 동의어의 양상

동의어는 방언, 전문성, 완곡어법 등에 따라 그 존재하는 양상이 다르다.
첫째, 방언에 따른 동의어의 보기로는 중부 방언의 '부엌'과 '가위'를
경상 방언에서는 각각 '정지'와 '가새', '가시개' 등으로 사용하고 있다.
둘째, 전문성에 따른 동의어의 보기로는 '결핵'을 의사들은 '티비(T.B)'
라고 하여 환자들이 알아듣지 못하게 사용한다.
셋째, 완곡어법에 따른 동의어의 보기로는 '죽다' 대신 '돌아가다'를 사
용하고, '천연두' 대신 '마마' 또는 '손님'을 사용하는 경우가 있다.

❷ 동의어 검증

절대적 동의어는 실질적으로 존재하기 어려우므로, 동의어는 사실 상대적 동의어가 대부분이다. 따라서 동의어라 하더라도 개념적 의미는 같지만 연상의미나 주제의미 등에서 차이가 있는데, 여기에서는 동의어끼리 어떤 의미의 차이가 있는지를 살펴본다.

흔히 교체검증법(substitution test)을 통해 동의어의 의미 차이를 찾아내는데, 이것은 동일한 문맥에 두 동의어를 교체시켜서 의미 차이를 검증하는 방법이다. 이를테면 동의어로 알려진 어휘소 '틈'과 '사이'에 대해 이 방법을 적용해 본다.

(1) ① 집에 갈 <u>틈</u>이 없다.
    ② 집에 갈 <u>겨를</u>이 없다.
(2) ① 문 <u>틈</u>으로 보아라.
    ② *문 <u>겨를</u>로 보아라.

동의어 '틈'과 '겨를'이 (1)에서는 동일한 문맥에서 교체되어도 두 문장이 모두 정상적인 문장으로 받아들여진다. 하지만 (2)에서 ①은 정상적인 문장으로 받아들여지는데 반해, ②는 정상적인 문장으로 받아들여지지 않는다. 따라서 '틈'과 '겨를'이 [+시간성]의 자질을 공유하는데, '틈'은 [+공간성]의 자질을 갖는 반면 '겨를'은 [−공간성]의 자질을 갖는 차이가 있다.

✔ 상하관계

상하관계는 계층적인 포함관계로서 한 쪽의 의미가 다른 쪽의 의미를 포섭하는 관계를 말한다. 이 경우에 포섭되는 쪽의 의미는 낮은 계층으로 하위어라 하고, 포섭하는 쪽의 의미는 높은 계층으로 상위어라 한다.

❶ 상하관계의 의미장

상위어와 하위어의 관계는 의미장 이론과 관련이 있는데, 상위어의 의미 영역을 전체장이라 한다면, 하위어의 의미 영역은 부분장이라 한다. 따라서 전체장과 부분장의 관계는 계층적인 포함관계를 이룬다.

의미장에서 상위어는 추상적, 일반적 의미를 갖는 반면 하위어는 구체적, 특수적 의미를 갖는다. 따라서 하위어는 의미적으로 상위어를 함의한다.

❷ 상하관계의 의미성분

'어린이'라는 상위어 아래 '소년'과 '소녀'가 하위어를 이루는 경우를 살펴보자. 하위어인 '소년'과 '소녀'는 반드시 '어린이'지만, 그 반대는 성립하지 않는다. 이것은 상위어가 가진 의미 성분보다 하위어가 가진 의미 성분의 숫자가 더 많은 점에서 확인이 가능하다. 아래 (1)에서 상위어 '어린이'와 하위어 '소년', '소녀'의 의미 성분을 각각 분석한다.

(1) ① 어린이 : [+인간] [−성숙]
    ② 소　년 : [+인간] [−성숙] [+남성]
    ③ 소　녀 : [+인간] [−성숙] [−남성]

(1)에서 ① '어린이'는 상위어로서 두 개의 의미 성분으로 분석되는 반면, ②의 '소년'과 ③의 '소녀'는 하위어로서 각각 세 개의 의미 성분으로 분석된다. 하위어 '소년'과 '소녀'는 의미적으로 상위어인 '어린이'의 의미 성분을 모두 가지고 있지만, 상위어인 '어린이'는 하위어인 '소년'과 '소녀'의 의미 성분을 모두 가지고 있지 않다.

✔ 대립관계

대립관계는 두 낱말의 의미가 특정한 의미 성분을 중심으로 서로 맞서는 관계를 말하며, 대립관계에 있는 말을 대립어라 한다. 대립어는 상대어, 반의어, 반대말 등의 용어로 사용되기도 하는데, 여기에서는 임지룡 (1992)에 따라 대립어라는 용어를 사용한다.

두 개의 낱말이 의미적으로 서로 대립하여 짝을 이루는 대립어는 특정한 의미 성분에서 동질성과 이질성을 가진다. 즉 한 쌍의 대립어는 공통적 의미 성분과 시차적 의미 성분을 공유하는데, 공통적 의미 성분에 의해 의미적인 동질성을 드러내고 시차적 의미 성분에 의해 이질성을 드러낸다.

• 대립어의 유형

대립어의 유형에는 반의대립어, 상보대립어, 방향대립어 등이 있다.

반의대립어는 흔히 반의어, 정도반의어, 극성대립어 등으로 부르기도 하는데, 이를테면 '길다 / 짧다', '크다 / 작다', '높다 / 낮다', '깊다 / 얕다', '많다 / 적다' 등의 짝은 반의대립어의 보기이다.

> (1) ① 길다 : 짧다
> ② 크다 : 작다
> ③ 높다 : 낮다
> ④ 깊다 : 얕다
> ⑤ 많다 : 적다

(1)의 ①~⑤에서 서로 짝을 이루는 대립어는 대립하는 두 낱말을 모두 부정하더라도 모순되지 않으며, 대립의 기준이 상대적이다. 따라서 '그 막대기는 길지도 않고 짧지도 않다.', '그 집은 크지도 않고 작지도 않다.', '그 산은 높지도 않고 낮지도 않다.' 등과 같은 문장이 모두 성립된다.

상보대립어는 대립하는 두 낱말의 의미 영역이 상호 배타적으로 양분되므로 흔히 양분대립어라 부르기도 한다. 이를테면 '남자 / 여자', '살다 / 죽다', '출석하다 / 결석하다' 등의 대립하는 짝은 상보대립어의 보기이다.

(2) ① 남자 : 여자
　　② 살다 : 죽다
　　③ 출석하다 : 결석하다

(2)의 ①~③에서 서로 짝을 이루는 대립어는 두 낱말을 모두 부정하면 모순이 되며, 대립의 기준이 절대적이다. 따라서 '*그 사람은 남자도 아니고 여자도 아니다.', '*그 사람은 살지도 않고 죽지도 않았다.', '*그 사람은 출석하지도 않고 결석하지도 않았다.' 등의 문장은 의미적으로 성립되지 않는다.

방향대립어는 대립하는 두 낱말이 서로 맞선 방향으로 대립하는 짝을 말하는데, 이를테면 '남 / 북', '위 / 아래', '가다 / 오다' 등의 보기가 방향대립어이다.

(3) ① 남 : 북
　　② 위 : 아래
　　③ 가다 : 오다

(3)에서 ①의 '남'과 '북', ②의 '위'와 '아래'는 각각 방향의 양 극단을 나타내는 대립의 짝이며, ③의 '가다'와 '오다'는 [+이동]이라는 공통 자질을 가지고 맞선 방향으로 이동함을 나타내는 대립의 짝이다.

✔ 의미의 중화

중화(neutralization)란 특정한 환경에서 차별성의 대립이 사라지는 현상을 말하는데,4) 대립어가 특정한 환경에서 의미적으로 차별성의 대립이 사라지는 현상을 의미의 중화라 한다.

---

4) 중화에는 음운의 중화, 형태의 중화, 의미의 중화 등이 있다.

대립어의 의미적 중화는 반의대립어, 상보대립어, 방향대립어 등에서 모두 나타난다.

(4) ① 산이 어느 정도 <u>낮습니까?</u>
    ② 산이 어느 정도 <u>높습니까?</u>
(5) ① <u>형제자매</u>
    ② 남자 형제와 여자 형제
(6) ① 영희가 스키를 <u>배운다고?</u>
    ② 스키 <u>배워</u> 주세요.

(4)의 ①은 '산이 낮다'는 전제가 있는 경우에 실현되므로 이 문장에서 '낮다'는 '높다'에 대한 대립적 가치를 가진다. 그러나 ②는 아무 전제가 없을 때 실현되므로 이 문장에서 '높다'는 '낮다'에 대한 대립적 가치를 갖지 않고 중화된 의미를 가진다. 즉 문장 ②의 '높다'는 중화되어 단순하게 '높이'를 나타낼 뿐이다. 그리고 (5)의 ①에서 '형제'와 '자매'는 각각 대립적인 가치를 가지지만, ②의 '형제'는 남성과 여성을 동시에 포괄하는 상위의 개념으로 중화된 의미를 가진다. 마지막으로 (6)의 ①에서 '배우다'는 '가르치다'와 대립적 가치를 가지고 있지만, ②에서 '배우다'는 중화되어 '가르치다'와 대립적 가치를 갖지 않으므로 '배우다' 대신 '가르치다'로 교체가 가능하다.

✔ 다의관계

다의관계(polysemy)는 하나의 어휘소에 유연성(motivation, 有緣性)을 지닌 둘 이상의 의미가 대응하는 복합적인 의미관계를 말하는데, 이러한 복합관계를 가진 말을 다의어라 한다.

다의어가 가진 둘 이상의 의미는 일반적으로 기본의미와 파생의미로 구분되는데, 기본의미는 한 어휘소가 가지고 있는 중심적 의미이고 파생

의미는 기본의미에서 퍼져 나온 주변적 의미이다.

• 다의어의 양상

다의어는 대개 한 어휘소가 가진 기본의미에서 파생의미로 번져 나가면서 생성된다. 이것은 하나의 어휘소가 다양한 문맥에 선택됨에 따라 그 의미가 여러 가지로 사용되는 현상에서 확인할 수 있다. 이를테면 아래 (1)에서 형용사 '밝다'의 의미가 문장에 따라 여러 가지 의미로 드러나는 양상을 보여 준다.

    (1) ① 빛이 <u>밝다</u>.
        ② 색이 <u>밝다</u>.
        ③ 표정이 <u>밝다</u>.
        ④ 분위기가 <u>밝다</u>.
        ⑤ 사리가 <u>밝다</u>.

(1)의 ①~③에 선택된 '밝다'는 '어둡다'에 대한 대립적인 의미로 사용되지만, ④와 ⑤에서 '밝다'는 시각적으로 판단할 수 있는 의미가 아니고 추상적인 의미를 나타낸다. (1)에서 '밝다'의 기본의미는 구체적으로 암[暗]에 대립하는 명[明]인데, 이것이 (1)의 여러 문장에 따라 추상적인 의미로 파생되어 사용되었다. ④에서 '밝다'는 '무겁지 않다', '나쁘지 않다' 등의 의미로 파악되고 ⑤에서 '밝다'의 의미는 '분명하다'로 파악된다. 하지만 '밝다'의 기본의미 명[明]과 ④와 ⑤에 선택된 '밝다'의 여러 파생적인 의미가 어원적으로 서로 관련성을 가지므로, (1)의 각 문장의 서술어로 선택된 '밝다'는 서로 유연성을 가진 다의어라 할 수 있다.

✔ 동음관계

동음관계(homonymy)는 한 형태의 어휘소에 여러 개의 서로 다른 의미가 대응하는 의미관계를 말하는데, 동음관계에 있는 어휘를 동음어라 한다. 동일한 한 개 형태의 어휘소에 대응하는 의미가 여러 개라는 점에서 동음어와 다의어의 차이가 없다. 그러나 다의어는 그 의미들이 서로 어원적 의미의 관련성을 갖는 반면, 동음어는 의미들끼리 서로 어원적 의미의 관련성을 갖지 않는다.

• 동음어의 생성

동음어가 생성되는 원인은 다음과 같다.

첫째, 언어기호의 자의성 때문에 동음어가 생성된다. 이를테면 '집에 갈 때 같이 가자'와 '가구에 때가 많이 끼었다'의 두 문장에 선택된 '때'는 그 의미가 전혀 다르며, 우연히 형태가 동일할 뿐이다.

둘째, 음운의 변화 때문에 동음어가 생성된다. 이를테면 중세 국어의 '물(馬)'과 '말(語)'이 근대 국어에서 'ᆞ'가 소실되어 그 형태가 모두 '말'로 동일하게 되었다.

셋째, 기층요소와 외부요소가 함께 사용됨으로써 동음어가 생성된다. 이를테면 우리 고유어 '해(太陽)'와 한자어 '해(海)'가 함께 사용되어 동음어로 존재한다.

5. 문장 의미

(1) 문장 의미의 성격

낱말이 모여 문장을 이루며, 문장이 되기 위해서는 주어와 서술어가 갖추어져 있어야 한다. 그리고 문장은 의미적으로 완결되어야 하고 형식적으로 자립성을 가져야 한다. 따라서 문장은 주어와 서술어를 갖추고 의미적으로 완결되고 형식적으로 자립성을 가진 언어단위라 할 수 있다.

문장은 낱말이 모여 구성되지만, 그 낱말이 가진 의미의 집합이 곧 문장의 의미라고 말할 수는 없다.

    (1) ① 영수가 철수를 보았다.
        ② 철수가 영수를 보았다.

(1)의 ①과 ②에 선택된 낱말은 동일하지만, 두 문장의 의미는 전혀 다르다. 이것은 두 문장의 선형구조 차이, 즉 낱말들의 배열순서가 서로 다르기 때문이다. 따라서 문장의 의미 파악은 낱말의 의미와 함께 통사규칙을 고려해야 한다. 하지만 낱말의 의미와 통사규칙만으로 문장의 의미가 온전한 것은 아니다.

    (2) ① 영수가 공을 찼다.
        ② *나무가 공을 찼다.

(2)의 ①은 의미적으로 온전한 문장이지만, ②는 의미적으로 온전하지 못한 문장이다. ②가 정상적인 문장으로 인정받지 못하는 것은 이 문장의 주어로 선택된 '나무'가 공을 찰 수 있는 주체가 되지 못하기 때문이다. 따라서 문장의 의미는 그 문장을 이루는 낱말의 의미, 통사 규칙, 의미적 용인성 등이 모두 고려되어야 한다.

(2) 문장의 의미관계

문장의 의미관계는 문장의 구조와 의미에 따라 다르게 파악된다. 즉 구조적으로 서로 다른 문장이 동일한 의미로 해석되는 동의문, 동일한 구조를 가진 문장이 둘 이상의 의미로 해석되는 중의문, 그리고 문장의 전제와 함의 등이 모두 문장의 의미관계에서 다루어진다.

✔ 동의문

문장을 이루는 구성요소가 서로 같지 않더라도 그 문장의 의미가 동일한 경우 문장의 동의성이 성립한다.

(1) ① 그는 소설가이다.
     ② 그는 소설을 쓰는 사람이다.

(1)의 ①과 ②는 두 문장을 구성하는 요소가 서로 일치하지 않지만, 두 문장의 의미가 일치하는 동의문이다.

✔ 중의문

동의문은 문장을 이루는 구성요소가 다르지만 그 의미가 같은 문장인데 반해, 중의문은 문장을 이루는 구성요소가 동일하지만 그 의미가 둘 이상으로 해석되는 문장을 말한다.

(2) ① 영수는 순희와 철수를 만났다.
     ② 영수는 [[순희와 철수]를 만났다].
     ③ 영수는 [순희와 [철수를 만났다]].

(2)에서 ①의 문장 의미는 ②로도 해석되고 ③으로도 해석된다. ②는 문장의 주체가 '영수'이고 객체가 '순희와 철수'이며 ③은 문장의 주체가 '영수와 순희'이고 문장의 객체가 '철수'이다. 따라서 ①은 문장 주체와 객체의 범위에 따라 두 개의 의미로 해석되는 중의문이라 할 수 있다. 초

기의 변형문법 이론에 따르면, 이런 중의문은 본디 심층구조가 서로 다른 두 개의 문장이 변형규칙에 의해 표면구조가 같아진 것으로 설명한다.

(3) ① 마을 사람이 <u>모두</u> 모이지 <u>않았다</u>.
② 마을 사람이 아무도 모이지 않았다.
③ 마을 사람이 거의 다 모였다.

(3)의 문장 ①은 ②와 같이 '모인 마을 사람이 아무도 없다'라는 의미로 해석되기도 하고, ③과 같이 '한두 사람을 제외하고 마을 사람이 모두 모였다'라는 의미로 해석되기도 한다. 따라서 (3)의 ①은 부정의 범위에 따라 두 가지의 의미로 해석되는 중의문이다.

중의성은 문장보다 작은 언어 단위에도 나타난다.

(4) ① <u>아름다운 시골의 마을</u>

② <u>아름다운 시골의 마을</u>

(4)의 ①과 ②는 외적인 선형구조가 동일하지만, 내적인 계층구조의 차이로 말미암아 의미가 두 가지로 해석된다. 즉 ①은 '시골이 아름답다'는 의미로 해석되고 ②는 '마을이 아름답다'는 의미로 해석된다.

✔ 전제와 함의

화자에 의해 발화된 언어 표현에 대해 참과 거짓의 논란이 있을 수 있는 문장도 있고, 발화된 문장에 덧붙여져 전달되는 정보가 처음부터 참이라고 인정되는 명제도 있다. 후자의 경우와 같이 발화된 언어 표현에 덧붙여져서 전달되는, 처음부터 참인 명제를 전제(前提, presupposition)라 한다.

(1) ① 영수가 그 책을 읽었다.
　　② 그 남자는 외국 여자와 결혼한 것을 후회했다.
　　③ 그 남자는 외국 여자와 결혼했다.
(2) ① 영희는 순희가 건 전화를 받았다.
　　② 순희가 영희에게 전화했다.

(1)의 ①은 '영수'가 그 책을 읽었는지 읽지 않았는지에 대해 논란이 있을 수 있는 문장이다. 그러나 ②의 문장에 의해 전달되는 ③그 남자는 외국 여자와 결혼했다'는 정보는 ②에서 그 남자가 후회한 것의 사실 여부와 관계없이 처음부터 참이다. 따라서 문장 ②는 처음부터 참인 문장 ③을 전제한다. 그리고 (2)의 ①에서 상위문이 참이든 거짓이든, 다시 말하면 영희가 전화를 받았든 받지 않았든 관계없이 내포문의 내용 ②는 처음부터 참이다. 따라서 (2)에서 문장 ①은 ②를 전제한다.

한편 하나의 명제가 다른 문장이나 언어 표현에서 분석적으로 도출될 때, 전자는 후자에 함의(含意, entailment)되어 있다고 말한다.

(3) ① 영수가 나무를 베었다.
　　② 나무가 베어졌다.

(3)의 문장 ①이 참이라면 ①에서 분석적으로 도출될 수 있는 ②도 참이다. 다시 말하면 ①에서 영수가 나무를 벤 것이 사실이라면 ②와 같이 나무가 베어진 것도 사실이 된다. 따라서 문장 ①은 ②를 함의한다.

전제와 함의의 구별은 주로 부정의 방법을 통해 검증한다. 전제는 주명제가 부정되어도 내포된 명제는 언제나 참이지만, 함의는 주명제가 부정되면 언제나 참이 되지 않는다. 즉 (2)에서 ①의 주명제인 '영희가 전화를 받았다'가 부정되더라도 내포된 명제 '순희가 영희에게 전화했다'는 언제나 참이므로, (2)의 ①은 ②를 전제한다. 그러나 (3)의 ①이 부정되면 ②가

언제나 참이 아니고, 참일 수도 있고 거짓일 수도 있다. 하지만 (3)의 ②
가 ①에서 도출될 수 있기 때문에 ①은 ②를 함의한다.

6. 발화 의미

(1) 문장 의미와 발화 의미

문장 의미(sentence meaning)가 문장을 이루는 구성요소들에 의해 파악되
는 의미라면 발화5) 의미(utterance meaning)는 문장을 이루는 구성요소들과
화자의 의도에 의해 파악되는 의미라 할 수 있다. 따라서 발화 의미는 표
현된 문장을 통해 화자의 의도를 파악해야 하지만, 문장 의미는 화자의
의도를 헤아리지 않고 문장을 이루는 구성요소에 의해 파악이 가능하다.

  (1) ① 비가 온다.
      ② 빨래를 걷어라
      ③ 곡식을 덮어라.
      ④ 우산을 준비해라.

  (1)의 ①을 문장 의미로 파악하면, 자연 현상인 비가 내리는 사실을 단
순하게 표현한 의미를 나타낼 뿐이다. 그러나 ①을 발화 의미로 파악하면,
화자가 발화할 때의 상황에 따라 ②~④ 등의 여러 가지 의미로 파악될
수 있다. 즉 ②는 '비가 오니 빨래 걷어라'는 의미로 파악되고, ③은 '비
가 오니 널어둔 곡식을 덮어라'는 의미로 파악되고, ④는 '비가 오니 우산
을 준비하라'는 의미로 파악될 수 있다. 따라서 문장 의미와 발화 의미는

---

5) 발화란 발음기관을 통해 문장을 음성적으로 표출하는 것을 말한다.

아래 (2)와 같이 서로 구별된다.

   (2) ① 문장 의미 : 표현 + 의미
      ② 발화 의미 : 표현 + 의미 + 화자(의도)

문장 의미는 (2)의 ①과 같이 문장의 표현을 통해 그 의미를 파악할 수 있으나, 발화 의미는 ②와 같이 문장의 표현과 함께 화자의 의도를 알아야 그 의미를 파악할 수 있다. 따라서 문장 의미는 표현된 구성요소와 통사규칙에 따라 파악이 가능하지만, 발화 의미는 화자의 의도와 발화 장면 그리고 화맥의 흐름에 따라 파악해야 한다.

(2) 발화 의미의 변인

❶ 화자와 청자

발화의 주체는 화자와 청자이다. 화자와 청자의 관계에는 주로 나이, 지위, 성별, 항렬, 친밀도 등이 관여한다. 이를테면 화자가 청자에 비해 나이가 적거나 지위와 항렬이 낮으면 높임 표현을 사용하고, 나이가 비슷한 경우라 하더라도 서로 친밀하지 않으면 높임 표현을 사용한다.

   (1) ① 비가 온다.
      ② 비가 옵니다.

(1)에서 두 문장의 명제는 동일하지만, 화자와 청자 사이의 관계에 따라 ①로 발화하기도 하고 ②와 같이 높임 표현으로 발화하기도 한다.

❷ 장면

발화의 장면에는 시간과 공간이 주된 요소로 관여하며, 발화의 장면은 공적 장면과 사적 장면으로 구분된다. 화자와 청자의 나이와 지위가 같고 아주 친한 친구 사이라 하더라도 공적 장면에서는 높임 표현을 사용하고, 사적 장면에서는 높임 표현을 사용하지 않는다. 그리고 발화의 장면에 제 3자가 있느냐 없느냐에 따라 다를 수 있다.

아래 (2)는 젊은 부인이 남편에게 발화하는 경우인데, 친정어머니가 함께 있을 때는 주로 ①로 발화하고 시어머니가 함께 있을 때는 ②로 발화한다. 이와 같이 발화의 장면은 화자의 발화 의도만큼 중요하게 관여한다.

    (2) ① 여보, 식사해.
       ② 여보, 식사해요.

❸ 발화의 흐름

발화의 흐름은 담화(discourse)가 놓인 위치를 말하며, 발화의 내용에는 신정보와 구정보, 화제와 논평 등으로 구별된다.

언어 표현의 목적이 정보 전달에 있다고 할 때, 이 정보가 고정된 문장 의미에 의해 파악되기보다는 발화 의미에 의해 주로 파악된다. 그러므로 발화의 흐름에 따른 정보의 파악이 의사소통에서 매우 중요하다.

✔ 신정보와 구정보

청자가 모르는 내용을 화자의 발화를 통해 제공하는 정보를 신정보(new information)라 하고, 화자와 청자가 이미 알고 있는 공유 정보를 구정보(old information)라 한다.

    (1) ① 어느 학생이 합격했니?
       ② 김영수가 합격했어.
    (2) ① 합격은 누가 했니?
       ② 합격은 김영수가 했어.

(1)의 ①에 대한 대답이 ②이고, (2)의 ①에 대한 대답이 ②이다. (1)과 (2)의 각 ②에서 신정보는 '김영수'이다. 따라서 신정보에는 조사 '-가'가 주로 결합한다.

✔ 화제와 논평

문장을 이루는 구성요소를 통해 '무엇에 관하여 말하려는 그 무엇'을 화제(topic)라 하고, 화제에 대해 구체적으로 드러내는 내용은 논평(comment)이다.

(1) ① <u>팔공산은 소나무가 많다</u>.
    ② <u>토끼는 앞발이 짧다</u>.

(1)에서 ①과 ②의 밑줄 친 각각의 앞부분은 화제(주제)이고 뒷부분은 논평인데, ①과 ②에서 화자는 논평을 통해 화제에 대한 좀더 구체적인 내용을 언급하고 있다.

(3) 직접발화와 간접발화

사람이 수행하는 발화행위에는 직접발화(direct speech)와 간접발화(indirect speech)가 있다. 직접발화는 표현된 언어 형태의 기능과 일치하는 발화이고, 간접발화는 표현된 언어 형태의 기능과 일치하지 않는 발화이다.

(1) ① 그 책 읽었니? (판정의문)
    ② 응, 읽었어.
    ③ 너는 언제 가니? (설명의문)
    ④ 난 내일 가.

 (1)의 ①에 대한 대답은 ②이고, ③에 대한 대답은 ④이다. 이 경우 ①과 ③에는 의문어미 '-니'가 결합하여 청자로 하여금 대답해 줄 것을 요구하는 의문문이므로, ①과 ③은 직접발화의 문장이다. 그러나 아래 (2)는 (1)과 다르다.

    (2) ① 물 한 그릇 줄래요?
        ② 여기에 앉으시겠습니까?
        ③ 누가 그걸 모르겠느냐?

 (2)의 ①~③에는 의문어미가 결합하였지만, 청자로 하여금 대답해 줄 것을 요구하는 문장이 아니다. ①은 '물 한 그릇 주기를 요청'하는 문장이고 ②는 '여기에 앉기를 요청'하는 문장이다. 그리고 ③은 '누구나 그걸 안다'는 것을 서술하는 문장이다. (2)의 세 문장은 표현된 문장과 화자가 의도하는 내용이 일치하지 않는 간접발화이다. 이러한 간접발화는 직접발화에 비해 화자가 청자에게 주는 부담이 적어서 화자와 청자 사이의 대화를 원만하게 유지해 나가는 데 도움이 된다.

(4) 발화의 협력원리

 담화가 원만하게 이루어지기 위해 발화 참여자가 서로 협력할 필요가 있다. 발화의 협력 원리(cooperative principle)는 그라이스(H. P. Grice)가 제시한 것으로, 이 원리는 발화 참여자인 화자와 청자가 상호간에 지켜야 할 조건을 말한다.

  ✔ 일반원리

발화는 자신이 참여하고 있는 담화에서 합의된 목표나 방향과 알맞게,

그리고 그 발화의 시점에서 적절하게 기여하도록 하라.

✔ 하위원칙

- 질의 원칙 : 당신의 기여를 참이 되게 노력하라.
  ① 거짓이라고 믿는 것을 말하지 말라.
  ② 적절한 증거가 없는 것을 말하지 말라.
- 양의 원칙
  ① 현재 대화상의 목적에 요구되는 만큼의 기여를 하라.
  ② 요구되는 것 이상의 정보를 기여하지 말라.
- 관계의 원칙 : 적절한 기여를 하라.
- 태도의 원칙 : 분명하고 구체적이도록 하라.
  ① 불투명성을 피하라.
  ② 중의성을 피하라.
  ③ 간략히 하라.
  ④ 순서를 지키라.

그런데 실제 발화에서 화자가 의도적으로 발화 원리에 벗어나는 발화를 하는 경우가 있다.

(1) ① 그 총각이 어떻습디까?
   ② 총각과 처녀의 궁합이 맞지 않습디다.

(1)은 총각과 처녀가 처음 만나보고 난 뒤, 중간 역할을 하는 사람이 처녀 어머니에게 묻는 발화가 ①이고 대답하는 발화가 ②이다. 처녀의 어머니가 발화한 ②는 의도적으로 발화 원리를 벗어난 경우이다.

▦ 연습문제

1. 의미의 개념설과 용법설의 장단점을 설명해 보자.
2. 원형이론은 의미의 고정성과 유동성 중 어느 입장일까 생각해 보자.
3. 의미장과 의미분석의 관련성을 찾아보자.
4. 동음어와 다의어의 차이를 설명해 보자.
5. 전제와 함의를 구별해 보자.
6. 의미가 중화되는 보기를 들어보자.
7. 문장 의미와 발화 의미의 차이를 설명해 보자.
8. 직접발화와 간접발화의 장단점을 말해 보자.
9. 상하관계와 의미분석과의 관련성을 말해 보자.
10. 화제와 논평이 신정보와 어떤 관련을 가지는지 생각해 보자.
11. 발화의 원리에 벗어나는 발화자의 의도에 대해 설명해 보자.

| 참고문헌

강기진(1987), 국어 다의어의 의미자질, 홍익대 논문집18.
권재일(1989), 문법 기술에서의 '의미 관계'에 대하여, 한글205, 한글학회.
김광해 외(1999), 국어지식탐구, 박이정.
김남탁(1991), 의미 중화 현상, 문학과 언어12, 문학과 언어연구회.
김민수(1981), 국어의미론, 일조각.
김영희(1981), 언어의 기능과 통사 구조, 현상과 인식5-4.
김용석(1981), 유의어 연구, 배달말5, 배달말학회.
김종택(1982), 국어화용론, 형설출판사.
김종택 외(1993), 신국어학, 형설출판사.
남기심 외(1988), 언어학개론, 탑출판사.
남성우(1985), 국어의미론, 영언출판사.
노대규(1988), 국어 의미론 연구, 국학자료원.
박경현(1986), 현대국어 공간개념어의 의미연구, 명지대 박사학위논문.
박선자(1989), 우리말 풀이씨의 뜻바탕 연구, 인문논총34, 부산대.
박영순(1988), 국어 동의문 연구, 선청어문16.
박종갑(1987), 국어 의문문의 의미기능 연구, 영남대 박사학위논문.
신현숙(1986), 의미분석의 방법과 실제, 한신문화사.
심재기 외(1984), 의미론서설, 집문당.
양태식(1984), 국어구조의미론, 태화출판사.
염선모(1987), 국어의미론, 형설출판사.
이기갑(1983), 유추와 의미, 한글180, 한글학회.
이승명(1978), 국어 어휘의 의미구조에 관한 연구, 형설출판사.
임지룡(1992), 국어의미론, 탑출판사.
임지룡(1997), 인지의미론, 탑출판사.
임지룡 외(2005), 학교문법과 문법교육, 박이정.
채 완(1986), 국어어순의 연구, 탑출판사.
천시권(1979), 국어 의미구조의 분석적 연구, 일심사.
최창렬(1980), 국어의미구조연구, 한신문화사.
최현배(1971), 우리말본, 정음사.
홍사만(1985), 국어어휘의미연구, 학문사.

홍순성(1990), 대립어와 부정, 한국학논집17, 계명대한국학연구원.

Cruse, D. A.(1986), Lexical Semantics, Cambridge University Press.(임지룡·윤희수 옮김 1990), 어휘의미론, 결북대 출판부.

Kempson, R. M.(1977), Semantic Theory, London : Cambridge Textbooks in Linguistics.

Ogden, C. K.& Richards, I. A.(1923), The Meaning of Meaning, London : Routledge & Kegan Paul.

제7장 **담화**

우리가 사용하는 언어는 낱말이나 구 단위로 실현되기보다 대개 문장으로 실현되며, 이 문장이 여러 개 모여 담화를 이룬다. 담화는 화자와 청자의 의사소통을 위한 언어 단위인데,[1] 짧은 형식의 언어 단위이든 긴 형식의 언어 단위이든 의사소통의 기능을 수행한다면 그것은 하나의 담화로 볼 수 있다. 이러한 담화는 보통 두 개 이상의 문장이나 발화로 이루어진다.

따라서 담화에 대한 이해는 곧 언어에 의해 실현되는 의사소통의 본질에 대한 접근이며, 나아가 올바른 의사소통을 위해 반드시 필요한 과제라 할 수 있다. 담화는 국어과의 하위 영역에 속하는 듣기, 말하기, 읽기, 쓰기, 문학에 이르기까지 그 내용과 형식에서 깊은 관련을 가진다.[2] 따라서 담화의 이해는 물론이고 담화의 생성까지도 우리의 관심사에 속한다.

---

1) 언어의 기능을 관념적 기능과 대인적 기능으로 구분할 경우, 담화에 의한 의사소통은 대인적 기능에 해당한다.
2) 김태엽(2006) 참조.

1. 담화의 개념

담화(discourse)라는 용어는 상당히 다양한 학문 영역에서 널리 통용되고 있다. 이 용어는 비평이론, 사회학, 철학, 사회심리학, 문학, 역사학, 수사학, 문체학, 언어학 등에서 사용될 뿐 아니라, 아주 일상적인 의미로 명확한 정의 없이 흔히 사용되기도 한다. 담화가 문장보다 더 큰 언어 단위인 것이 사실이지만, 다양한 분야에서 이 용어가 널리 사용되기 때문에 그 개념을 구체적으로 말하기가 쉽지 않다. 하지만 우리는 여기에서 담화의 개념을 문장과 소박하게 구별함으로써 담화에 대해 이해하기로 한다.

문장은 주어와 서술어가 갖추어져 있고 형식적으로 자립하고 의미적으로 완결된 언어 단위를 말하고, 발화는 구체적인 발화 장면에서 발음기관을 통해 실현된 문장을 말한다. 즉 문장은 화자의 숨은 의도가 드러나지 않은 추상적인 말이라 할 수 있고, 발화는 화자와 청자, 그리고 시간과 공간이 정해진 장면에서 발음기관을 통해 실현되는 구체적인 말이라 할 수 있다. 따라서 발화를 통해 문장의 구체적인 의미가 결정되며, 발화 층위의 의미를 연구하는 분야를 화용론(pragmatics)[3]이라 한다.

    (1) ① 바람이 많이 분다.
       ② 옷을 두껍게 입고 가거라.
       ③ 바람이 그치거든 가거라.
       ④ 걸어가지 말고 자동차를 타고 가거라.

---

[3] 화용론에서는 화자와 청자의 언어적 발화 의미를 연구하는데, 발화의 생상자와 수용자에 의해 드러나는 화맥상의 의미를 기술하고 분석한다. 그레벤돌프(Grewendorf, 1984)는 화용론을 ① 기호론적 범주로서의 화용론 ② 색인적 의미론으로서의 화용론 ③ 언어수행이론으로서의 화용론 ④ 의미이론으로서의 화용론 ⑤ 언어행위이론으로서의 화용론 ⑥ 맥락상의 적절함에 관한 이론으로서의 화용론 등 여섯 가지의 사용으로 구분하였는데, 모두가 담화와 관련된다.

　(1)에서 ①의 문장 의미는 고정된 의미로 '바람이 많이 분다'는 자연 현상을 나타낼 뿐이다. 그러나 ①의 발화 의미는 화자가 이 문장을 발화할 때의 장면에 따라 ①, ②, ③, ④ 등의 여러 의미로 해석될 수 있다.

　담화(discourse)는 여러 개의 문장 또는 발화가 모여 의사소통의 단위로 사용되는 하나의 통일체를 말한다. 이것을 줄여서 의사소통의 최소단위라고 말할 수 있는 담화라는 용어는 흔히 '텍스트' 또는 '이야기'로도 사용되고 있다. 이들 세 가지 용어가 연구자에 따라 두루 사용되고 있으나, 담화와 이야기는 대개 구어적 용어로 사용되고 텍스트는 문어적 용어로 사용되고 있다.[4] 기젤라 치포눈(Gisela Zifonun, 1986)은 텍스트를 '상황에 제약받지 않는 의사소통'이라 하고, 담화를 '상황과 결부된 의사소통'이라고 하여 텍스트와 담화를 간단하게 구분하였다. 따라서 여기에서는 담화라는 용어를 사용하기로 하는데, 이것은 발화의 연쇄는 물론 문장의 연쇄까지 포괄하는 개념으로 사용한다. 사실 담화는 말 엮기, 글 엮기와 같은 언어 생활에 광범하게 관련되기 때문에, 담화에 대한 기본적인 이해를 바탕으로 담화 구성의 방법을 습득하여 실제로 담화를 바르게 생성하는 훈련을 꾸준하게 해야 할 것이다.

　아래 (2)의 글을 살펴본다.

> (2) 사람의 모습은 타고 나지만, 그 사람의 향기는 후천적으로 만들어진다. 꽃의 향기는 감각으로 느끼고, 사람의 향기는 마음으로 느낀다. 꽃의 향기는 시간적인 제약이 있으나, 사람의 향기는 시간이 갈수록 더해진다. 소월과 동주가 우리 곁을 떠난 지 오래지만, 그들의 시적 향기는 아직도 우리를 감싸고 있다. 아니, 영원히 우리 겨레와 함께할 것이다.
> — 김태엽, '허수아비'에서

---

4) 정연찬(2002 : 13)에서는 담화와 텍스트의 차이를 다음과 같이 기술하고 있다. 첫째, 문자화된 것을 주로 텍스트, 소리로 발화된 것을 담화라 한다. 둘째, 상대적으로 길이가 짧은 것을 텍스트, 긴 것을 담화로 본다. 셋째, 담화로 실현되는 추상적 이론적 구조를 텍스트라 부르기도 한다.

문장은 문법이라는 단순 체계 안에서 정의되는 단위이고, 담화는 복합 체계나 그 체계들의 상관관계 속에서 정의되는 단위이다.5) 따라서 (2)는 다섯 개의 문장으로 이루어진 복합 체계를 가지고 있으며, 하나의 일관된 주제를 드러내고 있는 점에서 담화라 할 수 있다. 문장의 의미가 그 문장을 이루는 낱말들의 의미 총합만이 아니듯이, 담화가 지니는 의미는 그 담화를 구성하는 문장들 각각의 의미를 합한 것만 아니라, 그 이상으로 의사소통과 관련된 의미이다.

따라서 담화와 문장은 다음과 같이 구별된다.

첫째, 담화는 의사소통의 단위이고 문장은 문법의 단위이다.6)

둘째, 담화는 동적인 과정이고 문장은 정적인 과정이다.

셋째, 담화는 복합체계이고 문장은 단순 체계이다.

넷째, 담화는 문장들의 응집성을 중시하고 문장은 통사규칙을 중시한다.

2. 담화의 기능과 유형

담화의 기능은 담화 생산자의 의도가 수용자를 향해 표현하는 의사소통의 방식을 규정하는데, 이러한 의사소통의 방식은 담화의 유형을 분류하는 기준이 되기도 한다.7) 따라서 담화의 기능은 그 담화를 받아들이는 수용자가 인식해야 할 담화 생산자의 의도이다.

❶ 제보기능

담화 생산자가 수용자에게 그 무엇에 관한 새로운 지식이나 정보를 알려주기 위한 기능을 말하는데, 이것에는 강의, 제보문, 뉴스, 보고문, 안내

---

5) 김태옥·이현호(1995)와 권재일(1998)을 참조.
6) 권재일(1998 : 469).
7) 권재일(1998)과 임지룡 외(2005)를 참조.

문 등이 있다.

❷ 호소기능

담화 생산자가 수용자로 하여금 어떤 사실에 대해 마음을 움직이게 하거나 어떤 관점을 받아들이게 하거나 또는 어떤 행위를 수행하도록 설득하는 기능을 말하는데, 이것에는 광고문, 연설문, 선전문, 설교문 등이 있다.

❸ 의무기능

담화 생산자가 수용자로 하여금 일정한 행위를 수행할 의무를 지게 하려고 이해시키는 기능을 말하는데, 이것에는 계약서, 합의서, 보증서, 서약서, 맹세문, 선서 등이 있다.

❹ 접촉기능

담화 생산자가 수용자와의 개인적인 친교관계를 형성해 가는 기능을 말하는데, 이것에는 감사문, 사과문, 축하문, 조의문, 편지 등이 있다.

❺ 선언기능

담화의 생산자가 수용자에게 새로운 사실을 확정지어 이해시키는 기능을 말하는데, 이것에는 판결문, 선전포고문, 임명장, 유언장 등이 있다.

한편 담화의 유형은 구어적 / 문어적, 자발적 / 비자발적, 독화적 / 대화적 등으로 크게 구별되는데, 이를테면 연설이나 설교, 전화는 구어적이고 편지나 일기는 문어적이다.

3. 담화의 구성요소

담화는 화자, 청자, 전달내용, 장면 등의 구성요소에 의해 생산된다. 화자는 담화를 만드는 생산자이며 청자는 화자에 의해 생산된 담화의 표현을 통해 그 내용을 받아들이는 수용자이다. 그리고 담화의 생산자에 의해 표현된 담화에 담거서 수용자에게 전달되는 지식이나 정보의 내용이 있어야 하며, 담화가 표현될 때의 시간적, 공간적인 상황, 즉 장면은 전체 담화의 흐름이나 의미 해석에 관여하는 중요한 요소이다.

인용한 글에서 담화의 구성요소들을 찾아보자.

> "그것은…, 그것은……."
> 창섭은 더듬거리었다.
> "화라가 그래요. 암만해도 오빠의 태도가 수상하다고."
> 이렇게 말끝을 맺고 영숙은 제 오빠를 물끄러미 쳐다본다.
> "누이"
> 문득 창섭은 소리를 떨었다.
> "네, 왜 그러셔요?"
> 영숙은 심상치 않은 부르짖음에 깜짝 놀래었다.
> "누이…… 누이……. 내 태도가 수상하다고?"
> 호동그랗게 뜬 영숙의 눈에 제 오빠의 뺨을 스치는 눈물이 비치었다.
> ─ 현진건, '지새는 안개'에서[8]

이것은 현진건의 소설 '지새는 안개'에 나오는 담화의 한 부분이다. 여기에서 화자와 청자가 누구인지 잘 드러나 있고, 등장하는 사람들의 대화를 통해 전달되는 내용도 파악할 수 있으며, 그리고 담화의 흐름에 따른 장면도 헤아릴 수 있다.

4. 담화성

담화성(텍스트성)이란 여러 개의 문장이나 발화가 모여 담화를 이루는지

---

8) 이강언 외(2004), 현진건 문학전집, 국학자료원.

이루지 않는지 그 여부를 판정하는 기준을 말하는데, 이러한 기준이 모두 충족되면 담화로 인정을 받는다.9) 어떤 언어의 발화체가 담화로 인정을 받는 데에는 아래와 같은 까다로운 몇 가지 조건이 있는데, 이 조건에 의해서 그 분량이나 적용 영역에 구애받지 않고 담화의 실체를 알 수 있게 된다(김광해 외, 1999 : 299).

✔ 응집성

응집성(coherence)은 담화의 구성요소들이 하나의 연쇄체로 서로 연관되는 방식을 말하는데, 담화의 구성체가 서로 유기적으로 조직되어 수용 가능하고 적합성을 가짐으로써 의미적 일관성을 가져야 한다.

> (1) 인터넷 통신의 발달로 청소년들은 통신상에서뿐만 아니라 일상생활에서도 인터넷 통신언어를 많이 사용하고 있다. 이러한 통신언어의 사용은 규범적 언어로부터 크게 벗어나 있다는 점에서 비판의 대상이 되고 있으며, 특히 국어 교육적 측면에서 심각한 문제가 제기되기도 한다. 그러나 청소년들이 사용하는 신조어들은 풍부한 국어의 어휘를 제공하고 있으며, 일부 문법범주의 기능 변이는 오히려 표현의 다양성을 확장하는 모습을 보여 주기도 한다.
> — 박호관, '청소년들의 신조어 생성과 형태의 기능 변이'에서

(1)은 세 개의 문장으로 이루어져 있는데, '청소년들이 사용하는 인터넷 통신언어의 신조어가 부정적인 점만 있는 것이 아니다.'는 명제의 의미적 일관성을 유지하고 있는 담화이다. 따라서 (1)은 응집성의 기준을 충족시키고 있다.

---

9) 권재일(1998 : 477).

✔ 결속성

결속성(cohesion)은 담화의 구성요소들이 서로 긴밀하게 관련된 구성 방식을 말하는데, 실제로 문장과 문장의 관계에서 지시, 생략, 반복, 접속, 대용 등이 결속구조에 관여한다.

> (2) ① 영수는 국어를 잘한다. 영수는 수학은 못한다.
> ② 영수는 국어를 잘한다. 그러나 수학은 못한다.
> ③ 영수는 국어는 잘하지만, 수학은 못한다.

(2)에서 ①의 두 문장은 서로 결속된 구조로 보기 어렵다. 하지만 ②와 ③은 앞뒤의 두 명제가 잘 결속되어 있다. 즉 ②의 앞 문장과 뒤 문장은 '그러나'에 의해 접속되어 있으며, 앞뒤 문장의 주어가 동일하기 때문에 뒤 문장의 주어가 생략되었다. 그리고 ③은 선행절과 후행절이 접속어미 '-지만'에 의해 연결됨으로써 선·후절이 잘 결속되었다. 따라서 ①의 두 개 문장은 결속성이 없는데 반해, ②와 ③은 접속과 생략에 의해 잘 결속된 담화라 할 수 있다.

✔ 의도성

의도성(intentionality)은 담화 생산자가 뜻하는 바의 목적이나 의도를 반영하는 방식을 말하는데, 아래 (3)의 '산유화'에서 '산'의 입체적인 시각성이 잘 드러난다.

> (3) 山에
> 山에
> 피는 꽃은
> 저만치 혼자서 피어 있네.
>
> ― 김소월의 '산유화'에서

✔ 용인성

용인성(acceptability)은 담화 수용자인 청자나 독자가 받아들일 수 있는 태도의 방식을 말하는데, 이 용인성을 결정하는 것에는 담화의 유형이나 사회문화적인 배경 또는 목표 성취에 대한 의욕 등의 요소들이 관여한다. 아래의 (4)는 인터넷에 사용된 통신언어로 담화 수용자에 대한 용인성이 잘 반영되어 있다.

(4) 완전 학교 놀러 오네 헤헤
    움훼훼 지각을 안해서 다행이다
    난리가 났네 ㅠ 에헤라 듸야
    에고고 드디어 축제가 끝났다.

　　　　　　　　　　　　　　　　　　　— 대구 / 인문 / 여 / 모둠[10]

✔ 정보성

정보성(informativity)은 담화 생산자가 제시하는 정보가 수용자에게 새롭고 확실하고 예측이 가능함을 말하는데, 담화의 정보가 지나치게 낮으면 수용자가 지루하게 되고 지나치게 높으면 이해하기 어렵게 된다. 담화의 생산자가 아래 (5)의 ①과 ②를 발화하였을 때, 담화의 수용자는 ①과 ②를 통해 ③을 예측하게 되는 정보성을 파악한다.

(5) ① 날씨가 후덥지근하게 덥다.
    ② 그리고 갑자기 하늘에 먹구름이 낀다.
    ③ 곧 소나기가 내리겠다.

---

10) 박호관(2005 : 79)에서 옮김.

✔ 상황성

상황성(situationality)은 담화의 전개가 담화의 상황에 맞고 의사소통에 적합함을 말한다. 이를테면 아래 (6)의 ①에서 '조용히'라는 표지가 붙어 있는 경우, 교수들에게 조용하게 연구하라는 것이 아니고 학생들에게 이 복도를 지나다닐 때 교수의 연구에 방해가 되지 않도록 조용하라는 뜻이다. 그리고 ②에서 '천천히'라는 표지가 붙어 있는 경우, 초등학생들이 천천히 다니라는 뜻이 아니고 운전자가 자동차를 천천히 운전하라는 뜻이다. ①은 교수가 연구하는 공간 앞이라는 상황성을 고려한 담화이고, ②는 초등학생들이 많이 다니는 도로임을 나타내는 상황성을 고려한 담화이다.

(6) ① 대학의 교수 연구실 앞 : '조용히'
② 초등학교 앞 도로에 : '천천히'

✔ 상호담화성

상호담화성(intertextuality)은 사전에 경험한 담화에 의존하는 담화의 사용을 말하는데, 아래 (7)의 ①은 ②에 의존한 담화라 할 수 있고, (8)의 ①은 ②에 의존한 담화라 할 수 있다. 따라서 아래 (7)의 ①과 (8)의 ①은 상호담화성을 가진다.

(7) ① 한국 청년에게 고함.
② 독일 청년에게 고함.
(8) ① 갈까 말까 그것이 문제로다.
② to be or not to be that is question.

5. 담화의 표현

담화 생산자가 담화를 효과적으로 표현하기 위한 방법에는 지시 표현, 높임 / 낮춤 표현, 생략 표현, 심리 표현 등이 있다.

(1) 지시 표현

담화에서 앞뒤 관계의 긴밀성을 유지하기 위해 가리킴의 기능을 나타내는 표현을 지시 표현이라 한다.

    (1) 영수 : ① 오늘 신문 <u>거기</u> 있니?
           철수 : ① 아니, <u>여기</u> 없어.
           영수 : ② 그럼 <u>저기</u> 있니?
           철수 : ② 그래 <u>저기</u> 있어.

영수와 철수의 주고받는 담화 (1)에는 가리킴의 기능을 나타내는 지시 표현으로 '거기', '여기', '저기' 등이 사용되었다. 이들 대명사가 가리키는 구체적인 장소가 위의 (1)에서는 나타나지 않지만, 영수와 철수는 그 장소가 어디인지에 대해 잘 알고 있다. 따라서 지시 표현이 가리키는 내용이 바르게 전달되려면 담화의 생산자와 수용자가 그 내용에 대한 정보를 공유하고 있어야 한다. 그리고 지시 표현은 화자의 관점에 따라 다르게 실현되는데, (1)에서 영수와 철수가 발화한 각각 ①의 문장에 사용된 '거기'와 '여기'는 동일한 장소에 대해 다르게 나타낸 지시 표현이다. 지시어 '이'는 화자의 가까운 거리를 나타내고, '그'는 청자의 가까운 거리를 나타내며, '저'는 화자와 청자의 같은 거리를 나타낸다. 따라서 동일한 장소를 나타내더라도 화자와 청자의 위치에 따라 다른 지시어를 선택하게 된다.

담화에 사용되는 지시 표현의 종류는 아래 (2)와 같은 것들이 있는데,[11] 이들 지시 표현의 형성에는 '이', '그', '저'가 모두 관여하고 있다.

    (2) 지시 표현의 종류
       ① 지시 대명사 : 이것, 그것, 저것, 여기, 거기, 저기
       ② 지시 관형사 : 이, 그, 저
       ③ 지시 부사 : 이렇게, 그렇게, 저렇게
       ④ 지시 형용사 : 이렇다, 그렇다, 저렇다

(2) 높임 / 낮춤 표현

국어는 언어 예절을 중시하는 언어이기 때문에, 담화가 원만하게 진행되려면 언어 예절이 잘 지켜져야 한다. 국어의 일반적인 언어 예절은 타인은 높여서 표현하고 자신은 낮추어 표현한다. 앞의 5장 6절 '(4) 대우법'에서 살펴본 대로 아래 (3)과 같이 문장의 주체, 객체, 청자가 높임의 대상일 경우에는 ①, ②, ③과 같이 적절한 높임 표현을 실현하고, 화자 자신에 대해서는 ④, ⑤와 같이 적절하게 낮춤의 표현을 실현한다.

    (3) ① 어머니께서 어제 오셨다. (주체높임)
       ② 아저씨를 뵙고 오너라. (객체높임)
       ③ 연말까지 옥고(玉敲)를 보내주십시오. (청자높임)
       ④ 제가 가겠사옵니다. (화자낮춤)
       ⑤ 졸고(拙敲)를 곧 보내겠습니다. (화자낮춤)

국어에는 화자가 타인을 높여서 대우하는 어휘와 자신을 낮추어 대우하는 어휘가 따로 존재한다. (3)의 ③에 선택된 '옥고'는 타인대우어이고 ⑤에 선택된 '졸고'는 자기대우어이다.

---

11) 임지룡 외(2005).

(3) 생략 표현

화자와 청자가 만들어가는 담화에서 서로에게 전달하고자 하는 언어 내용이 반복되는 부분은 생략함으로써 정보 전달의 효과를 높인다.

(4) ① 영수 : 점심 먹었니?
  ② 철수 : 응.
  ③ 영수 : 뭘 먹었니?
  ④ 철수 : 김밥.
  ⑤ 영수는 자전거를 영희는 택시를 타고 간다.

(4)의 ①과 ③에는 주어가 생략되었고, ②에서는 주어, 목적어, 서술어가 생략되었으며, ④에서는 주어와 서술어가 생략되었다. 그리고 ⑤에서는 선행절의 서술어가 생략되었다. 이렇게 각 문장에서 여러 문장 성분이 생략되었음에도 불구하고 영수와 철수 사이의 의사소통에는 아무 문제가 없을 뿐 아니라, 생략 표현에 의해 상대에게 전달되는 정보가 더욱 분명하게 드러난다.

(4) 심리 표현

담화의 생산자가 언어 내용을 표현할 때, 생산자의 어떤 심리적 태도를 담아서 표현할 수도 있고 그렇지 않을 수도 있다.

(5) 영수 : ① 비가 많이 왔어?
  철수 : ② 아니.
  민수 : ③ 바람이 많이 불었지?
  철수 : ④ 그래.

(5)의 ①과 ③은 모두 의문문이지만, 담화 생산자인 화자의 심리적 태도에는 서로 차이가 있다. 즉 ①은 영수가 아무런 선입견 없이 비가 왔는지의 여부를 철수에게 묻는 의문문이지만, ③은 민수가 바람이 많이 분 사실을 이미 알고 있으면서 철수에게 확인하기 위해 묻는 의문문이다. 따라서 의문어미 '-어'가 결합한 문장 ①은 단순한 판정 의문문이지만, '-지'가 결합한 ③은 화자의 심리적 태도가 반영된 확인 의문문이다.

그리고 아래 (6)의 여러 문장은 화자의 심리적 태도가 반영되어 있는 양태적 표현이 잘 나타난다.

(6) ① 영수가 마루에서 책을 <u>읽어</u>.
　　② 영수가 마루에서 책을 <u>읽지</u>.
　　③ 영수가 마루에서 책을 <u>읽네</u>.
　　④ 영수가 마루에서 책을 <u>읽는데</u>.
　　⑤ 영수가 마루에서 책을 <u>읽겠어</u>.
　　⑥ 영수가 마루에서 책을 <u>읽는 모양이야</u>.
　　⑦ 영수가 마루에서 책을 <u>읽는 것 같아</u>.
　　⑧ 영수가 마루에서 책을 <u>읽을 거야</u>.

(6)에서 밑줄 친 ①은 단정, ②는 확인, ③은 감탄, ④는 사실의 전달, ⑤~⑧은 사실의 추정 등을 나타내는 문장인데, 이들 문장에는 화자의 여러 심리적 태도가 반영되어 있다.

6. 담화의 구조

여러 개의 문장이나 발화가 모여서 담화를 이룬다. 그렇다고 하여 둘 이상의 문장 연쇄체나 발화 연쇄체이기만 하면 모두 온전한 담화를 이루는 것이 아니고, 내용적으로 하나의 주제로 통일되어야 하고 형식적으로 잘 결속되어야 한다.

(1) 담화의 내용구조

문장의 연쇄체나 발화의 연쇄체가 내용적으로 하나의 담화가 되기 위해서는 통일된 주제성을 가지고 있어야 한다. 그렇지 않으면 아무리 긴 발화의 연쇄체라 하더라도 하나의 담화가 될 수 없다. 다시 말하면 담화의 내용구조는 담화 생산자가가 전달하고자 하는 중심 내용이 일관성 있게 전개되어야 한다.

> (1) 말은 사람과 사람의 뜻을 통하는 것이다. 한 말을 쓰는 사람과 사람끼리는 그 뜻을 통하여 서로 도와줌으로써 그 사람들이 절로 한 덩이가 되고 그 덩이가 점점 늘어 큰 덩이를 이루나니 사람의 제일 큰 덩이는 나라이다. 그러하므로 말이 오르면 나라도 오르고 말이 내리면 나라도 내리나니라.
>
> —주시경 선생의 말씀

(1)은 말과 나라의 함수관계를 나타낸 담화이다. 이것은 불과 3개의 문장으로 이루어져 있으나, 담화의 중심 내용이 분명하고 논리적으로 전개되고 있어서 담화의 내용구조가 잘 갖추어진 담화이다.

> (2) 언어의 기능은 인간의 의사전달의 기본적인 수단이라는 점에 있다. 언어를 통하여 사회구성원들은 서로 작용하고 협동하게 되고, 이러한 동시적이면서도 계기적인 협동을 통하여 인류의 문화가 발전한다. 이러한 언어를 통하여 그 언어를 사용하는 사회구성원들의 사고방식과 사물을 파악하는 방법이 형성된다. 한국인들은 태어나 한국어를 배움으로써 이러한 문화적 전통을 습득하고 문화적 동질감을 가지게 되며,

더 나아가서 민족적 유대감을 형성한다. 한국인은 한국어를 통하여 어려서 습득한 문화적 전통을 바탕으로 하여 다시 새로운 문화를 창조해 나가는 것이다. 이것이 바로 언어의 기능이다.

— 권재일, '한국어 통사론'에서

(2)는 언어의 기능에 대해 기술하고 있다. 담화 생산자는 (2)를 통해 언어의 기능이 무엇이라는 중심 내용을 일관되게 전개하고 있으며, 언어의 기본적인 기능에서부터 포괄적인 기능에 이르기까지 그 내용을 통일되게 드러내고 있다. 따라서 (2)는 담화의 내용구조가 잘 갖추어진 담화라 할 수 있다.

(2) 담화의 형식구조

담화의 형식구조는 문장의 연쇄체나 발화의 연쇄체가 표면적으로 밀접하게 연결되는 담화구조를 말한다. 여러 개의 문장이나 발화가 이어져 있다고 하더라도, 그것들이 형식적으로 서로 밀접하게 연결되어 있지 않으면 하나의 담화를 이룰 수 없다. 담화의 이러한 형식구조는 그 담화의 내용구조를 형성하는 데도 크게 영향을 미친다.

(1) 날씨가 추워서 모두들 웅크릴 분위기다. 철수는 오늘 팔공산에 올랐다. 바람이 세차게 불어온다. 서쪽 하늘에서 먹구름이 몰려온다. 눈이 올 것만 같다. 철수는 산에서 그만 내려왔다.
(2) 날씨가 추워서 모두들 웅크릴 분위기다. 하지만 철수는 팔공산에 올랐다. 그곳에는 바람이 세차게 불어온다. 그리고 서쪽 하늘에서 먹구름이 몰려온다. 눈이 올 것 같아서 그는 산에서 그만 내려왔다.

(1)은 담화의 형식구조가 제대로 갖추어져 있지 않으며, 담화의 중심 내용이 일관성 있게 전개되지 못했다. 그러나 (2)에서는 밑줄 친 '하지만',

‘그리고’, ‘—어서’ 등의 접속어와 대용어 ‘그곳’과 ‘그’를 사용함으로써 담화의 형식구조가 한층 결속되어 있다. (2)에서 밑줄 친 말들은 모두 발화와 발화를 결속시켜 주는 기능을 가진다. 이러한 연결어는 담화의 형식구조를 결속시켜 주는데, 국어의 연결어 종류는 아래 (3)과 같다.[12]

> (3) 연결어의 종류
>   ① 반복 표현 : 단순 반복, 함축적 반복
>   ② 생략 표현 : 반복되는 요소의 생략
>   ③ 대용 표현 : 지시대명사, 지시용언, 일부의 의존명사(것, 데……)
>   ④ 접속 표현 : 그리고, 왜냐하면, 따라서, 요컨대 등
>   ⑤ 기타 : 보조사(는, 도, 만……), 부사어(이미, 더욱이, 가령……),
>   연결어미(으나, 으면……), 일부의 구절과 문장

✔ 반복 표현

담화에서 반복은 발화와 발화를 이어주는 비교적 간단한 표현 방법이다. 이 반복 표현에는 단순 반복과 함축적 반복이 있는데, 전자는 담화에서 동일한 언어 형식을 반복하여 나타내는 방법이고 후자는 한 언어 형식과 의미적으로 관련된 다른 언어 형식을 사용함으로써 단조로움을 피하면서 반복을 꾀하는 방법이다.

> (1) ① 영수 : 영희는 어디 갔니?
>   ② 철수 : 영희는 집에 갔어.
>   ③ 영수 : 영희가 왜 벌써 집에 갔어?

(1)에서 영수와 철수가 주고받는 담화에는 ‘영희’와 ‘가다’가 세 번 반복되고 ‘집’이 두 번 반복되었는데, 이러한 반복 표현은 앞뒤의 발화를 이

---

12) 임지룡 외(2005 : 376~384)에 기댐.

어주는 기능을 한다.

> (2) <u>아가씨</u>가 오늘은 웬일로 아는 체를 했다. 평소와는 전혀 딴판인 <u>아가</u>
> <u>씨</u>였다. 어쨌든 돈 많고 전문학교 나왔으면 귀부인 흉내는 못 내도 <u>새</u>
> <u>침데기</u> 흉내야 왜 못 내겠습니까?
>
> —박경리, '토지'에서

(2)에서 밑줄 친 '아가씨'와 '새침데기'는 그 언어 형식이 다른 낱말이다. 하지만 첫째 문장과 둘째 문장의 '아가씨'는 단순한 반복 표현에 해당하고, 셋째 문장의 '새침데기'는 첫째 문장과 둘째 문장의 '아가씨'에 대한 의미적 관련을 가진 낱말로 함축적 표현의 반복에 해당한다. 이러한 반복 표현이 담화의 형식구조를 더욱 결속시킨다.

✔ 생략 표현

담화를 구성하는 과정에 발화의 연쇄가 계속되는데, 뒤에 이어지는 발화에서 앞 발화의 반복되는 부분을 생략함으로써 오히려 결속되는 효과를 높이는 경우가 있다.

> (3) 밤이 될수록 눈은 자꾸 더 퍼붓는다. 저녁부터 시작한 눈이다. 인제 아무데로 보아도 검은 점이라곤 없다. 뜰이 점점 부풀어 오른다. <u>수이 툇</u>
> <u>마루 높이까지는 쌓이겠다.</u>
>
> —김동리, '산제'에서

위의 (3)은 소설의 앞부분을 옮긴 것인데, 이 담화에서 밑줄 친 다섯 번째의 문장에는 주어가 보이지 않지만, 정상적인 문장으로 받아들여진다. 네 번째 문장의 주어는 '눈이'가 아니며, 첫째 문장에 선택된 주어 '눈은'이 다섯 번째 문장의 생략된 주어이다. 이와 같이 문장의 한 성분이 생략됨으로써 앞의 문장과 결속성을 더 높여주는 효과를 갖는다.

✔ 대용 표현

대용은 담화에서 문장과 문장 또는 발화와 발화를 이어주는 방법의 하나로, 지시대명사와 지시용언으로 앞 발화의 어느 언어 형식을 대용하거나 의존명사로 물건이나 장소를 대용한다. 이러한 대용 표현에 의해 담화의 형식구조가 더욱 긴밀하게 결속된다.

> (4) 상춘은 상춘으로 그 얼골이 동그스럼한 여학생과 눈을 맞추며 기뻐하고 있었다. 시선이 맞질리기가 벌써 네 번이나 된다. 음악회는 그럭저럭 끝나고 말았다. 상춘은 네 번이나 눈이 마주친 <u>그이</u>를 기다리면서, 학수는 혹 <u>제</u> 동무들과 섭슬리어 나올는지 모르는 <u>제</u> 눈 감기던 <u>그이</u>를 기다리면서, 두 청년은 청년회관 문 앞에 서 있다.
>
> —현진건, '까막잡기'에서

(4)에서 밑줄 친 '그이'와 '제'는 그 앞에 나오는 사람을 가리키는 대용어인데, 첫 번째의 '그이'는 상춘이 기다리는 여학생을 가리키는 대용 표현이고 두 번째의 '그이'는 학수가 기다리는 여학생을 가리키는 대용 표현이다. 그리고 첫 번째의 '제'는 학수가 기다리는 여학생을 가리키는 대용 표현이고 두 번째의 '제'는 학수를 가리키는 대용 표현이다.

> (5) 영수 : ① 도서관에 가자.
> 철수 : ② <u>거긴</u> 왜?
> 영수 : ③ 순희는 도서관에서 열심히 공부하고 있어.
> 철수 : ④ <u>그렇게</u> 하면 뭘 해? 취직할 <u>데</u>가 있어야지.

(5)의 밑줄 친 부분은 모두 대용 표현이다. ②의 지시대명사 '거기'는

①의 '도서관'을 가리키고, ④의 지시용언 '그렇게'는 ③의 '열심히 공부하다'를 가리키며, ④의 의존명사 '데'는 취직할 '곳'을 가리키는 대용 표현이다.

✔ 접속 표현

접속은 담화에서 앞뒤의 문장이나 발화를 이어주는 기능을 수행한다.

> (6) ① 영수가 왔다. <u>그리고</u> 철수도 왔다.
> ② 나는 거기 가지 않을 거야. <u>왜냐하면</u> 아직 과제를 다 하지 못했어.

(6)의 밑줄 친 '그리고'와 '왜냐하면'은 앞뒤의 문장을 이어주는 접속 표현인데, 이러한 표현에 의해 담화의 형식구조가 긴밀하게 결속된다.

✔ 그 밖의 표현

담화에서 앞뒤의 발화를 이어줌으로써 담화의 형식구조를 결속시키는 표현에는 또 일부의 보조사, 부사어, 연결어미 등이 있다.

> (7) 영수 : ① 철수야, 너<u>도</u> 오너라.
> 철수 : ② 비가 오<u>니</u> 날씨가 춥다.
> 민수 : ③ 요사이 취직시험이 어렵단다. <u>설령</u> 떨어지더라도 난 시도해 볼 작정이야.

(7)에서 밑줄 친 ①의 보조사 '도'는 그 자매항과 이어주고, ②의 연결어미 '-으니'는 선행절과 후행절을 이어주며, ③의 부사어 '설령'은 앞뒤의 문장을 이어주면서 뒤 문장을 수식한다.

(3) 담화의 생성과 해석[13]

✔ 담화의 생성

담화의 생성은 화자가 담화를 만드는 과정이고, 담화의 해석은 생성된 담화를 이해하는 수용의 과정이다.

화자의 머리에 개념이 시작되거나 쓰기 과제를 부여하는 것으로부터 최종적인 담화가 완성될 때까지 그 사이에 어떤 일이 일어나는지를 알아내기 위해 상당히 많은 노력이 필요하다. 쓰기에 관련되는 과정은 여러 가지 모델을 통하여 제시되고 있는데, 잘 알려진 모델 중에 Flower & Hayes에 의해 개발된 것이 있다. 이들은 실험 대상자들로 하여금 쓰기 과제를 하는 동안에 자신들의 생각을 큰 소리로 말하도록 하고, 이렇게 말에 의해 표현된 생각의 전사본을 분석한 다음, 다음과 같은 모델을 만들었다.

(1) 과제 환경 ·················· 쓰기과제 / 그때까지의 담화
         ↕
(2) 쓰기 과정 ·················· 계획 / 문장의 생성 / 수정
         ↕
(3) 필자 / 화자 지식 ········· 청자모델 / 문장생성 / 화제 지식 / 담화규범

위의 모델은 크게 3부분으로 구성되어 있다. 첫째, 쓰기 과정에 영향을 끼치는 필자 / 화자의 외적인 요소들을 포함하는 과제 환경이 있다. 담화의 목적과 장르도 쓰기 과제에 속한다. 일단 쓰기 과정이 시작되면 그때까지 이미 표현된 모든 담화는 쓰기 환경이 된다. 새로운 요소들은 이미 종이 위에 있는 것, 즉 기존의 담화와 서로 조화를 이루어야 한다. 둘째

---

13) 이원표 옮김(1997)과 백설자 옮김(2001)에 기댐.

부분은 쓰기 과정 그 자체로서, 세 가지 성분으로 이루어진다. 우선 계획 과정에서 정보의 선택 및 제시 순서가 결정된다. 정보의 명료한 표현은 문장 생성 단계에서 다루어진다. 그리고 최종적으로 그 담화가 평가되고, 필요하면 수정 단계에서 손질이 이루어진다. 이 단계에서 정보를 명료하게 표현하다보면 역시 담화 안에 포함되어야 할 새로운 개념들이 떠오르기도 한다. 마지막 부분은 필자의 지식이다. 특정한 청자 / 독자를 목표로 하는 쓰기 과제를 수행하기 위해서는 담화의 규범에 대한 지식도 필요하다. 이 밖에 문법 지식과 쓰기를 위한 계획도 요구된다. 하지만 이런 지식은 필자 / 화자마다 아주 다를 수 있다.

그리고 화자가 담화 생성과 결부시킬 수 있는 잠재적 의도를 생각해 보면, 다음과 같은 기능 영역이 사회에서 가능한 목표로 설정될 수 있다.

- 정보 전달에 쓰이는 담화
- 학습에 쓰이는 담화
- 행위의 지침으로 사용되는 담화
- 문학적 심미성을 생성하는 데 쓰이는 담화
- 설득하기 위해 쓰이는 담화

담화의 생성 과정을 설명하기 위해 위의 다섯 가지를 도출할 수 있는 근본적인 특성은 다음과 같다.

첫째, 담화의 생성은 사회적 목적에 쓰이며, 따라서 복합적인 활동 맥락에 통합되는 일이 매우 빈번한 언어활동이다. 둘째, 담화의 생성은 구체적 행위전략의 전개나 목적을 달성하기 위한 적절한 수단의 선택을 포함하는 의식적이고 창조적인 활동이다. 셋째, 담화의 생성은 언제나 상호작용성을 띠고 있고, 또 파트너와 관련된 활동이며 그리고 담화 생성자의 언어활동과 여러 방식으로 연관되어 있는 의사소통 참여자와의 관련 속에서 일어난다.

✔ 담화의 해석

담화 생성자에 의해 만들어진 담화를 어떻게 이해하는가에 대한 것이 곧 담화의 해석이다. 담화의 해석 과정도 겉보기에는 자동적으로 진행된다. 하지만 담화가 이해되지 않거나 또는 의도한 의미로 이해되지 않을 경우에는 의사소통 참여자들이 의식적으로 주의를 집중해야 한다.

담화의 생성 과정과는 달리 해석 과정은 오래 전부터 언어학과 심리학에서 관심의 중심을 이루었다. 담화의 해석에 대한 방법론적 입장 두 가지를 살펴본다.

① 담화 해석(이해/수용) 과정은 담화 생성 과정을 거울에 비춘 것, 즉 단순히 도치시켜 놓은 것이 아니다. 담화의 해석이나 이해는 복합적이고 구성적인 활동으로서 수용자는 보통 한 담화의 모호한 정보 자료의 구조를 사전 지식이나 정보로 채움으로써 감각기관으로 파악한 자료를 처리하는 단계를 넘어서게 된다. 사전 지식이나 정보는 이미 자신의 기억에 저장해 두었거나 또는 담화를 이해하기 전에 일어나는 인지적 평가로 획득되는 것이다.

② 그렇기 때문에 담화의 이해 과정은 해석과 관련하여 수정 가능성을 염두에 두고 있는 잠정적인 어떤 결정이다. 그리고 담화의 이해는 해석된 결과를 변화시킬 수도 있고 심지어는 수정할 수도 있는 국지적 해석 단계와 총괄적인 해석 단계가 서로 맞물리는 '잠정적으로 확실한 해석'인 것이다. 담화의 이해는 원칙적으로 '담화에 의거한 과정' 또는 '지식에 의거한 과정'이라고 말할 수 있다. 즉 담화에 나타나 있는 정보가 해석자의 사전 지식에 이미 들어 있는 지식과 통합되는 과정이라고 이해해야 한다.

한편 Van Dijk & Kintsch(1983)는 담화의 수용 전략을 아래와 같이 제시하였다.

① 담화의 해석자는 담화의 생산자가 담화에 전달 가능한 것으로 만들어 놓은 사태의 정신적 표상을 구성해 낸다. 다시 말하여 담화의 해석자

는 여러 전략을 이용하여 담화에서 수용한 정보에 질서를 부여하고 이 정보를 자신이 이미 가지고 있는 지식으로 보충한다.

② 담화의 해석자는 사태라는 것을 언제나 일정한 유형의 사태로 이해한다. 이것은 곧 질서를 부여하는 것인데, 사태의 부류, 의사소통의 상황, 상호 작용 등과의 관련성을 파악한다.

③ 담화의 정신적 표상을 구성할 때 해석자는 담화가 끝나기까지 기다리지 않고 발화 구조의 첫 낱말에서부터 이 작업을 시작하며 그러는 가운데 발생하는 해석의 결과를 단계적으로 수정한다.

④ 담화의 정신적 표상을 구성할 때 담화의 해석자는 자신의 마음 자세, 가치관, 확신, 의견 등을 출발점으로 삼아서 정보의 질서에 중요한 어떤 평가를 한다.

⑤ 담화의 정신적 표상을 구성할 때 담화의 해석자는 그 담화가 사회적 맥락에서 드러나는 기능을 고려한다.

⑥ 담화의 해석자는 더 나아가서 담화의 발화 수반 행위의 기능을 고려한다. 즉 담화의 해석자는 화자의 의도를 상황 맥락과 상호작용 맥락에 비추어 재구성한다.

⑦ 담화의 해석자는 목적, 동기, 규범을 가지고 있는 담화가 사회적 상호작용에 통합되어 있음을 고려한다.

⑧ 담화를 해석할 때 수용자는 담화의 의미를 구성하기 위해 자연 환경 및 사회 환경과의 관련을 생각하고 개인적 경험을 토대로 축적한 이론 및 가설 등을 끌어들인다.

또한 담화의 전체 의미구조를 구성해 주는 중심 단위가 어떤 것인가 하는 질문에 대한 대답은 여러 가지가 있다. 즉 어떤 이는 담화의 구조는 명제로 구성된다고 하고, 또 다른 이는 인지 도식이 담화의 중심 단위를 이룬다고 한다. 여기서 명제란 기초적 사태를 그대로 담아내 주는 개념적 구조를 뜻하며, 이 명제는 반드시 술어-논항 구조로 기술된다.

그러면 아래의 두 담화를 해석해 보기로 한다.

> ① 비가 왔다. 길이 젖어 있다.
> ② 한 여자가 자동차로 나무를 들이받았다. 그녀는 자기 고양이에게
>   물렸던 것이다.

위의 ①에서 담화의 해석자가 기초 사태를 나타내 주는 두 발화를 서로 관련지을 수 있는 것은, 자신이 이 두 사태가 서로 관련성이 있다는 것을 이미 알고 있고, 또 이 두 사태 사이에 어떤 연결 관계가 있음을 알고 있다. 따라서 담화의 해석자는 두 명제를 명제의 인지도식에 대응시켜서 '그러므로', '왜냐하면'과 같은 접속부사로 묶을 수 있게 된다. 그래서 담화의 해석자는 두 명제가 원인-결과의 관계를 가진 사실을 알게 되는 것이다. 하지만 위의 ②에서 두 명제의 관련성을 조성하기 위해 담화의 해석자는 담화에 명시적으로 표현되지 않은 다른 지식이 더 필요하다. 이런 경우 해석자의 부족한 지식은 인지적 조작에 의해 추론될 수도 있고, 복합적 사태나 사건의 진행 등에 대해 지니고 있는 지식의 표상에 의해서도 추론될 수도 있다. ②의 두 명제를 명제의 인지도식에 대응시키는 데 전제가 되는 어떤 연관성을 밝혀주는 것은 이 담화의 그 다음 부분이다. 즉 사고를 낸 여자가 언제나 고양이를 차에 태우고 다녔으며, 이 고양이가 무언가에 놀라서 운전하던 여자를 물자 그 여자는 차를 통제하지 못하고 나무를 들이받았다는 것이다. 따라서 담화의 해석자는 담화의 문맥이나 상호작용 등에 민감하며, 또 문맥이나 상호작용 등에 대한 지식이 필요하다.

7. 담화 표지

우리가 위에서 담화는 의사소통의 단위라고 하였다. 담화를 이루는 문장의 구성 요소 중에는 명제 내용에는 직접 관여하지 않으면서 담화 생산자의 의도나 심리적 태도를 효과적으로 표현하기 위해 사용되는 요소를 담화 표지(화용표지)라 한다. 이 담화 표지는 담화 생산자인 화자가 발화하는 문장에서 자주 사용되어 화자와 청자의 관계를 부드럽게 유지하지만, 정제된 글말에서는 거의 사용되지 않는 요소이다.

(1) ① 거기 뭐가 있니?
    ② 여기는 <u>뭐</u> 아무 것도 없어.
(2) ① 영수는 왜 우니?
    ② 거기서 <u>왜</u> 우리가 만났잖아.

(1)과 (2)에서 각각 ①의 '뭐'와 '왜'는 의문대명사로 어휘적 의미를 가지고 문장의 명제 내용에 직접 관여하지만, ②의 '뭐'와 '왜'는 어휘적 의미가 전혀 없으며 문장의 명제 내용에도 관여하지 않는다. 그러므로 (1)과 (2)의 ①에서 '뭐'와 '왜'가 생략되면 문장의 명제 내용이 달라지지만, 각각의 ②에서 '뭐'와 '왜'가 생략되더라도 문장의 의미에는 아무런 영향을 주지 않는다. 따라서 이 경우의 '뭐'와 '왜'는 문장의 명제 내용에는 관여하지 않고 화자와 청자의 심리적 거리를 좁혀줌으로써 담화의 효과를 높여주는 기능을 수행하는 담화 표지이다.

임규홍(1996 : 3)에는 담화 표지의 다른 이름을 기능, 형태, 환경, 현상 등을 중심으로 분류하여 아래 (3)과 같이 제시하였다.

(3) 국어 담화 표지의 용어
　　① 기능 중심 : 디딤말, 담화 개시어, 관심획득표지(attention getters)
　　② 형태 중심 : (담화)불변화사, 간투사
　　③ 환경 중심 : 담화(화용)표지
　　④ 현상 중심 : 군말, 입버릇, 머뭇거림, 덧말

그리고 (3)의 여러 용어로 사용되는 담화 표지는 아래 (4)와 같은 몇 가지 특성을 가지고 있다.

(4) 담화 표지의 특성14)
　　① 담화에 주로 실현된다.
　　② 형태적으로 고정되어 있다.
　　③ 다른 문장 성분과 독립되어 있다.
　　④ 쓰임에서 공간적·계층적인 보편성을 가진다.
　　⑤ 임의적으로 사용된다.
　　⑥ 어휘적 의미에서 문법화한 경우가 많다.

　(4)의 ①은 주로 입말에 사용된다는 것이고, ②는 그 형태가 변화하지 않는다는 것이고, ③은 문장의 명제 내용에 관여하지 않는다는 것이고, ④는 어떤 상황이나 누구에 의해서나 두루 사용된다는 것이고, ⑤는 담화 생산자가 사용할 수도 있고 사용하지 않을 수도 있다는 것이고, ⑥은 담화 표지가 실사에서 문법화한 허사에 속한다는 것이다.
　그러면 아래 (5)에서 담화 표지의 사용 실례를 살펴본다.

(5) ① 내가 들었는데 말이야 그는 정말 잘 뛴대.
　　② 그 사람 있잖아 너무 멋있대.
　　③ 혼자서 대낮부터 무슨 술이야.
　　④ 모두들 그냥 야단이야.

---

14) 임규홍(1996 : 4)에서 옮김.

(5)의 각 문장에서 밑줄 친 말은 그 문장의 명제 내용에 관여하지 않기 때문에, 생략되더라도 정상적인 문장으로 성립된다. 하지만 밑줄 친 말들은 화자와 청자의 심리적 거리를 좁혀서 담화의 분위기를 더 효과적으로 만드는 데 이바지하는 담화 표지이다. 그런데 이들 담화 표지는 (4) 담화 표지의 특성 ⑥과 같이 대부분 어휘적 의미를 가진 실사에서 문법화하여 어휘적 의미를 상실한 것들이다.

(6) ① 그것은 내가 한 <u>말이야</u>.
② 영수는 집에 <u>있잖아</u>.
③ 이건 <u>무슨</u> 술이야?
④ 돈은 필요 없으니까 <u>그냥</u> 가세요.

(6)의 각 문장에서 밑줄 친 말은 모두 어휘적 의미를 가진 실사로 그 문장의 명제 내용에 직접 관여한다. (5)의 밑줄 친 말과 (6)의 밑줄 친 말들이 그 형태는 동일하지만, 기능과 의미는 서로 같지 않다. 즉 (6)의 밑줄 친 말들은 실사로 기능하지만, (5)에서는 (6)의 밑줄 친 각각이 문법화함으로써 그 어휘적 의미가 상실되어 담화 표지로 사용되었다.

담화에서 담화 생산자에 의해 흔히 사용되는 담화 표지는 적지 않다. 앞에서 살펴본 것들 외에도 '아', '에', '오', '야', '마', '아뿔사' 등과 같은 감탄사와 '그', '저', '이' 등의 지시어 등이 담화 표지로 많이 사용되고 있다.

8. 담화와 국어과의 하위 영역

제7차 교육 과정에서 '국어 지식'15)의 내용 체계는 음운, 낱말, 어휘, 의미, 문장, 담화 등을 포함한다. 이렇게 다양한 내용 체계를 가진 '국어

지식' 영역이 국어과의 하위 영역에 속하는 듣기, 말하기, 읽기, 쓰기, 문학 영역 등과 모두 관련되어 있으며, 그 중에서도 특히 담화와의 관련성이 아주 크다.

아래에서 각 영역의 목표를 중심으로 국어과의 하위 영역들과 담화와의 관련성을 살펴보기로 한다.16)

✔ 듣기와 담화

10학년 '듣기' 영역의 목표는 아래 (1)과 같다.

> (1) '듣기' 영역의 목표
> ① 반언어적 표현과 비언어적 표현이 듣기에서 중요한 역할을 함을 안다.
> ② 필요한 정보를 찾으며 듣는다.
> ③ 정보를 재조직하며 듣는다.
> ④ 전달 효과를 평가하며 듣는다.

듣기의 대상은 곧 담화이다. 따라서 담화에 대한 기본적인 이해가 전제되어야 듣기를 제대로 수행할 수 있다. (1)의 ①에서 반언어적17) 표현은 말소리의 고저, 장단, 억양 등의 운소적 표현을 말하고 비언어적 표현은 발화할 때의 몸짓, 손짓, 눈짓 등의 표현을 말한다. 담화 생산자가 언어 표현과 함께 반언어적 표현과 비언어적 표현을 실현할 경우 그 언어 표현을 받아들이는 수용자가 그러한 반언어적 표현과 비언어적 표현의 의미를 정확하게 인지해야 하는데, 이것은 '문법'의 기본적인 지식 없이는 사

---

15) 교육부(2001), 고등학교 교육 과정 해설, 대한교과서주식회사.
16) 김태엽(2006)에 기댐.
17) 말소리의 고저, 장단, 강약 등을 반언어적 표현이라고 하였는데, 이것은 곧 운소적 표현을 말한다.

실 어렵다. ②와 ③에서 담화를 받아들이는 수용자가 그 담화에 담겨져 있는 정보를 파악하여 그 정보를 재조직하려면, 담화의 내용구조와 형식구조에 대한 이해가 반드시 전제되어야 한다. 그리고 ④에서 담화 수용자가 그 담화 내용을 평가하려면 역시 담화의 내용구조와 형식구조에 대한 기본적인 이해는 물론 담화에 의해 전달되는 정보를 파악해야 한다. 따라서 담화에서 일관된 주제의 표현이 그 내용구조를 이루어야 하는데, (1)의 '듣기' 목표 ②와 ③은 담화의 내용구조를 앎으로써 달성이 가능하고 ④는 담화의 형식구조를 앎으로써 달성이 가능하다.

✔ 말하기와 담화

10학년 '말하기' 영역의 목표는 아래 (2)와 같다.

> (2) '말하기' 영역의 목표
> ① 반언어적 표현과 비언어적 표현이 말하기에서 중요한 역할을 함을 안다.
> ② 상황의 변화에 따라 내용을 적절하게 생성하며 말한다.
> ③ 내용 조직의 일반원리에 따라 효과적으로 내용을 조직하며 말한다.
> ④ 표현과 전달의 일반원리에 따라 효과적으로 표현하며 말한다.

(2)의 ①에서 반언어적 표현과 비언어적 표현은 (1)의 '듣기'에서와 마찬가지로 말하기와 밀접한 관련을 가지므로 매우 중요하고, ②는 담화에서 시간, 장소, 청자, 화자 등의 장면에 따라 담화 엮기를 해야 하는 것과 6장 6절 '(4) 발화의 협력 원리'에 적용되는 말하기의 목표이다. 그리고 ③은 담화에서 일관된 주제를 위해 그 내용구조를 엮어나가야 하는 것에 적용되는 말하기의 목표이며, ④는 지시, 높임, 생략, 심리 표현 등의 담화 표현과 반복, 접속, 대용 등의 담화의 형식구조에 적용되는 말하기의 목표이다.

✔ 읽기와 담화

10학년 '읽기' 영역의 목표는 아래 (3)과 같다.

   (3) '읽기' 영역의 목표
     ① 읽기가 의사소통 행위임을 안다.
     ② 필요한 정보를 찾으며 글을 읽는다.
     ③ 정보를 재조직하며 읽는다.
     ④ 표현의 효과에 대하여 평가하며 읽는다.

(3)의 ①은 담화가 의사소통의 단위라는 점과 깊이 관련된 읽기의 목표이며, ②와 ③은 전달하고자 하는 주제를 일관되게 전개해야 하는 담화의 내용구조와 관련되는 읽기의 목표이다. 그리고 ④는 담화의 표현과 형식구조와 밀접하게 관련되는 읽기의 목표이다.

✔ 쓰기와 담화

10학년 '쓰기' 영역의 목표는 아래 (4)와 같다.

   (4) '쓰기' 영역의 목표
     ① 쓰기가 의사소통 행위임을 안다.
     ② 상황에 따라 내용을 적절하게 생성하며 글을 쓴다.
     ③ 내용 조직의 일반원리에 따라 효과적으로 조직하며 글을 쓴다.
     ④ 표현의 일반원리를 사용하여 효과적으로 글을 쓴다.

(4)의 ①은 담화가 의사소통의 단위라는 점과 관련이 깊은 쓰기의 목표이며, ②는 담화를 시간, 장소, 청자, 화자 등의 장면에 맞게 전개해야 하는 것에 바로 적용되는 쓰기의 목표이다. ③은 담화성 및 담화의 내용구조와 밀접하게 관련되는 쓰기의 목표이며, ④는 담화의 표현 및 담화의

형식구조와 관련되는 쓰기의 목표이다.

✔ 문학과 담화

10학년 '문학' 영역의 목표는 아래 (5)와 같다.

> (5) '문학' 영역의 목표
> ① 문학의 기능을 안다.
> ② 작품의 구성요소와 그 기능을 안다.
> ③ 문학의 갈래에 따른 작품의 미적 가치를 안다.
> ④ 작가, 작품, 독자의 관계를 알고, 이를 작품 수용에 능동적으로 활용한다.
> ⑤ 작품에 드러난 사회, 문화적 상황을 파악하고, 이를 작품 수용에 능동적으로 활용한다.
> ⑥ 자신의 생각이나 느낌을 문학적으로 표현한다.
> ⑦ 한국 문학의 전통을 창조적으로 계승, 발전시키려는 태도를 지닌다.

한 편의 문학 작품이 하나의 담화라는 점에서, 문학과 담화가 떨어질 수 없는 관련성을 가진다. 작가는 담화의 생산자이며, 독자는 담화의 수용자이다. 작가가 작품을 통해 드러내고자 하는 주제는 독자인 수용자에게 작가가 전달하고자 하는 중심 내용이다. 따라서 작가는 작품을 통해 자신의 생각이나 이념을 독자에게 전달하는 결과가 되며, 이것은 한 개의 작품이라는 형식의 담화를 통해 독자와 의사소통하는 것이다.

(5)의 ①에서 문학의 기능이 교훈(교시)이나 쾌락(감동)에 있다면, 이 두 가지는 곧 문학 작품을 읽는 수용자가 받아들이는 내용이 될 것이다. ②는 담화의 내용구조 및 형식구조와 관련되며, ③은 ①과 같이 수용자가 받아들이는 메시지의 내용과 무관하지 않을 것이다. ④는 담화에서 담화 생산자와 수용자 그리고 담화의 내용 등의 관계와 관련된다. 그리고 ⑤는

담화의 표현수단이 언어이며, 언어의 속성이 사회성을 가지는 점과 관련되고 ⑥은 담화 생산자의 표현 방법과 관련되며 ⑦은 담화의 표현 수단인 언어가 가지는 역사성, 문화성과 무관하지 않을 것이다.

이로써 국어과의 모든 하위 영역의 목표가 담화와 관련됨을 하나씩 살펴보았다. '국어 지식'의 내용 체계에 음운, 낱말, 어휘, 의미, 문장, 담화 등이 포함되는데, 이 중에서 담화와 국어과의 하위 영역들과의 밀접한 관련성을 위에서 살펴본 바, 국어과의 모든 영역이 담화와 무관하지 않음을 알 수 있다.

▦ 연습문제

1. '나는요 어제요 영수하고요 집에서요 놀았어요.'에서 '요'가 5번 사용되었는데, 첫째~넷째의 '-요'와 다섯째 '-요'의 기능상의 차이를 설명해 보자.

2. 텍스트, 담화, 이야기의 차이를 설명해 보자.

3. 담화와 문장의 개념 차이를 설명해 보자.

4. 자신의 독특한 담화 표지를 반성해 보자.

5. 담화와 '쓰기', '말하기'의 관련성을 구체적으로 말해 보자.

6. 담화의 형식구조를 갖추기 위한 요소에 대해 설명해 보자.

7. 내용구조와 형식구조가 잘 갖추어진 담화를 엮어 보자.

8. 담화성을 구체적으로 설명해 보자.

9. 담화의 기능과 일상생활의 관계를 생각해 보자.

10. 접속, 대용, 생략이 담화의 형식구조에 미치는 효과에 대해 보기를 들어 설명해 보자.

11. 평소 자신의 생각이나 경험을 담화의 내용구조와 형식구조에 맞는 글을 써 보자.

12. 담화의 생성과 해석의 관련성을 말해 보자.

| 참고문헌

고광모(1999), 문법화의 한 양상, 언어의 역사, 성백인 교수 정년퇴임 기념논문집.

고영진(1997), 한국어의 문법화 과정, 국학자료원.

교육부(2004), 고등학교 문법, (주)두산

권재일(1992), 한국어 통사론, 민음사.

권재일(1998), 문법 변화와 문법화, 방언학과 국어학, 태학사.

구종남(2000), 담화표지 '뭐'의 문법화와 담화 기능, 국어문학35, 국어문학회.

권재일(1998), 텍스트 언어학과 인문학의 발전, 추상과 의미의 실재, 박이정.

김광해 외(1999), 국어지식탐구, 박이정.

김명희(1996), 문법화의 틀에서 보는 보조동사 구문, 담화와 인지2, 담화·인지언어
　　　　학회.

김정대(1983), '요' 청자존대법에 대하여, 가라문화2, 경남대학교.

김종택(1982), 국어 화용론, 형설출판사.

김태엽(2002), 담화표지되기와 문법화, 우리말글26, 우리말글학회.

김태엽(2004), 허수아비, 북랜드.

김태엽(2006), 국어 문법교육의 과제, 교육연구2, 대구대 사범대학.

김태옥·이현호(1995), 담화 연구의 텍스트성 이론과 적합성 이론, 담화와 인지1, 담
　　　　화·인지언어학회.

노대규(1996), 한국어의 입말과 글말, 국학자료원.

박승윤(1990), 기능문법론, 한신문화사.

박호관(2005), 청소년들의 신조어 생성과 형태의 기능 변이, 우리말글35, 우리말글
　　　　학회.

배현숙(2000), 국어 용언의 문법화 연구, 고려대 박사학위논문.

백설자 역(2001), 텍스트 언어학 입문, 역락출판사.

안주호(1992), 한국어 담화표지 분석, 말17, 연세대 한국어학당.

이성만(1993), 텍스트 구조의 이해, 텍스트언어학1, 서광학술자료사.

이원표 역(1997), 담화연구의 기초.

이정애(2002), 국어 화용표지의 연구, 월인.

이한규(1999), 한국어 담화표지어 '뭐'의 의미, 담화와 인지6, 담화·인지언어학회.

이희자(2002), 의사소통 단위와 문장, 한국문화사.

임규홍(1996), 국어 담화 표지 '인자'에 대한 연구, 담화와 인지2, 담화·인지언어학회.

임지룡 외(2005), 학교문법과 문법교육, 박이정.

장경희(1980), 지시어 '이, 그, 저'의 의미분석, 어학연구16-2, 한국언어학회.

장석진(1989), 화용론 연구, 탑출판사.

정연찬(2000), 담화기능론, 한국문화사

황미향(1998), '그'-계 접속어에 대한 텍스트언어학적 고찰, 국어교육연구30, 국어교육학회.

황미향(1998), 한국어 텍스트의 계층구조와 결속표지의 기능 연구, 경북대 박사학위논문.

Givon, T.(ed)(1979), Discourse and Syntax, New York.

Leech, G. N.(1983), Principles of Pragmatics, Longman Group Limited.

Levinson, S. C.(1983), Pragmatics, Cambridge University Press.

Sweetser, E.(1990), From Etymology to Pragmatics, Cambridge University Press.

제8장 국어의 변화

언어는 언제나 고정되어 있는 것이 아니고 시간의 흐름에 따라 끊임없이 변화한다. 언어의 변화는 크게 두 가지 관점에서 그 변화의 원인을 헤아려 볼 수 있다. 그 하나는 언어의 본질적 측면에서 찾을 수 있고, 나머지 하나는 언어의 기능적 측면에서 찾을 수 있다.

언어의 본질은 자의적인 기호 체계이다. 언어 기호의 두 요소인 말소리와 뜻이 자의적인 관계로 맺어져 있기 때문에, 어떤 조건만 주어지면 그 관계는 바뀔 수 있다. 그 관계란 시간과 공간이다. 따라서 시간의 흐름에 따라 말소리와 뜻이 맺어진 관계는 바뀔 수 있어서 언어는 변화한다.

다음에는 언어의 기능이라는 관점에서 살펴보자. 언어의 기능은 의사 전달의 도구라고 하였다. 도구는 무엇보다 편리해야 한다. 사용하기에 불편하면 도구를 새롭게 다듬어 사용하기 마련이다. 언어라는 의사전달의 도구도 마찬가지이다. 따라서 표현하기에 편리하고, 이해하기에 편리한 방향으로 언어는 변화한다. 표현하기에 편리하기 위해서는 조음 작용을 간결하게, 이해하기에 편리하기 위해서는 청취 작용을 분명하게 하는 방향으로 나간다. 그런데 이 두 방향은 서로 상충될 수 있어, 두 방향이 조화를 이루면서 언어는 변화한다. 그래서 음운, 어휘, 문법이 간결한 체계로 변화하기도 하고, 반대로 더욱 복잡한 체계로 변화하기도 한다.

이러한 언어의 변화는 원칙적으로 어느 한 공시태에서 다른 공시태로의 변화를 의미한다. 특정한 어느 한 시기의 언어 상태를 공시태라 하고, 어떤 언어의 변화 상태를 통시태라고 할 때, 공시태는 같은 언어의 같은 시기에 속하는 언어 상태를 말하며, 통시태는 같은 언어의 다른 변화 시기에 속하는 언어 상태를 말한다. 그러나 모든 언어 현상은 항상 역사적인 요인과 결합되어 있다. 즉 공시적 언어 현상은 항상 다음 단계로 변화하는 시발점이 되어 동요하고 있다. 따라서 공시적 언어 상태는 새로이 생겨나는 요소와 없어져 가는 요소의 혼합체라 할 수 있으며, 공시태는 과거를 반영하고 미래를 예측하게 한다(권재일, 1998 : 3~4).

한편 언어의 변화는 시간의 흐름에 따라 변화하기도 하지만, 지역에 따라 변화하기도 한다. 지역에 따른 언어의 변화는 방언으로 나타나는데, 이 방언은 다시 지역 방언과 사회 방언으로 구분된다. 지역 방언은 지역적인 여러 조건에 따라 분화되어 존재하고, 사회 방언은 동일 지역 안에서 나이, 성별, 계층, 직업, 학력 등에 따라 분화되어 존재한다. 한 언어를 형성하는 하위 단위로서의 언어 체계를 흔히 방언이라 하는데, 방언은 표준어와 달리 보수성이 강하며 지역성과 향토성 등의 특징을 가지고 있다. 따라서 국어의 방언은 국어사 연구의 중요한 자료가 될 뿐 아니라, 소중한 문화적 가치를 지닌 우리말이다.

1. 국어사의 시대 구분

국어[1]의 변화는 시간의 흐름에 따라 어느 한 시기의 공시태가 다른 시

기의 공시태로 바뀌는 국어의 현상인데, 이러한 국어의 변화가 곧 국어사
이다. 국어가 어떤 양상으로 변화해 왔는가를 구체적으로 살펴보기 위해
서는 먼저 국어의 시대 구분이 필요하다.

국어의 시대 구분에 대해서는 연구자들에 따라 다양한 견해가 제시되고
있는데,[2] 그 대표적인 것으로 이기문(1986)과 김동소(2005)를 들 수 있다.

  (1) 이기문(1986)의 견해
      ① 고대 국어(~신라말)
      ② 중세 국어(고려~16세기말)
          전기 중세 국어(고려~한글창제)
          후기 중세 국어(한글창제~16세기)
      ③ 근대 국어(17세기~1894년)
      ④ 현대 국어(1894년 이후~)
  (2) 김동소(2005)의 견해
      ① 고대 한국어(~1274년)
      ② 중세 한국어(1275년~17세기)
      ③ 근대 한국어(18세기~현대)

위의 (1)과 (2)는 서로 상당히 다른 관점을 가지고 있다. 즉 (1)에서는 국
어사의 시대 구분을 크게 4단계로 구분하고, 중세 국어는 다시 전기와 후
기로 구분한다. 하지만 (2)에서는 크게 3단계로 구분한다. 후자에는 정치사
와 무관하게 3단계로 구분하고 고려 시대의 몽고 침략을 중시한 반면, 전
자에는 정치사와 관련을 짓고 한글 창제를 중시하였다. 한글의 창제는 우
리말을 우리글로 적는 최초의 계기가 되었으므로, 국어사적으로 중요한 전
환점이 된 것으로 보인다. 따라서 (1)의 시대 구분에 따라 살펴본다.

---

1) 국어의 계통에 대한 학설이 아직 일치된 상태는 아니지만, 대개 알타이 제어에 속하는
   것으로 알려져 있다.
2) 김형규(1962), 이기문(1986), 박병채(1989), 김동소(2005) 등.

여기에서는 국어의 변화를 (1)과 같은 시대 구분을 따르되, 고대 국어에서부터 현대 국어에 이르기까지 문자사용, 음운, 문법, 어휘, 표기법 등의 변화에 대한 전반적인 윤곽을 대강 살펴보기로 한다.

2. 차자 표기

차자 표기란 우리의 고유한 문자가 없을 때 한자를 빌려서 문자로 사용한 표기의 수단을 말한다. 이러한 차용 표기에는 이두, 향찰, 구결 등이 있었다.[3]

✔ 이두

이두(吏讀)는 신라 초기부터 조선의 후기까지 사용되었으며, 이도(吏道), 이토(吏吐), 이투(吏套)로 불리기도 하였다. 이것은 한자를 사용하여 우리말의 어순대로 표기한 것이 큰 특징이며, 관공서의 문서로도 사용되고 일부 층위의 사람들에 의해 사용되었다. 이두는 넓은 의미로 한자 차용표기법 전체를 말하기도 하며, 좁은 의미로는 한자를 국어 문장의 구성법에 따라 고치고 이에 토를 붙인 것에 한정된다. 임신서기석(522), 갈항사석탑기(758), 대명률직해(1395) 등이 대표적인 이두의 보기이다.

> (1) 壬申年六月十六日二人幷誓記 : 임신년 6월 16일 두 사람이 함께 맹세하여 기록한다.
>
> ― 壬申誓記石
>
> (2) 凡男女定婚之初良中 : 무릇 남녀가 정혼할 즈음에
>
> ― 大明律直解

---

3) 권재일(1996), 이익섭(2000), 임지룡 외(2005) 등을 참조.

✔ 향찰

향찰(鄕札)은 한자를 빌려 우리말로 표기하되, 어휘 형태는 뜻을 빌리고 문법 형태는 소리를 빌리는 방식을 취한 신라 시대에 발달한 표기법이다. 이것은 지명이나 관직명의 표기에도 사용되었으나, 주로 향가 표기에 많이 사용되었다.

> (1) 東京明期月良 : 東京 붉긔 드라랑
> 　　　　　　　　　서울 밝은 달에
>
> 　　　　　　　　　　　　　　　　　　　　　　　— 處容歌
>
> (2) 善化公主主隱 : 善化公主니리믄
> 　　　　　　　　　선화공주님은
>
> 　　　　　　　　　　　　　　　　　　　　　　　— 薯童謠

✔ 구결

구결(口訣) 또는 입겿은 한문 원전을 읽을 때 그 뜻을 편리하게 해석하기 위해 각 구절 아래 달아 쓰던 문법적 요소의 총칭으로 토(吐), 현토(懸吐), 석의(釋義)라고도 하며 조선 초기부터 사용하였다.

> (1) 國之語音이 異乎中國ᄒ야…
>
> 　　　　　　　　　　　　　　　　　　　　　　　— 訓民正音
>
> (2) 天地之間萬物之中厓　唯人伊…
>
> 　　　　　　　　　　　　　　　　　　　　　　　— 童蒙先習

3. 훈민정음

우리 겨레의 음성 언어는 오래 전부터 사용되어 왔으나, 문자 언어가 없어 어쩔 수 없이 한자를 빌려서 차자 표기의 문자로 사용하였다. 그러나 조선의 세종에 의해 우리의 고유 문자인 훈민정음(한글)이 창제된 이후부터 오늘날까지는 이 문자를 사용하고 있다. 따라서 세종이 훈민정음을 창제함으로써 비로소 우리 겨레는 우리의 말을 우리의 문자로 나타낼 수 있게 되었으며, 자주적인 문화적 독립을 이루게 되었다.

✔ 훈민정음의 뜻

'훈민정음'은 다음과 같이 두 가지로 사용되는데, 이 '訓民正音'은 '국민을 가르치는 바른 소리'라는 뜻으로 해석된다. '정음(正音)'은 우리말의 소리를 뜻함과 동시에 그 소리를 상징하는 글자를 뜻하기도 한다.

(1) 훈민정음
　　① 문자 이름으로서의 '훈민정음'
　　② 문헌 이름으로서의 <훈민정음>

✔ 훈민정음의 제자 원리

훈민정음 해례의 제자해(制字解)에는 훈민정음의 제자 원리를 다음과 같이 밝혀 두었다.

(2) 正音二十八字各象其形而制之 : 정음 28자는 각각 그 모양4)을 본떠서 만들었다.

훈민정음의 제자 원리가 위의 (2)에서 '상형'임이 드러나는데, 여기에 한 가지를 덧붙인다면 '상형'과 함께 '가획'이 제자 원리에 포함될 수 있다.

---

4) 훈민정음의 각 문자를 조음할 때 발음기관의 모양을 말한다.

✔ 훈민정음의 초성과 중성

훈민정음의 초성은 자음이고 중성은 모음이다. 훈민정음의 초성은 17
자이고 중성은 11자로 모두 28자이다. 이 중에서 초성의 기본자는 5자이
고, 중성의 기본자는 3자이며, 그 밖의 초성과 중성은 기본자에서 가획하
거나 합하여 만든다. 그리고 종성은 따로 만들지 않고 초성을 종성으로
사용하였다.

▌초성
　① 기본자 : ㄱ(牙音), ㄴ(舌音), ㅁ(脣音), ㅅ(齒音), ㅇ(喉音)
　② 가획자 : 아음 : ㅋ
　　　　　　　설음 : ㄷ, ㅌ
　　　　　　　순음 : ㅂ, ㅍ
　　　　　　　치음 : ㅈ, ㅊ
　　　　　　　후음 : ㆆ, ㅎ
　③ 이체자 : △, ㆁ, ㄹ
　④ 기본자의 제자해
　　• 牙音ㄱ 象舌根閉喉之形 : 어금니 소리 ㄱ은 혀뿌리가 목구멍을 막는
　　　모양을 본떴다.
　　• 舌音ㄴ 象舌附上齶之形 : 혓소리 ㄴ은 혀가 윗잇몸에 붙는 모양을 본
　　　떴다.
　　• 脣音ㅁ 象口形
　　• 齒音ㅅ 象齒形
　　• 喉音ㅇ 象喉形

▌중성
　① 기본자 : ㆍ, ㅡ, ㅣ
　② 축장자 : ㅗ, ㅏ, ㅜ, ㅓ
　③ 'ㅣ' 더한 자 : ㅛ, ㅑ, ㅠ, ㅕ
　④ 기본자의 제자해
　　• ㆍ舌縮而聲深…象乎天也 : ㆍ는 혀를 오그리고 소리는 깊으며…하늘

을 본떴다.

- 一舌小縮而聲不深不淺…象乎地也 : 一는 혀를 조금 오그리고 소리는 깊지도 얕지도 않으며…땅을 본떴다.
- ㅣ舌不縮而聲淺…象乎人也 : ㅣ는 혀를 오그리지 않고 소리는 얕으며…사람을 본떴다.

✔ 훈민정음 예의

훈민정음 해례본의 예의(例義)에는 아래와 같이 서문, 초성의 음가, 중성의 음가, 문자의 운용 등이 실려 있다.

▌서문

國之語音 異乎中國 與文字不相流通 故愚民有所欲言而終不得伸其情者多矣 予爲此憫然 新制二十八字 欲使人人易習便於日用也

(언해)

나랏말ㅆ미 中듕國귁에 달아 文문字ㅉ와로 서로 ㅅ못디 아니ᄒᆞᆯ씨 이런 젼ᄎᆞ로 어린 百빅姓셩이 니르고져 홀배 이셔도 ᄆᆞ춤내 제 ᄠᅳ들 시러 펴디 몯ᄒᆞᆯ 노미 하나라 내 이를 爲ᄒᆞ야 어엿비 너겨 새로 스믈 여듧 字ㅉ를 밍ᄀᆞ노니 사ᄅᆞᆷ마다 ᄒᆡ여 수빙 니겨 날로 뿌메 便뼌安한킈 ᄒᆞ고져 홀 ᄯᆞᄅᆞ미니라

나라의 말이 중국과 달라서 문자(한자)로 서로 통하지 않으므로 어리석은 백성이 말하고자 하는 바가 있어도 마침내 자기의 생각을 실어서 펴지 못하는 사람이 많으니라. 내가 이를 불쌍하게 여겨 새로 28자를 만드니 사람마다 쉽게 익혀서 날로 사용함에 편안하게 할 따름이라.

위의 서문에는 세종의 자주 정신, 애민 정신, 실용 정신 등이 잘 나타나 있으며, 훈민정음을 창제한 이유가 밝혀져 있다.

▌초성의 음가

ㄱ 牙音 如君字初發聲 : ㄱ는 엄쏘리니 君군ㄷ字쫑 처엄 펴아나는 소리 ㄱ
튼니라

並書 如虯字初發聲 : 글방쓰면 虯뀸字쫑 처엄 펴아나는 소리 ㄱ튼니라

ㅋ 牙音 如快字初發聲 : ㅋ는 엄쏘리니 快쾡ㆆ字짱 처엄 펴아나는 소리 ㄱ
튼니라

ㆁ 牙音 如業字初發聲 : ㆁ는 엄쏘리니 業업字쫑 처엄 펴아나는 소리 ㄱ튼
니라

ㄷ 舌音 如斗字初發聲 : ㄷ는 혀쏘리니 斗듛ㅸ字쫑 처엄 펴아나는 소리 ㄱ
튼니라

ㄴ 舌音 如那字初發聲 : ㄴ은 혀쏘리니 那낭ㆆ字쫑 처엄 펴아나는 소리 ㄱ
튼니라

ㅂ 脣音 如彆字初發聲 : ㅂ는 입시울쏘리니 彆볋字쫑 처엄 펴아나는 소리
ㄱ튼니라

ㅅ 齒音 如戌字初發聲 : ㅅ는 니쏘리니 戌슗字쫑 처엄 펴아나는 소리 ㄱ튼
니라

ㆆ 喉音 如欲字初發聲 : ㆆ는 목쏘리니 欲욕字쫑 처엄 펴아나는 소리 ㄱ튼
니라

△ 半齒音 如穰字初發聲 : △는 반니쏘리니 穰샹字쫑 처엄 펴아나는 소리
ㄱ튼니라

⋮

ㅎ 喉音 如虛字初發聲 : ㅎ는 목쏘리니 虛헝字쫑 처엄 펴아나는 소리 ㄱ튼
니라

▌중성의 음가

ㆍ 如呑字中聲 : ㆍ는 呑툰ㄷ字쫑 가온딋소리 ㄱ튼니라

ㅡ 如卽字中聲 : ㅡ는 卽즉字 가온딋소리 ㄱ튼니라

ㅣ 如侵字中聲 : ㅣ는 侵침ㅂ字쫑 가온딋소리 ㄱ튼니라

⋮

ㅠ 如戌字中聲 : ㅠ는 戌슗字쫑 가온딋소리 ㄱ튼니라

ㅕ 如彆字中聲 : ㅕ는 彆볋字쫑 가온ㄷ딋쏘리 ㄱ튼니라

▎문자의 운용

<u>終聲復用初聲</u> ㅇ連書脣音之下 則爲脣輕音 初聲合用則並書 終聲同 · ㅡ ㅗ ㅜ ㅛ ㅠ 附書初聲之下 ㅣ ㅏ ㅓ ㅑ ㅕ 附書於右 <u>凡字必合成音</u> 左加一點則去聲 二則上聲 無則平聲 入聲加點同而促急

乃냉終즁ㄱ소리는 다시 첫소리를 쓰ᄂᆞ니라 ㅇ를 입시울쏘리 아래 니ᅀᅥ쓰면 입시울 가ᄫᅵ야ᄫᆞᆫ소리 ᄃᆞ외ᄂᆞ니라 첫소리를 어울워 ᄡᅮᇙ디면 ᄀᆞᆲ아쓰라 乃냉終즁ㄱ소리도 ᄒᆞᆫ가지라 ·와 ㅡ와 ㅗ와 ㅜ와 ㅛ와 ㅠ와란 첫소리 아래 브텨 쓰고 ㅣ와 ㅏ와 ㅓ와 ㅑ와 ㅕ와란 올ᄒᆞᆫ녀긔 브텨쓰라 믈읫 字쭝ㅣ 모로매 어우러ᅀᅡ 소리 이ᄂᆞ니 왼녀긔 ᄒᆞᆫ 뎜을 더으면 ᄆᆞᆺ노푼소리오 뎜이 둘히면 샹셩이오 뎜이 업스면 ᄤᅧᆼ셩이오 입셩은 뎜 더우믄 ᄒᆞᆫ가지로ᄃᆡ ᄲᆞᄅᆞ니라

끝소리는 첫소리를 다시 사용한다. ㅇ을 입술소리 아래 이어서 쓰면 곧 입술가벼운소리가 된다. 첫소리를 함께쓰면 병서하라. 끝소리도 마찬가지이다. · ㅡ ㅗ ㅜ ㅛ ㅠ는 첫소리 아래 붙여쓰고 ㅣ ㅏ ㅓ ㅑ ㅕ는 오른쪽에 붙여쓰라 무릇 글자는 반드시 합하여야 소리가 난다. 왼쪽에 한 점을 찍으면 가장 높은 소리이고 점이 둘이면 상성이고 점이 없으면 평성이고 입성은 점 더하는 것은 마찬가지지만 빠르다

문자의 운용에서 훈민정음에는 종성을 따로 만들지 않고 초성을 다시 사용한다고 앞부분에서 '종성부용초성'이라고 밝히고 있다. 그러나 훈민정음해례의 종성해에는 'ㄱ ㆁ ㄷ ㄴ ㅂ ㅁ ㅅ ㄹ 八字可足用也'라고 하여 'ㄱ, ㆁ, ㄷ, ㄴ, ㅂ, ㅁ, ㅅ, ㄹ' 등의 8개의 초성만 사용할 수 있다는 규정을 하고 있다. 따라서 '종성부용초성'은 종성을 별도로 만들지 않고 초성으로 다시 사용할 수 있다는 규정일 뿐, 초성의 소리값(音價)대로 종성에다 사용된다는 것은 아니다. 그리고 문자의 운용에서 모든 글자는 초성, 중성, 종성 등이 합해져야 소리가 난다고 한 규정에 따라 훈민정음은 음절 단위로 쓴다고 언급하였다.

한편 훈민정음이 만들어짐으로써 공식적으로 이 문자로 우리말을 정밀

하게 표기하였다. 이것을 정서법(正書法)이라 말한다면, 일반 백성들이 우리말을 적는 문자로 반절이라는 것이 있었다. 이 반절(反切)은 글자의 숫자가 훈민정음보다 적고 종성은 여덟 소리로 제한되어 표기하였다. 이것을 정서법에 대하여 속서법(俗書法)이라 이르기도 한다. 반절은 최세진의 훈몽자회(訓蒙字會)의 범례에서 처음 소개되는데, 여기에는 반절 27자라고 하여 'ㆆ'이 제외되었다.

4. 음운의 변화

언어의 형식이 말소리이므로 언어의 변화는 곧 말소리의 변화를 동반한다. 국어의 변화에서도 시대에 따라 음운의 변화가 나타난다. 음운의 변화는 모음의 변화와 자음의 변화로 크게 나뉘는데, 전반적으로 보아 후대에 내려올수록 단모음의 숫자가 차츰 늘어나는 양상을 보인다.

❶ 고대 국어

이 시기에는 우리의 고유 문자가 없어서 한자를 빌려 표기하였다. 하지만 그 때의 국어 자료가 향찰로 표기된 향가, 삼국사기, 금석문 자료 등 매우 적기 때문에 당시 국어의 전체적인 모습을 제대로 파악하기 어렵다. 고대 국어의 모음과 자음은5) 대강 아래와 같다.

- 단모음 : ㅣ, ㅡ, ㅓ, ㅜ, ㅗ, ㆍ, ㅏ
- 자음 : ㅁ, ㅂ, ㅍ, ㄴ, ㄷ, ㅌ, ㄹ, ㅅ, ㅈ, ㅊ, ㄱ, ㅋ, ㅇ, ㅎ

❷ 전기 중세 국어

이 시기에도 고유한 우리의 문자가 없었기 때문에 그 당시 국어의 모

---

5) 조규태(1986), 박병채(1989), 이기문(1998), 김동소(2005) 등을 참조.

습을 온전하게 파악하기는 사실 어렵다. 그러나 송나라 사람인 손목이 지은 계림유사(1103년)에 고려 시대의 말이 약 350여 개 소개되어 있으며, 그 밖에 향약구급방, 조선관역어 등의 자료가 있다.

- 단모음 : ㅣ, ㅡ, ㅓ, ㅜ, ㅗ, ㆍ, ㅏ
- 자음 : ㅁ, ㅂ, ㅍ, ㅃ, ㄴ, ㄷ, ㅌ, ㄸ, ㄹ, ㅅ, ㅆ, ㅈ, ㅊ, ㅉ, ㄱ, ㅋ, ㅇ, ㄲ, ㅸ, ㅿ, ㅎ, ㆅ

❸ 후기 중세 국어

이 시기에는 우리의 고유 문자인 훈민정음이 창제되어, 이 문자로 표기된 문헌 자료가 지금까지 많이 전해지고 있어서 후기 중세 국어의 모습은 제대로 파악할 수 있다.

- 단모음 : ㅣ, ㅡ, ㅓ, ㅜ, ㅗ, ㆍ, ㅏ
- 자음 : ㅁ, ㅂ, ㅍ, ㅃ, ㄴ, ㄷ, ㅌ, ㄸ, ㄹ, ㅅ, ㅆ, ㅈ, ㅊ, ㅉ, ㄱ, ㅋ, ㅇ, ㄲ, ㅸ, ㅿ, ㅎ, ㆅ

❹ 근대 국어

이 시기의 음운은 현대 국어와 더욱 가깝게 변화하였기 때문에, 후기 중세 국어의 음운과 차이가 상당하게 많이 나타난다. 모음 'ㆍ'가 사라지고 후기 중세 국어의 이중모음 'ㅐ', 'ㅔ'가 단모음으로 바뀌는데, 이러한 이중모음의 단모음화에는 모음 'ㆍ'의 소실과 움라우트 현상 등이 관여한 것으로 보고 있다. 그리고 자음 'ㅇ', 'ㅸ', 'ㅿ' 등이 사라지고 경음계열의 자음이 완전하게 정착되었으며, 움라우트 현상이 두드러지게 나타난다. 또한 16세기 후기부터 남부 방언에서 시작한 구개음화가 17세기 말에 거의 이르러서 완성된다. 그리고 경음화와 격음화가 포함되는 강음화가 많이 일어나고 원순모음화 현상도 나타난다.

- 단모음 : ㅣ, ㅡ, ㅓ, ㅜ, ㅗ, ㅐ, ㅔ, ㅏ
- 자음 : ㅁ, ㅂ, ㅍ, ㅃ, ㄴ, ㄷ, ㅌ, ㄸ, ㄹ, ㅅ, ㅆ, ㅈ, ㅊ, ㅉ, ㄱ, ㅋ, ㄲ,
  ㅇ, ㅎ, (ㆅ)

❺ 현대 국어

현대 국어에서는 근대 국어에 비하여 단모음이 더 늘어나며 자음에는
큰 변화가 없다.

- 단모음 : ㅣ, ㅡ, ㅓ, ㅜ, ㅗ, ㅐ, ㅔ, ㅏ, ㅚ, ㅟ
- 자음 : ㅁ, ㅂ, ㅍ, ㅃ, ㄴ, ㄷ, ㅌ, ㄸ, ㄹ, ㅅ, ㅆ, ㅈ, ㅊ, ㅉ, ㄱ, ㅋ, ㄲ, ㅇ, ㅎ

❻ 음운 변화의 양상

시대의 흐름에 따라 자음과 모음이 변화하는 모습 중에서 몇 가지 현
상을 나타내면 아래와 같다.

① 보상적 장음화 : *가히 > 가이 > 개(:), 메유기 > 메(:)기

② 이화 현상 : 붑 > 북, 부엉 > 부엌, 처엄 > 처음

③ 전설모음화 : 즘승 > 짐승, 춤 > 침, 슳다 > 싫다

④ 동음생략 : 듣니다 > 든니다 > 다니다, 목과 > 모과,
     움믈 > 우믈(> 우물)

⑤ 축약 : 입시울 > 입슐 > 입술, 버히다 > 버이다 > 베다

⑥ 움라우트 : 낭이 > 냉이, 굼벙이 > 굼벵이

⑦ 원순모음화 : 믈 > 물, 블 > 불, 플 > 풀

⑧ 구개음화 : 모딜다 > 모질다, 어딜다 > 어질다, 티다 > 치다

⑨ 음운 탈락 : 호나 > 하나, 기릐 > 기리 > 길이

- 중세 국어에는 모음조화가 존재
- 근대 국어에서 'ㆍ'가 소실되면서 'ㅔ', 'ㅐ'가 단모음화

5. 문법의 변화

조사와 어미에 대한 형태와 기능의 변화 양상이 주로 관심의 대상이 된다.6)

(1) 조사

시대별로 조사의 양상은 아래와 같다. 후기 중세 국어에서 다양한 형태로 존재하던 조사가 근대 국어에서는 그 형태가 단순화되는데, 이것은 'ᆞ'가 사라지면서 'ᆞ'를 동반한 형태가 변화하기 때문이다. 그리고 근대 국어에서 주격조사 '-가'가 정착되고 호격조사 '-하'가 사라진다.

❶ 고대 국어

　　주격조사 : -이
　　속격조사 : -의 / ㅅ
　　대격조사 : -을
　　조격조사 : -로
　　서술격조사 : -이다
　　호격조사 : -아 / 하
　　보조사 : -은

❷ 후기 중세 국어

　　주격조사 : -이 / ㅣ / ø
　　속격조사 : -의 / 이 / ㅣ / ㅅ7)
　　대격조사 : -을 / 올 / 롤 / 를

---

6) 권재일(1998).
7) 'ㅅ'은 무정물과 존칭체언에 사용되었다.
　　이 하눐 우흿 麒麟의 삿기로다 <두시언해 초 8 : 24>
　　부텻 舍利롤 뫼셔다가 供養ᄒᆞᅀᆞ 보리라 <석보상절 23 : 46>

처격조사 : −애 / 에 / 예 / 의 / 이

여격조사 : −의 / 이그예, −의손디 / 이손디, −드려

조격조사 : −으로 / ᄋ로 / 로

공동격조사 : −와 / 과

호격조사 : −아 / 야 / 하 / 여

서술격조사 : −이라 / ㅣ라 / 라

❸ 보조사

① −ᄋᆞᆫ / 은 / 는 / 눈, −으란 (주제 / 대조)

② −도 (역시)

③ −만 / ᄲᅮᆫ (단독)

④ −브터 (시작)

⑤ −두고 / 라와 (비교)

⑥ −셔 (출발)

⑦ −ᄭᅡ장 (도착)

⑧ −ᅀᅡ (강세)

⑨ −곳 (강세)

⑩ −곰 (강세)

⑪ −이나 (선택)

⑫ −다빙 / 다히 (같이)

⑬ −잇둔 (강조)

❹ 근대 국어

주격조사 : −이 / 가 / ø / ㅣ 가[8]

속격조사 : −의

대격조사 : −을 / 를

처격조사 : −애 / 에

여격조사 : −에게 / 더러

조격조사 : −으로 / 로

공동격조사 : −와 / 과

---

8) 근대국어의 주격조사에 특이한 '−ㅣ가'가 나타나는데, '네 간들 뉘가 밥을 ᄒᆞ야', '인 귀가 십만구에 ᄂᆞ리지'에서 볼 수 있다(홍종선, 1998 : 117).

호격조사 : ―아 / 야 / 여

❺ 현대 국어

주격조사 : ―이 / 가, 에서, 서, 께서
서술격조사 : ―이다 (학교문법)
목적격조사 : ―를 / 을
보격조사 : ―이 / 가
관형격조사 : ―의
호격조사 : ―아 / 야
부사격조사 : ―에, 에서, 에게, 로, 로써, 과 / 와, 라고, 고

(2) 마침법

중세 국어에서 종결어미의 형태가 많이 늘어나며, 특히 중세 국어의 의문어미 '―다'가 근대 국어에서는 사라진다. 또 중세 국어에서 의문대명사와의 공기 여부에 따라 상보적으로 분포하던 '―가 / 고', '―녀 / 뇨', '―려 / 료', '―ㄴ가 / 고' 등이 근대 국어에서는 상보적 조건이 없어지면서 하나의 형태로 통합된다. 그리고 근대 국어에서는 형태가 줄어든 간소화 형상이 나타나서 '―쇼셔 > ―소', '―사이다 > 새'와 같이 변화한 형태로 사용된다.

❶ 고대 국어

평서어미 : ―다, ―라
의문어미 : ―겨, ―가, ―고
명령어미 : ―아라, ―시셔
청유어미 : ―져

❷ 중세 국어

평서어미 : ―다, ―라, ―마, ―은뎌, ―을쎠
의문어미 : ―다,[9] ―가 / 고, ―녀 / 뇨, ―려 / 료, ―ㄴ가 / 고

　명령어미 : ㅡ라, ㅡ아라, ㅡ고라, ㅡ아쎠, ㅡ쇼셔
　청유어미 : ㅡ쟈 / 져, ㅡ져라, ㅡ사이다, ㅡ읍새

❸ 근대 국어

　평서어미 : ㅡ다, ㅡ라, ㅡ음새, ㅡ게, ㅡ데, ㅡ이다, ㅡ늬
　의문어미 : ㅡㄴ가, ㅡㄴ고, ㅡㄴ다, ㅡ냐, ㅡ뇨, ㅡ잇가, ㅡ잇고
　명령어미 : ㅡ라, ㅡ아라, ㅡ게, ㅡ소, ㅡ오, ㅡ쇼셔
　청유어미 : ㅡ쟈, ㅡ새(> 세), ㅡ읍싀다(> 읍시다), ㅡ사이다

❹ 현대 국어

　평서어미 : ㅡ다, ㅡㄴ다, ㅡ네, ㅡ으오, ㅡ습니다……
　의문어미 : ㅡ느냐, ㅡ는가, ㅡ으오, ㅡ습니까……
　명령어미 : ㅡ어라, ㅡ게, ㅡ으오, ㅡ습시오……
　청유어미 : ㅡ자, ㅡ세, ㅡ으오, ㅡ습시다……

(3) 대우법

　대우법을 실현하는 문법 형태는 고대 국어에서부터 존재한 것으로 파악되는데, 후기 중세 국어에 와서 3계열의 체계로 정착되었다. 주체 대우의 선어말어미 'ㅡ시ㅡ'는 고대 국어에서부터 현대 국어까지 변함없이 그 기능이 유지 되고 있으나, 객체 대우의 선어말어미 'ㅡ습ㅡ' 등은 근대 국어에 와서 청자 대우의 기능으로 바뀌었다. 그리고 청자 대우의 선어말어미 'ㅡ이ㅡ'는 근대 국어에서 'ㆁ'이 사라지면서 'ㅡ이ㅡ'로 바뀌어 종결 어미의 형태 구성에 관여하여 현대 국어에 이른다.

---

9) 주어가 2인칭이면 의문어미로 'ㅡ다'가 '究羅帝여 네 命終ᄒᆞ다'(월인석보 9 : 36)와 같이 선택되고, 1, 3인칭이면 'ㅡ가 / 고'가 '西京은 편안 ᄒᆞᆫ가 몯 ᄒᆞᆫ가'(두시언해 초 18 : 5), '어드메 이 셔울힌고'(두시언해 초 15 : 50)와 같이 선택된다.

❶ 주체 대우

　고대 국어 : ─시(賜)─　多可枝白遣<u>賜</u>立 (함죽숨겨시셔, 원왕생가)

　중세 국어 : ─시─　　이제 世尊이 큰 法을 니르<u>시</u>며 (석보상절 13 : 26)

　근대 국어 : ─시─　　ᄆᆞᆷ 브티<u>시</u>믈 (첩해신어 1 : 4)

　현대 국어 : ─시─　　할아버지께서 집에 가<u>셨</u>다.

❷ 객체 대우

　고대 국어 : ─ᅀᆞᆸ(白)─　祈以支<u>白</u>屋尸置內乎多 (비술볼두노이다, 도천수관음가)

　중세 국어 : ─ᅀᆞᆸ / 줍 / ᅀᆞᆸ / ᄉᆞᆸ / 줍 / 숩─

　　　　　　　벼슬 노폰 臣下ㅣ 님그믈 돕<u>ᄉᆞᆸ</u>바 (석보상절 9 : 34)

　　　　　　　얻ᄌᆞ바(얻+줍+아)

　　　　　　　일우ᅀᆞᄫᅵ니(일우+ᅀᆞᆸ+ᄋᆞ+니)

　근대 국어 : ø[10]

　　　　　　　먹기를 과히 ᄒᆞ엿<u>ᄉᆞ오</u>니 (첩해신어 2 : 6)

　현대 국어 : ø

　　　　　　　이걸 할아버지께 갖다 <u>드려라</u>.

❸ 청자 대우

　고대 국어 : ─음(音)[11]─　獻乎理<u>音</u>如 (받ᄌᆞ보리이다, 헌화가)

　중세 국어 : ─이─[12]　　聖孫올 내시니<u>이</u>다 (용비어천가 8)

　근대 국어 : ─이─　　自由히　너기읍신다 민망 ᄒᆞ여<u>이</u>다 (첩해신어 3 : 9)

　현대 국어 : ─이─　　비가 많이 <u>옵니다</u>. (청자높임)

(4) 시제법

고대 국어에서 시제법을 실현한 문법 형태에 대해서는 확실하게 파악

---

10) 중세 국어에 사용되던 객체 대우의 선어말어미가 근대 국어에서 그 기능이 바뀌게 되
　어 높임 동사나 높임 명사와 같은 어휘로써 객체 대우법을 실현하게 된다.

11) 유창균(1994).

12) 중세 국어의 청자 대우법은 대우의 등급에 따라 그 형태가 달리 실현되었는데, 서술
　법에서 '─이─'는 높임을 '─ᇰ─'는 약간 높임을 '─ø─'는 안높임을 나타내었다(권
　재일, 1998 : 61).

되지 않고 있으나, 대개 '-누(內)-'는 현재 시제를 나타내고 '-거(去)-'
는 과거 시제를 나타낸 것으로 보고 있다. 후기 중세 국어의 '-아/어 이
시/잇-'과 '-게 ᄒ엿-'이 근대 국어로 넘어오면서 '이시/잇-'과 'ᄒ-'
의 문법화에 의해 '-앗/엇-', '-게 엿-', '-겟-' 등의 형태로 변화
하고 현대 국어에서 '-았/었-', '-겠-'으로 정착하였다.[13)]

❶ 고대 국어

    과거 시제 : -거(去)- 白雲音逐于浮去隱安支下 (ᄒᆞ구름조초ᄠᅥ가ᄂᆞᆫ만괴하, 찬기파랑가)

    현재 시제 : -누(內)- 二尸掌音毛乎支內良 (두ᄫᅩᆯ손ᄇᆞ롬모도누다, 도천수관음가)

    미래 시제 : -(으)리- 逢烏支惡知作乎下是 (맛보기엇디일오아리, 모죽지랑가)

❷ 중세 국어

    과거 시제 : -니-, -더-, -가/거-

             그제 龍王ᄃᆞᆯ히 次弟로 안ᄌᆞ니라 (월인석보 10 : 66)

    현재 시제 : -ᄂᆞ-

             이 모미 즈근 後에 오ᅌᆞ로 滅ᄒᆞᄂᆞ다 (능엄경언해 2 : 10)

    미래 시제 : -리-

             내 이제 分明히 너ᄃᆞ려 닐오리라 (석보상절 19 : 4)

❸ 근대 국어

    과거 시제 : -앗/엇-, -더-

             뎌 놈이 셩이 급ᄒᆞ여 … 싸홧더니 (박통사언해 하16)

    현재 시제 : -ᄂᆞ/ㄴ(다)-

             네 아지 못ᄒᆞᆫ다 (몽어노걸대 3 : 17)

    미래 시제 : -리-, -게 엿-, -겟-

             내일이야 가게엿습마ᄂᆞᆫ (편지글)

❹ 현대 국어

    과거 시제 : -았/었-, -더-

---

13) 중세 국어에서 통사론적 구성 '-아/어 이시/잇-'과 '-게 ᄒ엿-'이 현대 국어에서
    형태론적 구성 '-았/었-'과 '-겠-'으로 변화하였다.

현재 시제 : −는/ 느−
미래 시제 : −겠−, −으리(을)−

'−았/ 었−'과 '−겠−'의 형성 과정
① −아/ 어 잇/ 이시− > −엣/ 에시/ 앳/애시− > −앗/ 엇− > −았/ 었−
② −게 ᄒ엿− > −게엿− > −겟− > −겠−

(5) 부정법

부정법은 역사적으로 큰 변화가 보이지 않는다. 고대 국어에서 부정법을
실현하는 여러 형태가 사용되다가 중세 국어에서는 대개 단순 부정과 능력
부정으로 구분되며, 이것이 근대 국어를 거쳐 현대 국어에까지 이어진다.

❶ 고대국어

　단순 부정 : 안디(不喩), 안둘(不冬), 아니(安理), 안득(不只)
　능력 부정 : 몯(沒), 모둘(毛冬), 몯실(不得)

❷ 중세 국어

　단순 부정 : 아니, −디 아니ᄒ다/ 몯ᄒ다/ 말다
　　　　　　내 이제 아니 오라 (월인석보 21 : 22)
　능력 부정 : 몯, −디 몯ᄒ다
　　　　　　부텨를 몯 맛나며 (석보상절 19 : 34)

❸ 근대 국어

　단순 부정 : 아니, −지14) 아니하다/ 말다
　　　　　　먹는 줄을 이져 바리지 말 것시오이다 (신정심상소학 1 : 16)
　능력 부정 : 몯/ 못, −지 몯/ 못하다
　　　　　　이젼은 격기엣 거시 이러치 몯ᄒ읍더니 (개수첩해신어 2 : 11)

---

14) 중세 국어의 '−디 아니ᄒ다/ 몯ᄒ다/ 말다'가 근대 국어에서 '−지 아니하다/ 못하다
　 / 말다'로 바뀌어 현대 국어에서도 그대로 사용된다.

❹ 현대 국어

현대 국어의 부정법은 근대 국어와 다르지 않다.

(6) 사동법

사동법의 실현 방법은 큰 변화가 없으나, 중세 국어에서 현대 국어로 오면서 파생적 사동법이 차츰 통사적 사동법으로 교체되는 양상의 변화가 나타난다.

❶ 중세 국어

파생적 사동 : −이−, −히−, −기−, −오/우−, −호/후−, −고/구−
한 비를 아니 그치샤[궂−이−샤] (용비어천가 68)
太子ㅣ 道理 일우샤[일−우−샤] (석보상절 6 : 5)
통사적 사동 : −게 ᄒ−, −긔 ᄒ−
사르미 도로 道果를 得긔 ᄒ시니 (석보상절 19 : 36)

❷ 근대 국어

파생적 사동 : −이−, −히−, −리−, −기−
긔를 두르고 붑을 울려[울−리−어] (동국신속삼강행실도−충신 1 : 90)
통사적 사동 : −게 ᄒ/하−
반드시 그 덕줌홈을 얻게 ᄒ고 (여사서언해 2 : 4)
사동법의 변화(중세 > 현대)
길이다 > *길이다/ 길게 하다
살이다 > *살이다/ 살게 하다
녈오다 > *얕오다/ 얕게 하다
ᄒ이다 > *하이다/ 하게 하다

❸ 현대 국어

• 파생적 사동 : −이−, −히−, −리−, −기−, −우−, −구−, −추−, −시키−
• 통사적 사동 : −게 하−, −게 만들−, −도록 하−, −도록 만들

(7) 피동법

피동법은 중세 국어에서 현대 국어로 올수록 파생적 피동법은 제약되고 통사적 피동법이 확대된다.

❶ 중세 국어

파생적 피동 : ㅡ이ㅡ, ㅡ히ㅡ, ㅡ기ㅡ

ᄆᆞᆾ매 마쿄미[막ㅡ히ㅡ오ㅡㅁㅡ이] (능엄경언해 7 : 18)

통사적 피동 : ㅡ아 / 어 디ㅡ

뫼히여 돌히여 다 노가[녹아] 디여 (월인석보 1 : 48)

❷ 근대 국어

파생적 피동 : ㅡ이ㅡ, ㅡ히ㅡ, ㅡ리ㅡ, ㅡ기ㅡ

엇디 名稱이 들리며 (여사서언해 3 : 39)

통사적 피동 : ㅡ아 / 어 디 / 지ㅡ

後世애 宗法이 … 흐터 뎌 (가례언해 도20)

피동법의 변화(중세 > 현대)

브리이다 > 부리어 지다

ᄇ리이다 > 버리어 지다

얻티이다 > 얻어 지다

꺼리이다 > 꺼리어 지다

❸ 현대 국어

파생적 피동 : ㅡ이ㅡ, ㅡ히ㅡ, ㅡ리ㅡ, ㅡ기ㅡ, ㅡ되ㅡ

통사적 피동 : ㅡ어 지ㅡ, ㅡ게 되ㅡ

(8) 인칭법

인칭법은 시대에 따라 변화가 크게 일어난다. 중세 국어에서 문장의 주어가 1인칭인 경우에는 'ㅡ오 / 우ㅡ'가 나타나고, 2·3인칭일 경우에는 'ㅡ오 / 우ㅡ'가 나타나지 않았는데, 근대 국어에 와서 인칭법은 사라진다.

❶ 중세 국어

　1인칭 주어 : '−오 / 우−'를 동반

　　나는 後로 놈 더브러 드토둘 아니ᄒ노이다 (석보상절 11 : 34)

　　ᄒ오ᅀᅡ 내 尊호라 (월인석보 2 : 34)

　2 · 3인칭 주어 : '−오 / 우−'를 동반하지 않음

　　이 모든 大衆이 … 아디 몯ᄒᄂ이다 (능엄경언해 2 : 55)

　　無色界옛 늂ᄆ리 ᄀᄅᆡ븨 ᄀ티 ᄂ리다 (월인석보 1 : 36)

❷ 근대 국어

　1 · 2 · 3인칭 주어 : '−오 / 우−' 동반하지 않음

　　나는 그저 이리 니ᄅ니라 (노걸대언해 상 17)

(9) 강조법

　강조법은 화자가 언어내용을 청자에게 전달하면서 강조의 태도를 나타
내는 문법범주이다. 중세 국어에는 존재한 강조법의 문법요소가 근대 국
어에까지 이어졌으나 현대 국어에 와서는 거의 사라졌다.[15]

❶ 중세 국어

　강조법의 형태 : −어−, −거−, −도−, −ᅀᅳ−

　　나라히 偉神을 일허다[잃−어−다] (월인석보 10 : 9)

　　시르미 도욱 깁거다 (월인석보 8 : 101)

　　여슷 하ᄂ래 그듸 가 들 찌비 불쎠 이도다 (석보상절 6 : 35)

　　너희둘히 힘뼈ᅀ라 (석보상절 23 : 13)

❷ 근대 국어

　이 시기의 강조법은 중세 국어의 형태가 대개 이어진다.

　　진실로 올히 가난ᄒ−여−라 (노걸대언해 상 49)

　　큰형아 네 나히 하−도−다 (노걸대언해 상 57)

---

15) 권재일(1988 : 163).

봉황이 느니 화히 우러 즐겨 ᄒᆞ−놋−다(동국삼강행실도 1 : 92)

알리−로−소냐 아디 못ᄒᆞ리−로−소냐(노걸대언해 상 5)

❸ 현대 국어

강조법 형태 : −도−다

忽地에 洪水가 되ᄂᆞᆫ도다(국어독본 4)

아름답도다.

(10) 접속어미

중세 국어의 접속어미가 현대 국어에까지 유지된 형태도 있고 그 사이
에 사라진 형태도 있는데, 현대 국어에까지 유지된 경우라 하더라도 형태
의 변화를 입은 것이 많다.

❶ 중세 국어

나열 : −고 / 오 / 구 / 곡−, −으며, −은대, −니와

대조 : −으나, −어도, −고도, −ㄴ뎡, −디비

선택 : −으나 으나

인과 : −으니, −을씨, −어, −거

조건 : −으면, −은댄, −늘, −든, −은들

목적 : −고져, −과뎌, −려고, −으라

결과 : −게, −ᄃᆞ록

첨의 : −다가, −다가며, −곤, −디옷, −엄

❷ 근대 국어

대등접속 : −고, −며, −면서, −거나, −든지

종속접속 : −니, −니ᄭᅵ, −면, −ㄹ시, −아 / 어, −ㄴ대, −든, −매, −ㄹ
디언정, −ㄹ진대, −관대, −늘, −ㄴ즉, −나, −아도, −니와,
−ㄴ뎡, −ㄴ둘, −고져, −노라, −려, −과뎌 / 댜, −다가

❸ 현대 국어[16]

　　나열관계 : −고, −며, −면서, −거니와
　　선택관계 : −거나, −든지
　　대립관계 : −나, −아도, −지만, −나마, −건만, −련만
　　조건관계 : −면, −거든, −던들, −ㄹ진대
　　양보관계 : −아도, −더라도, −ㄹ지라도, −ㄴ들, −ㄹ지언정, −ㄹ망정
　　인과관계 : −아서, −니까
　　시간관계 : −고, −고서, −어서, −자, −자마자
　　상황관계 : −는데, −니까
　　부가관계 : −되
　　전환관계 : −다가
　　목적관계 : −러, −려고, −고자
　　결과관계 : −게, −도록, −게끔

(11) 명사화 어미

중세 국어에서 명사화 어미로 '−음', '−기', '−디' 등이 나타나는데, '−음'이 광범하게 사용되었다. 하지만 근대 국어에서는 '−음'의 사용이 축소되고 '−기'의 사용이 확대되며, '−디'가 '−기'에 통합되는 양상을 보인다. 그리고 현대 국어에서는 근대 국어와 마찬가지로 '−음'과 '−기'가 두루 사용되고 있다.

❶ 중세 국어

　　−음, −기, −디
　　　相올 여희여 發心호물 勸ᄒᆞ샨 (금강경삼가해 3 : 36)
　　　내 겨지비 가져 가디 어려볼세 (월인석보 1 : 13)
　　　즌 국슈 먹기 닉디 못ᄒᆞ여라 (노걸대언해 상 54)

---

16) 윤평현(2006) 참조.

❷ 근대 국어

－음, －기
　어미개 도라오<u>기</u>를 기다리더라 _(초목필지 60)
　대개 ᄌ식의 병 근심ᄒ<u>기</u>룰 맛디 아닌대 _(두창경험방언해 65)

❸ 현대 국어

－음, －기

(12) 인용문 구성

중세 국어에서는 [＋도입절] 구성이 주류를 이루었으나, 근대 국어에서는 [－도입절] 구성이 확대되고 현대 국어에서는 [－도입절] 구성이 중심을 이룬다.[17]

❶ 중세 국어

부톄 <u>니르샤ᄃ</u>, "이러ᄒᆫ 妙法은 … ᄒ니라" _(석보상절 13 : 47)
須達이 <u>무로ᄃ</u>, "婚姻 위ᄒ야 … ᄒ노닛가" _(석보상절 6 : 16)

❷ 현대 국어

영수는 철수가 집에 갔<u>다고</u> 말하더라.
그는 "자기가 그 일을 하겠다"<u>라고</u> 말하더라.

중세 국어에서 인용문 구성은 대개 인용하는 문장 앞에 도입절이 있으나, 현대 국어에서는 도입절이 거의 사라지고 인용조사 '－고', '－라고'가 실현되고 있다.

❸ 형태 변화의 양상
시대의 흐름에 따라 형태 변화의 모습이 나타난다.

---

17) 권재일(1998 : 250~280).

① 절단(간소화) : ᄂ이다>-니>-네, ᄉ이다>-시>-새>-세

② '-오/우-' 소실 : 우룸(鳴)>우름>울음, 우슴(笑)>우음>웃음

③ 유추현상 : 그르다(誤)>긇다('옳다'에 이끌림), ᄉ올>사흘('나흘'에 이끌림)

④ 오분석 : 누고(대명사+조사)>누구(대명사)

⑤ 민간어원 : *울게>울에>우뢰(鳴-雷), 여ᅀ>여ᄋ>여우(狐)

⑥ 전위 : 빗복>배꼽, 시혹>혹시, 서벅서벅하다>버석버석하다

6. 어휘 / 의미의 변화[18)

국어의 변화에서 음운의 변화와 문법의 변화에 비해 어휘의 변화가 가장 크게 일어난다. 그 이유는 다음과 같다. 첫째, 시대의 흐름에 따라 수많은 역사적 사건들이 발생했다. 둘째, 이웃 나라들과의 문화적 접촉이나 충돌이 확대되었다. 셋째, 사회의 점진적 발달과 언중들이 가지는 의식의 성숙이다.

❶ 고대 국어

한자를 빌려서 사용한 향찰문자에 의해 표기한 향가와 금석문, 삼국유사, 삼국사기 등에서 고대 국어의 어휘가 나타난다.

東京 : *셔블
遊行如 : *노니다
入良沙 : *들어서
折可 : *꺾어
岩乎 : *바회

---

18) 이기문(1986), 임지룡 외(2005) 참조.

❷ 전기 중세 국어

계림유사와 향약구급방 등이 이 시기의 어휘를 반영하고 있으며, 특히 몽고의 침입으로 말미암아 몽고어가 늘어나고 한자어도 증가한다.

*가히 : 개
*ᄡᆞᆯ : 쌀
*한날 : 하늘
*바롤 : 바다

❸ 후기 중세 국어

훈민정음이 창제되어 고유어의 어휘가 많이 나타나고, 이 시기에 불경 언해가 많아 불교 어휘가 많이 나타나며 높임동사도 보인다.

온 : 백(百)
잣 : 성(城)
즈믄 : 천(千)
불휘 : 뿌리(根)
여름 : 열매(實)
자시다 : 주무시다
겨시다 : 계시다

❹ 근대 국어

고유어가 한자어로 교체되는 현상이 두드러진다.

뫼 : 산(山)
ᄀᆞ롬 : 강(江)
오래 : 문(門)

❺ 의미의 확대 / 축소 / 변화

- 다리 : 본디 [+유정성] 자질을 가진 명사에 결합하였으나, [−유정성] 자질을 가진 명사에도 결합하게 된다. (확대)
  −사람 / 책상 / 안경 / 의 다리
- 먹다 : 이 동사는 본디는 구체적인 사물을 목적어로 취하였으나, 추상적인 체언을 목적어로 취하게 된다. (확대)

- 밥 / 마음을 먹다.
- 짐승 : 모든 생물을 가리켰으나, 사람을 제외한 다른 동물만을 가리키게 된다. (축소)
- 놈 : 보통의 남자를 가리켰으나, 남을 저속하게 이르는 말로 사용된다. (축소)
- 계집 : 보통의 여자를 가리켰으나, 여자를 저속하게 이르는 말로 사용된다. (축소)
- 어리다 > 어리석다 → (나이가)어리다 (변화)
- 어엿브다 > 불쌍하다 → 예쁘다 (변화)
- 싸다 > (값이)비싸다 → 싸다 (변화)
- 즛 > 용모 → 짓 (변화)
- 괴다 > 사랑하다 (변화)
- 혁다 > 격다 > 적다 (변화)

7. 표기의 변화

표기법은 그 시기 국어의 모습을 드러내는 바탕이 되는 원칙이라 할 수 있다. 후기 중세 국어에서는 연철이 보편적인 표기 방법이었으나, 근대 국어로 오면서 차츰 분철로 바뀌는 양상을 보여준다.

❶ 고대 국어

고대 국어에는 이두, 향찰과 같은 표기 방법이 있었다.

- 이두 : 婦人是 必于 夫家得罪 爲良置…(대명률직해)
- 향찰 : 東京明期月良…(처용가)

❷ 전기 중세 국어

주로 한자로 표기하거나 이두로 표기하였다.

- 한자로 표기 : 犬曰家稀(*가히)
- 중국식 표기 : 存曰薩(*살一)
- 이두식 표기 : 凡男女定婚之初良中(一에)

❸ 후기 중세 국어

우리의 문자인 '훈민정음'이 창제되어 이것으로 표기하게 된다. 음소적 표기를 원칙으로 하되 음절 단위로 표기하였는데, 여기에서 맞춤법이라는 문제가 발생하게 된다. 즉 소리대로 표기하면 연철이 되고 음절 단위로 표기하면 분철이 되기 때문이다. 15세기 국어에는 대개 연철이 우세하고 16세기 초기에 연철과 분철이 혼용되다가(중철) 16세기 후기에는 차츰 분철로 바뀌었다.

그리고 한글로 표기된 문헌들은 대부분 띄어쓰기를 하지 않았으며, 구두점도 사용하지 않았다. 또 초성으로 표기되던 'ᄡ', 'ᄧ', 'ᄩ' 등이 16세기 후기부터 사용되지 않았으며, 근대 국어에 와서 어간과 어미의 분리 표기 의식이 확대되었다.

훈민정음 예의 문자 운용에 '종성부용초성'이라 하여 초성은 다시 종성으로 사용할 수 있다는 언급이 있다. 이것은 훈민정음에서 종성은 따로 만들지 않고 초성으로써 종성으로 사용함을 나타낸 것으로 해석된다. 그러나 훈민정음 해례의 종성해에서 'ㄱ, ㆁ, ㄷ, ㄴ, ㅂ, ㅁ, ㅅ 八字可足用也'라 하여 이른바 팔종성법을 제시하였는데, 이것은 종성의 대표적인 소리를 8개로 한정한 것이다. 이와 같이 종성에 나타나는 대표 소리를 8개로 규정한 것은 음소적으로 표기함을 원칙으로 삼았음을 단적으로 보여 준다.[19]

▌15세기 국어의 분철 표기 용례
　① 한자 뒤에 모음으로 시작되는 어미 : 天福이시니, 中國에
　② 자음이 탈락한 위치 : 믈와, 몰애
　③ 일부의 명사 : 노룻, 아ᅀ

---

19) 현대 국어에서는 종성의 대표 소리가 7개이다.

❹ 근대 국어

된소리 표기는 'ㅅ'으로 통일되고, 어간과 어미의 분리 표기 의식이 확대되며, 종성에서 'ㅅ'과 'ㄷ'이 혼용되었다. 그리고 'ㅿ'와 'ㆁ'가 사라진다.

❺ 현대 국어[20]

한글이 창제된 이후부터 19세기까지 어느 시기에도 공식적인 맞춤법이 나오지 않았으나, 표기에 혼란이 있었던 것으로 보이지는 않는다. 하지만 20세기에 들어와서 나라의 주권이 일제에 의해 짓밟힐 위험이 고조됨에 따라 국어의 존재에 대한 관심이 크게 높아지는 상황에 직면하게 되었다.

따라서 한글에 관심을 가진 사람들과 정부가 우리글을 지킨다는 측면에서 표기의 원칙을 제정할 필요가 대두되었다. 처음으로 제시된 맞춤법안은 1909년 국문연구소[21]에서 만든 '국문연구 의정안'이 정부 차원의 맞춤법 통일안이다. 그러나 이 맞춤법 통일안은 공포되지도 못한 채 무산되고 말았다. 그 뒤 일제의 강점 밑에서 1912년 조선총독부의 '언문철자법'이 공포되었다. 이어서 1921년 '보통학교용 언문철자법대요'가 조선총독부에 의해 공포되었고, 다시 1930년 '언문철자법'이 공포되었다. 그러다가 드디어 한글 학자들로 구성된 조선어학회에 의해 1933년 11월 '한글맞춤법통일안'이 공포되어 오늘에 이르고 있다.

┃ 국문연구소의 맞춤법 통일안(1912)

   ① 된소리 표기에 'ㅺ, ㅼ, ㅽ, ㅾ' 등의 합용자 대신 'ㄲ, ㄸ, ㅃ, ㅆ, ㅉ' 등을 쓴다.
   ② 'ㆍ' 자를 계속 살려 쓴다.
   ③ 받침에 'ㄷ, ㅈ, ㅊ, ㅋ, ㅌ, ㅍ, ㅎ'을 쓴다.

---

20) 권재선(1996), 이익섭(2000)을 참조.
21) 국문연구소의 연구위원은 모두 8명인데, 어윤적, 이능화, 주시경, 권보상, 송기용, 지석영, 이민응, 윤돈구 등이다.

▌조선총독부의 언문철자법(1912)
　① 받침으로 'ㄱ, ㄴ, ㄹ, ㅁ, ㅂ, ㅅ, ㅇ, ㄺ, ㄻ, ㄼ' 등만 허용한다.
　② 된소리 표기를 'ㅅㄱ, ㅅㄷ, ㅅㅂ, ㅆ' 등을 사용한다.
　③ 'ㆍ' 대신 'ㅏ'로 쓴다.

▌조선총독부의 언문철자법(1930)
　① ㅅ을 동반한 된소리 표기 대신 'ㄲ, ㄸ, ㅃ, ㅆ, ㅉ' 등으로 쓴다.
　② 어간과 어미, 체언과 토를 구분하여 적는다.
　③ 불규칙용언은 발음대로 쓴다.

▌조선어학회의 한글맞춤법 통일안(1933)
　① 모두 65항으로 세부적으로 규정하였다.
　② 받침에 'ㅋ, ㅎ, ㄵ, ㄶ, ㅆ' 등을 더 쓴다.
　③ 문장의 각 단어는 띄어 쓰되, 토는 그 윗말에 붙여 쓴다.

✔ 현행 한글맞춤법

현행 한글맞춤법은 1988. 1. 19에 정부에서 고시한 이후 지금까지 사용되고 있는 맞춤법 규정이다.

▌체계 : 모두 6장 57항으로 구성
　제1장 총칙
　제2장 자모
　제3장 소리에 관한 것
　제4장 형태에 관한 것
　제5장 띄어쓰기
　제6장 그 밖의 것

▌총칙
　제1항 한글맞춤법은 표준어를 소리대로 적되, 어법에 맞도록 함을 원칙으로 한다.
　제2장 문장의 각 단어는 띄어 씀을 원칙으로 한다.

제3장 외래어는 '외래어 표기법'에 따라 적는다.

제1항에서는 표기의 원칙을 밝혔다. 그 원칙의 하나는 표준어를 소리대로 적는다는 것이고, 다른 하나는 어법에 맞도록 한다는 것이다.

✔ 표준어

표준어는 광범한 언어 공동체에 의해 인정되며, 하나의 전형(典型)으로 취급되는 규범화된 언어 형식을 말한다.

- 표준어의 요건 : 규범성, 이상성, 품위성
- 표준어의 기능 : 통일, 위신, 준거

✔ 음소주의와 형태주의

표준어를 '소리대로 적는다'는 것은 음소주의(표음주의)에 따른다는 원칙이고, '어법에 맞도록 적는다'는 것은 형태주의(표의주의)에 따른다는 원칙이다.

한글맞춤법에 음소주의와 형태주의가 병행하여 적용되고 있다. 즉 '마중, 무덤, 개구리, 너무, 우습다, 쓰러지다' 등은 어원적 형태를 무시하고 소리대로 적는 보기이며, '웃음', '얼음', '길이', '믿음', '미닫이', '일찍이', '넘어지다', '일어나다' 등은 소리대로 적는 원칙은 무시하고 어원적 형태대로 적는 보기이다.

한글이 소리 문자라 하여 한글맞춤법의 원칙을 소리대로 적는 음소주의만 적용하면, 한글 문자가 가지고 있는 시각적인 의미 효과를 상실하게 된다. 이를테면 '읽다'의 활용형 '읽어라', '읽어서', '읽어' 등을 그 소리대로 적으면 '일거라', '일거서', '일거' 등과 같이 표기되어 이들 낱말의 의미를 알 수 없게 된다. 즉 이들 활용형의 기본형인 '읽다'의 어간 형태가 '일거라', '일어서', '일거' 등에서는 시각적으로 잘 드러나지 않는 문제가 있기 때문이다. 하지만 어원적 형태가 무시되더라도 본디 의미가 흐려지지 않을 경우에는 소리대로 적는다. 이를테면 '마개', '사글세', '뻐꾸기', '끄트머리', '널찍하다', '쓰러지다' 등이 그런 보기에 해당하는 낱말이다. 이상과 같이 한글맞춤법의 표기 원칙으로 음소주의와 형태주의를 함께 적용함으로써, 표현된 한글 문자에 대한 의미 파악의 효율성을 높이게 되는 것이다.

제2항에서는 띄어쓰기의 원칙을 밝혔다. 단어는 문장을 이루는 최소의 자립 구성소이다. 따라서 단어가 가지는 자립성을 중시하여 문장에서 띄어 쓴다는 것이다.

제3항은 외래어는 '외래어 표기법'에 따른다는 원칙이다.

외래어 표기법은 모두 4장으로 구성되어 있다. 제1장은 표기의 기본 원칙으로 모두 5개 항이다. 제2장은 표기 일람표로 표1은 국제 음성 기호와 한글 대조표, 표2는 에스파냐어와 한글 대조표, 표3은 이탈리아어와 한글 대조표, … 표13은 덴마크어와 한글 대조표 등이다. 제3장은 표기 세칙이다.

제1절 영어의 표기, 제2절 독일어의 표기, 제3절 프랑스어의 표기, … 제15절 덴마크어의 표기 등이 있다. 그리고 제4장은 인명, 지명의 표기 원칙 등이다. 제1절 표기 원칙, 제2절 동양의 인명, 지명 표기, 제3절 바다, 섬, 강, 산의 표기 세칙 등이다.

✔ 외래어의 표기 세칙

▌제1절 영어의 표기 세칙
영어의 표기는 미국 영어에서 차용된 외래어는 미국식 발음을, 영국에서 차용된 것은 영국식 발음을 영어 표기의 규정에 따라 표기한다.

제1항 무성 파열음

1. 짧은 모음 다음의 어말 무성 파열음 [p], [t], [k]은 받침으로 적는다.
   gap : 갭   cat : 캣   book : 북
2. 짧은 모음과 유음 비음([l], [r], [m], [n]) 이외의 자음 사이에 오는 무
   성 파열음은 받침으로
   apt : 앱트   setback : 셋백   act : 액트
3. 위 경우 이외의 어말과 자음 앞의 p, t, k는 '으'를 붙여 적는다.
   stamp : 스탬프   desk : 데스크   apple : 애플

제2항 유성 파열음 [b], [d], [g]

어말과 모든 자음 앞에 오는 유성 파열음은 '으'를 붙여 적는다.
   land : 랜드   signal : 시그널   kidnap : 키드냅

제3항 마찰음 [s], [z], [f], [v], [θ], [ʃ], [ʒ], [ð]

1. 어말 또는 자음 앞의 [s], [z], [f], [v], [θ], [ð]는 '으'를 붙여 적는다.
   graph : 그래프   thrill : 스릴   olive : 올리브
2. 어말의 [ʃ]는 '시'로 적고, 자음의 [ʃ]는 '슈'로, 모음 앞의 [ʃ]는 뒤 따
   르는 모음에 따라 '샤, 섀, 셔, 시'로 적는다.
   flash : 플래쉬   shark : 샤크   shopping : 쇼핑

제4항 파찰음 [ts], [dz], [tʃ], [dʒ]

1. 어말 또는 자음 앞의 [ts], [dz]는 '츠, 즈'로 적고, [tʃ], [dʒ]는 '치, 지'로
   적는다.
   keats : 키츠   switch : 스위치   bridge : 브리지
2. 모음 앞의 [tʃ], [dʒ]는 '치, 지'로 적는다.
   chart : 차트   virgin : 버진

제5항 비음 [m], [n], [ŋ]

1. 어말 또는 자음 앞의 비음은 모두 받침으로 적는다.
   steam : 스팀   lamp : 램프   corn : 콘
2. 모음과 모음 사이의 [ŋ]은 앞 음절의 받침 'ㅇ'으로 적는다.
   hanging : 행잉   longing : 롱잉

제6항 유음[l]

1. 어말 또는 자음 앞의 [l]은 받침으로 적는다.

　　hotel : 호텔　　　　　pulp : 펄프

2. 어중의 [l]이 모음 앞에 오거나, 모음이 따르지 않는 비음 [m], [n] 앞
에 올 때는 'ㄹㄹ'로 적는다.

　　slide : 슬라이드　　　film : 필름　　　　　helm : 헬름

제7항 장모음

장모음의 장음은 따로 표기하지 않는다.

　　team : 팀

제8항 중모음 [ai], [au], [ei], [l], [ou], [au]

중모음은 각 단모음의 음가를 살려서 적되, [ou]는 '오'로, [auə]는 '아워'
로 적는다.

　　boat : 보트　　　　　tower : 타워

제9항 반모음([w], [j])

1. [w]는 뒤따르는 모음에 따라 [wə], [wɔ], [wou]는 '워', [wa]는 '와',
[wæ]는 '왜', [wI]는 '우'로 적는다.

　　word : 워드　　wag : 왜그

2. 자음 뒤에 [w]가 올 때는 두 음절로 갈라 적되, [gw], [hw], [kw]는 한
음절로 붙여 적는다.

　　swing : 스윙　　　　　penguin : 펭귄

3. 반모음 [j]는 뒤따르는 모음과 합쳐 '야, 여, 예, 요, 유, 이'로 적는다.
다만 [d], [l], [n] 다음에 올 때는 각각 '디어, 리어, 니어'로 적는다.

　　yard : 야드　　　yearn : 연　　　indian : 인디언　　　union : 유니언

제10항 복합어

1. 따로 설 수 있는 말의 합성으로 이루어진 복합어는 그것을 구성하고
있는 말이 단독으로 쓰일 때의 표기와 같이 적는다.

　　cuplike : 컵라이크　　　bookland : 북랜드　　　touchwood : 터치우드

▌자모

제4항 한글 자모의 수는 스물넉 자로 하고, 그 순서와 이름은 다음과 같다.
ㄱ(기역), ㄴ(니은), ㄷ(디귿), ㄹ(리을), ㅁ(미음), ㅂ(비읍), ㅅ(시옷),
ㅇ(이응), ㅈ(지읒), ㅊ(치읓), ㅋ(키읔), ㅌ(티읕), ㅍ(피읖), ㅎ(히읗)
ㅏ(아), ㅑ(야), ㅓ(어), ㅕ(여), ㅗ(오), ㅛ(요), ㅜ(우), ㅠ(유), ㅡ(으), ㅣ(이)
그리고 (붙임1), (붙임2)가 있다.

▌소리에 관한 것

제1절 된소리

제2절 구개음화

제3절 'ㄷ'소리 받침

제4절 모음

제5절 두음 법칙

제6절 겹쳐 나는 소리

▌형태에 관한 것

제1절 체언과 조사

제2절 어간과 어미

제3절 접미사가 붙어서 된 말

제4절 합성어 및 접두사가 붙어서 된 말

제5절 준말

▌띄어쓰기

제1절 조사

제2절 의존 명사, 단위를 나타내는 명사 및 열거하는 말 등

의존명사와 단위를 나타내는 말은 띄어 쓴다. 순서를 나타내는 경우나 숫자와 어울리는 경우에는 '두시', '삼학년', '육층', '2대대' 등과 같이 붙여 쓸 수 있고, 또 단음절로 된 단어가 연이어 나타날 적에는 '그때, 좀더 큰것, 이말 저말, 한잎 두잎' 등과 같이 붙여 쓸 수 있다. 그리고 수를 적을 때는 '십이억 삼천사백오십육만 칠천팔백구십팔'과 같이 만 단위로 띄

어 쓰고, 두 말을 이어주거나 열거할 적에는 '국장 겸 과장', '열 내지 스물', '책상, 걸상 등이 있다'와 같이 띄어 쓴다.

✔ 제3절 보조용언

보조 용언은 띄어 씀을 원칙으로 하되, 경우에 따라 붙여 씀을 허용한다고 규정하였다.

    ① 불이 <u>꺼져 간다</u> / 꺼져간다.
    ② 비가 <u>올 성싶다</u> / 올성싶다.
    ③ 잘 <u>아는 척한다</u> / 아는척한다.
    ④ 어머니를 <u>도와 드린다</u> / 도와드린다.
    ⑤ 내 힘으로 <u>막아 낸다</u> / 막아낸다.

보조용언은 의존명사와 함께 준실사에 속하는 용언이다. 준실사란 어휘적 의미와 문법적 의미를 함께 가지고 있는 말로 자립성과 의존성을 공유한다. 따라서 보조용언은 그 자립성을 중심으로 보면 띄어 쓸 수 있고 의존성을 중심으로 보면 붙여 쓸 수 있는 것이다. 그리고 준실사에 속하는 보조용언은 문법화 과정에 있는 경우가 많아서, 그 어휘적 의미가 차츰 줄어드는 대신 문법적 의미가 확대되어 허사로 변화하는 양상이 드러나고 있다.

이러한 보조용언의 문법화 경향이 보조용언을 본용언 뒤에 붙여 쓸 수 있는 근거로 작용한다. 이를테면 위의 문장 ①에서 보조용언 '가다'는 '오다'와 대립되는 어휘적 의미를 가진 어휘소라 할 수 없다. 즉 ①의 '가다'는 그 어휘적 의미가 거의 상실되고 문법적 의미를 가진 문법 요소로 파악되므로, 오히려 본용언에 붙여 쓰는 것이 자연스럽다.

다만, 앞말에 조사가 붙거나 앞말이 합성 동사인 경우, 그 뒤에 오는 보조용언은 띄어 쓴다.

① 그가 올 듯도 하구나.
② 그는 잘난 체를 한다.
③ 책을 읽어도 보고
④ 강물에 떠내려가 버렸다.

✔ 제4절 고유 명사 및 전문 용어

성과 이름, 성과 호 등은 붙여 쓰고, 이에 덧붙는 호칭어, 관직명 등은
띄어 쓴다.

① 김규영 씨
② 김형욱 군
③ 우현욱 사장

성명 이외의 고유 명사는 단어별로 띄어 씀을 원칙으로 하되, 단위별
로 띄어 쓸 수 있으며, 그리고 전문 용어는 단어별로 띄어 씀을 원칙으로
하되, 붙여 쓸 수 있다.

① 대한 중학교 / 대한중학교
② 대구 대학교 / 대구대학교
③ 선어말 어미 / 선어말어미
④ 중거리 탄도 유도탄 / 중거리탄도유도탄

✔ 그 밖의 것

부사의 끝음절이 분명히 '이'로 나는 것은 '-이'로 적고, '히'로 나는
것과 '이'나 '히'로 나는 것은 '-히'로 적는다.

① 깨끗이 가붓이 버젓이 느긋이 대수로이
② 극히 딱히 특히 속히 엄격히 정확히
③ 솔직히 각별히 꼼꼼히 당당히 도저히

다음과 같은 어미 ①은 예사소리로 적는다. 다만 ②와 같이 의문을 나타내는 어미는 된소리로 적는다.

① -(으)ㄹ거나, -(으)ㄹ걸, -(으)ㄹ게, -(으)ㄹ지
② -(으)ㄹ까, -(으)ㄹ쏘냐, -(으)리까

지난 일을 나타내는 어미는 '-더라', '-던'으로 적고, 물건이나 일의 내용을 가리지 아니하는 뜻을 나타내는 조사와 어미는 '-든지'로 적는다.

① 지난 겨울은 몹시 춥더라.
② 얼마나 놀랐던지 몰라.
③ 배든지 사과든지 마음대로 먹어라.
④ 오든지 가든지 마음대로 해라.

다음 말들은 구별하여 적는다.

① 둘로 가름 / 새 책상으로 갈음하였다.
② 걷잡을 수 없는 상태 / 겉잡아서 이틀 걸릴 일
③ 고무줄을 늘이다 / 수출량을 늘리다
④ 문이 저절로 닫혔다 / 문을 힘껏 닫쳤다
⑤ 쇠뿔에 받혔다 / 술을 체에 밭친다
⑥ 자동차가 마주 부딪쳤다 / 자전거가 트럭에 부딪혔다
⑦ 인쇄에 부치는 원고 / 흥정을 붙인다
⑧ 밥을 안친다 / 윗자리에 앉힌다
⑨ 하노라고 한 것이 이 모양이다 / 공부하느라고 밤을 새웠다

표준어 규정 정부 고시 제 88-2호(1988. 1. 19)
　제1부 표준어 사정 원칙
　　　제1장 총칙
　　　제2장 발음 변화에 따른 표준어 규정

제4절 단수 표준어
제5절 복수 표준어
제3장 어휘 선택의 변화에 따른 표준어 규정
제4장 단수 표준어
제5장 복수 표준어
제2부 표준 발음법
제1장 총칙
제2장 자음과 모음
제3장 음의 길이
제4장 받침의 발음
제5장 음의 동화
제6장 경음화
제7장 음의 첨가

✔ 국어의 어문 규정

언어에는 음성언어(입말)와 문자언어(글말)가 있다. 음성언어가 먼저 사용되고 그 음성언어를 표기할 문자언어가 나중에 만들어지는 것이 보통이다.

언어는 언제나 고정되어 있는 것이 아니고 사람에 따라, 지역에 따라, 시대에 따라 끊임없이 변화한다. 따라서 하나의 기준이 되고 모범이 되는 표준어의 제정이 필요하게 되는데, 이 표준어야말로 가장 규범적인 언어라 할 수 있다. 그렇기 때문에 표준어 제정의 기준에 대해서는 갖가지 논란이 있을 수밖에 없는 문제점을 안고 있다. 그래서 나라에 따라서는 표준어 대신 공용어의 개념을 도입하는 경우가 있다.

국어의 어문 규정에는 표준어 규정, 한글 맞춤법, 외래어 표기법, 국어의 로마자 표기법 등이 있는데, 이런 규정은 모두 국어를 바르게 사용하기 위한 지침이 된다. 따라서 우리는 국어의 어문 규정을 잘 익혀서 올바른 국어생활을 영위해야 할 것이다.

▦ 연습문제

1. 훈민정음의 창제 원리를 구체적으로 말해 보자.

2. 훈민정음의 자음과 모음의 기본자를 열거해 보자.

3. 훈민정음의 '종성부용초성(終聲復用初聲)'과 '팔자가족용야(八字可足用也)'를 구별하고, 그 관계를 설명해 보자.

4. 중세 국어의 인용문 구성과 현대 국어의 인용문 구성의 차이를 설명해 보자.

5. 단모음의 변화를 중세 국어, 근대 국어, 현대 국어에 따라 기술해 보자.

6. 중세 국어와 현대 국어의 시제법과 대우법 등의 차이에 대해 설명해 보자.

7. 중세 국어의 명사화어미 '-음', '-기', '-디' 등이 현대 국어로 내려오면서 어떤 변화를 겪었는가에 대해 생각해 보자.

8. 보조용언과 의존명사의 띄어쓰기와 문법화의 관계를 설명해 보자.

9. 다음을 구별하여 짧은 문장을 써 보자.

    가름 / 갈음, 늘이다 / 늘리다, 닫히다 / 닫치다, 부딪치다 / 부딪히다

10. 단수 / 복수 표준어 설정과 표준어의 문제점을 생각해 보자.

11. 외래어 표기에서, 영어의 이중모음을 단모음의 음가로 표기하는 경우를 살펴보자.

12. 국어 표기법의 두 가지 원리를 설명해 보자.

13. 국어의 변화에 따라 의미가 확대, 축소, 변화된 보기를 들어보자.

| 참고문헌

강규선(1989), 개화기 국어의 경어법 연구, 성균관대 박사학위논문.
강정희(1982), 제주 방언의 문법화 과정에 대하여, 국어학11, 국어학회.
고영근(1997), 표준중세국어문법론, 탑출판사.
국립국어연구원(1995), 한국 어문 규정집, 계문사.
국립국어연구원(1997), 국어의 시대별 변천 연구2, 일신정판사.
권영환(1993), 도움풀이씨의 문법화, 부산한글12, 한글학회부산지회.
권재선(1988), 국어학 발전사, 우골탑.
권재선(1992), 한글연구(1)(2), 우골탑.
권재선(1992), 훈민정음의 표기법과 음운, 우골탑.
권재선(1996), 국문자론, 우골탑.
권재일(1998), 한국어 문법사, 박이정.
권재일(2005), 20세기 초기 국어의 문법, 서울대출판부.
김동소(2005), 한국어 변천사, 형설출판사.
김영욱(1995), 문법형태의 역사적 연구, 박이정.
김영일(1998), 중세국어 'ㄱ'덧남 어형의 재고찰, 어문학64, 한국어문학회.
김종록(1989), 부사형 접사 '이'와 '게'의 통시적 교체, 국어교육연구21, 경북대.
김형규(1986), 증보 국어사 연구, 일조각
김형철(1997), 개화기 국어 연구, 경남대출판부.
남기심·고영근(1985), 표준국어문법론, 탑출판사.
류성기(1992), 사동사 사동법의 변화와 사동사 소멸, 국어학22, 국어학회.
민현식(1991), 국어의 시상과 시간부사, 개문사.
민현식(1999), 국어 정서법 연구, 태학사.
박진호(1998), 고대 국어 문법, 국어의 시대별 변천 연구3, 국립국어연구원.
백두현(1997), 현풍 곽씨 언간 판독문, 어문론총31, 경북대.
서정목(1977), 15세기 국어의 속격 연구, 국어연구36, 서울대 국어연구회.
서종학(1983), 15세기 국어의 후치사 연구, 국어연구53, 국어연구회.
서종학(1995), 이두의 역사적 연구, 영남대 출판부.
송창선(1996), 근대국어의 사동피동 표현 양상 연구, 문학과 언어17, 문학과언어연구회.
안병희(1967), 한국어 발달사—문법사, 한국문화사대계, 고려대 민족문화연구소.
안병희·이광호(1990), 중세국어문법론, 학연사.
왕문용(1996), 국어의 통시적 연구에서의 형태 분석, 국어학27, 국어학회.

여찬영(1975), 중세어 부정법 소고, 연세어문학6, 연세대.

유동석(1991), 중세국어 객체높임법에 대한 통사론적 접근, 국어학의 새로운 인식과 전개, 민음사.

유창균(1994), 향가 비해, 형설출판사.

이광호(1990), 중세국어 호격조사의 통사 특성, 국어학논문집, 태학사.

이기갑(1981), 씨끝 '아'와 '고'의 역사적 교체, 어학연구17-2, 서울대 어학연구소.

이기문(1986), 국어사 개설, 탑출판사.

이상복(1983), 한국어의 인용문 연구, 국어의 통사·의미론, 탑출판사.

이승욱(1973), 국어 문법체계의 사적 연구, 일조각.

이익섭(2000), 국어학개설, 학연사.

이은규(1993), '향약구급방'의 국어학적 연구, 효성여대 박사학위논문.

이정택(1993), 15세기 국어의 입음법과 하임법, 연세대 박사학위논문.

이현규(1995), 국어 형태 변화의 원리, 영남대 출판부.

이현복(1989), 한국어의 표준발음, 교육과학사.

이현희(1982), 국어의 의문법에 대한 통시적 연구, 국어연구52, 서울대 국어연구회.

임지룡(2005), 학교문법과 문법교육, 박이정.

전정례(1995), 새로운 '-오-' 연구, 한국문화사.

정재영(1997), 명사의 문법화, 규장각20, 서울대 규장각.

정호완(1987), 후기 중세국어 의존명사 연구, 학문사.

조남호(1996), 중세 국어 어휘, 국어의 시대별 변천·실태 연구1, 국립국어연구원.

차윤정(1996), 15세기 국어 이유구문에 대하여, 우리말연구6, 우리말연구회.

최남희(1996), 고대국어 형태론, 박이정.

최동주(1996), 중세 국어 문법, 국어의 시대별 변천·실태 연구1, 국립국어연구원.

최전승(1995), 한국어 방언사 연구, 태학사.

최현배(1971), 우리말본, 정음사.

한재영(1998), 16세기 국어의 대우 체계 연구, 국어학31, 국어학회.

허 웅(1995), 20세기 우리말의 형태론, 샘문화사.

허원욱(1988), 15세기 우리말 매김마디 연구, 한글200, 한글학회.

홍사만(2003), 국어 어휘의미의 사적 변천, 한국문화사.

홍윤표(1992), 근대국어의 통사론, 동양학22, 단국대동양학연구소.

홍종선(1998), 근대국어 문법의 이해, 박이정.

Anderson, S.(1984), On the development of morphology from syntax, Fisiak, J. ed.

Lightfoot, D. W.(1979), Principles of Diachronic Syntax, Cambridge University Press.

Traugott, E & B. Heine eds.(1991), Approaches to Grammaticalization vol. 1-2, John Benjamins Publishing Company.

| 찾아보기

ㄱ

가변어 85
가획자 277
간음화(間音化) 53
간접발화 229, 230
간접인용문 178
간투사 261
감탄사 85, 153
감탄형 93
강세 29, 38
강조법 173, 189
개념 202
개념설 202, 204
개념적 의미 205, 215
개별성 14, 16
객체대우법 173, 181, 182, 183
거센소리(유기성) 16
격 173
격식체 184
격음화 52, 53, 282
격조사 18, 91, 95, 99
결속구조 242
결속성(cohesion) 242
경구개음 32, 33

경구개자음 48
경북 방언 206
경음 54
경음적 자질 43
경음화 55, 282, 311
계림유사 282
계열적 관계 65, 66
계층구조 134
고대 국어 21, 281, 284
고유어 122, 123
고저 29, 38
곡용 91, 95
공대어 116
공동격조사 285
공시적인 연구 방법 20, 21
공시태 20, 272
공용어 311
과거 187
과거시제어미 51
과도음 36
관계관형절 167
관계언 85
관계의 원칙 231

관계절 165, 169
관사 71
관용 표현 116, 118
관용어 118
관할 158
관형격조사 95, 97
관형사 84, 85, 148
관형사성 접두사 74
관형사형 148
관형사형어미 94
관형어 18, 136, 148, 149
관형절 149, 167
관형화 내포문 171
교착 17
교착성 17
교착소 91
교착어 17, 69
교체 66
교체검증법 215
교훈(교시) 266
구 61
구개음화 49, 50, 282, 283, 307
구결(口訣) 275
구절구조 규칙 135
구절표지 135
구정보 228
구조기술 언어학 61
구조주의 41
구조주의 언어학 13
구조주의 언어학자 소쉬르 65
국문연구 의정안 301
국어 15
국어사 273

국어의 로마자 표기법 311
국어의 변화 281
국어의 시대 구분 273
국어의 품사 분류 84
굴곡적 방법 175
그라이스 230
극성대립어 217
근대 국어 21, 282
금석문 281
기능 83
기본자 277
기본적인 의미 206
기젤라 치포눈 237
긴밀성 245

ㄴ

나무꼴 그림 135
낭음적(sonorant) 자질 41
낮춤법 182
낱말 59, 61, 68, 201
내포문 153, 158
내포적 의미 206
논평 228, 229
논항 143
느낌말 153, 155
능격동사 88, 143
능동 표현 192
능동문 192
능력부정 193

ㄷ

다의관계 219
다의어 214, 219
단모음 36
단모음화 52, 53, 282
단순문 140, 158, 159
단순부정 193
단어 59
단어 형성법 72
단음화 54
단일어 72
담화(discourse) 18, 201, 228, 235, 237
담화 (화용)표지 260, 261
담화(텍스트) 61
담화성(텍스트성) 240, 265
담화의 기능 238
담화의 내용구조 265
담화의 형식구조 250, 265
대격조사 284
대등 접속문 160, 161
대등적 연결어미 93
대립 기제 19
대립관계 216
대립어 125, 216
대명사 66, 84, 85
대용 253
대용어 209
대우법 21, 180, 287, 312
도상성(iconicity) 13
도치 140
독립어 136, 153
독립언 85

동격관형절 167
동사 85, 88, 91
동사구 내포문 165, 170
동사문 156
동위관계 214
동음관계 214, 220
동음생략 283
동음어 214, 221
동의관계 214
동의문 222, 223
동의성 223
동의어(synonym) 214
동작 동사문 156
동화 46, 49
된소리 307, 310
두음 법칙 307
두음법칙 47
듣기 263
디딤말 261
띄어쓰기 302, 304, 312

ㄹ

'르' 탈락 53
랑그(langue) 13, 203
로쉬 204
리치 205

ㅁ

마찰음 32
마침법 16, 17, 165, 173, 175
말하기 264

명령문 157
명령법 175, 178
명령어미 51
명령형 89, 93
명사 17, 76, 85
명사 상당어구 139
명사구 139, 145, 147
명사구 내포문 165, 170
명사절 139, 147, 166
명사형어미 94
명사화 내포문 171
명사화어미 312
명제 260
모순 218
모음 32, 311
모음조화 49, 51
목적격조사 95, 145
목적어 18, 136, 145
목적형 89
문법 16
문법 범주 172
문법 요소 308
문법 형태소 135
문법적 의미 308
문법적 형태소 67
문법화 308
문자언어 311
문장 61, 133, 201, 236
문장 성분 18, 136
문장 의미 226
문장의 구조 159
문장의 연쇄체 249
문장의 의미 222

문장의 종류 18
문장의 확대 160
문장종결조사 91
문체법 173
문학 266
문학의 기능 266
미래 187

ㅂ

반모음 36, 51
반모음화 52
반복 144
반언어적 표현 264
반영적 의미 207
반의관계 125
반의대립어 217
반의어 125, 217
반자음 36
받침의 발음 311
발화 201, 236
발화 의미 226
발화시 186, 187
발화의 연쇄체 249
발화행위 229
방언 15, 105
방향대립어 218
배의성(motivation) 19
배타적 217
범시적 연구 방법 21
범용어미 176
변별적 기능 29, 38
변별적인 음성자질 41

변이음 31
변이형태 62
변형 18
변형규칙 135
변형문법 이론 224
변형생성문법 134
변형생성주의 41
변형생성주의 언어학 13
병렬합성어 81
보격조사 95, 97
보문 165, 169
보문소 169
보문자 169
보어 136, 147
보임말(제시어) 153, 155
보조사 91, 95, 97, 99, 284
보조용언 144, 308, 312
보조적 연결어미 93
보통학교용 언문철자법대요 301
보편성 14, 16
복합문 140, 158, 160
복합어 19, 72
본용언 144, 308
부름말 153, 154
부름말(호격어) 153
부분동화 49
부분장 216
부사 76, 85
부사격조사 95, 97
부사성 접두사 75
부사어 18, 136, 150
부사절 167
부사형어미 51, 94

부음 37
부정 의문문 18
부정문 194
부정법 173, 193, 194
분리성 71
분석주의 관점 70
분절음 26, 29, 45
분화위치 48
불구동사구 내포문 170
불변어 85
불변화사 261
비격식체 184
비밀어 116
비분절음 26
비언어적 표현 264
비음 32, 34, 55
비음적 자질 42
비음화 49, 50
비종결어미 93
비통사적 합성어 78, 80
빈자리 211
빠롤(parole) 13, 203

ㅅ

3자리 서술어 142
사건시 186, 187
사동 표현 190
사동문 190, 191
사동법 173, 190, 191
사동사 77
사동접미사 54, 77
사동접사 54

사동주 190
사회 방언 272
사회성 14
사회적 의미 206
삼국사기 281
상관 16
상대관계 214
상대시제 188
상대어 125
상대적 동의어 214, 215
상보대립어 217
상보적 62, 286
상보적 분포 29
상승적 반모음 36
상위어 126, 214, 215
상태 동사문 156
상하관계 126, 214, 215
상호담화성(intertextuality) 244
상황성(situationality) 244
상황의존어미 176, 178
상황의존적 언어 18
생략 144
생사 대립 19
서법 173, 186
서법어미 92
서술격조사 66, 85, 91, 95, 97, 284
서술문 157
서술법 175
서술어 18, 136
서술절 166
서술형 93
서열관계 211, 212
석의(釋義) 275

선어말어미 69, 92, 139
선언기능 239
선형구조 134, 222
설명의문문 208
설첨적 자질 42
성문음 32, 33
성상관형사 89, 150
성상형용사 88
성절음 52
성절적(syllabic) 자질 41
소음적 자질 42
속격조사 284
속담 118
속어 105, 116, 117
속음적 자질 42
수관형사 89, 150
수사 85, 87
수식언 85
순행동화 50
시니피앙 13, 203
시니피에 13, 203
시제 186
시제법 164, 173, 186, 187, 288, 312
시제어미 92
신정보 228
신조어 241
심리적 태도 248
심층구조 134, 135, 224
쓰기 265

ㅇ

1자리 서술어 142

2자리 서술어 142
약속형 93
양분대립어 217
양순음 32, 33
양용동사 143
양의 원칙 231
어간 91, 92, 307
어근 17, 73, 77
어금니 소리 279
어말어미 92, 93
어미 17, 91, 92, 307
어순 18, 208
어종 122
어휘 16, 103
어휘삽입 규칙 134, 135
어휘소(lexeme) 20, 103, 209, 210, 308
어휘소의 변이 105
어휘의 양상 105
어휘적 의미 308
어휘적 형태소 67
억양 16, 29, 39
언문철자법 301
언어 기초 203
언어유형론적 특징 17
언어의 기능 250, 271
언어의 변화 272
언어의 본질 271
얹힘운소 38
여격조사 285
역사성 14
역행동화 50, 52
연결어미 51, 93
연구개음 32, 33

연구개자음 48
연상의미 215
연어적 의미 207
연음 48
연음적 자질 42
예사소리 310
오그덴과 리차즈 203
완곡어 116, 118
완곡어법 214
완전동화 49, 50
완형동사구 내포문 170
외래어 122
외래어 표기법 303, 304, 311
외연적 의미 205
용법설 204
용언 76, 85
용인성(acceptability) 243
운소(prosodeme) 28, 29, 38
운율소 29, 38
움라우트 49, 51, 52, 282, 283
원격동화 49, 52
원순모음화 283
원순모음화 현상 282
원형이론 204
위상 대립 19
위상적 변이 105
유기적 자질 43
유성음 31, 44
유성음화 45
유성적 자질 43
유속합성어 81
유연성 219
유음 32, 35, 54

유음화 49, 50
유의관계 124
유의어(類義語) 124, 214
융합합성어 81
은어 105, 116, 117
음성 25, 26, 201
음성언어 311
음성자질 40, 45
음성적 구개음화 51
음성학 26, 28
음소(phoneme) 28, 30
음소주의(표음주의) 303
음운 16, 27, 28, 61
음운 규칙 43
음운 변동 40
음운 변천 40
음운 변화 283
음운 현상 46
음운론적 이형태 64, 65
음운의 변이 40, 77, 80
음운의 변화 281
음운적 방법 175
음운학 28
음의 동화 311
음의 첨가 311
음절 39, 46, 61
음향 25, 26
음향음성학 27
응집성(coherence) 241
의도성(intentionality) 242
의도형 89
의무기능 239
의문대명사 260

의문문 157
의문법 175, 178
의문형 93
의미 83, 122, 201, 202
의미 성분 209
의미 자질 209
의미관 202
의미관계 214
의미성분 205
의미소 208
의미의 중화 218
의미자질 205
의미장(어휘장) 211
의미장(어휘장) 이론 216
의미장의 빈자리 211
의성어 51
의소 208
의존명사 71, 307, 312
의존성 308
의존용언 71, 144
의존형태소 67
의태어 51
의향법 173
이도(吏道) 274
이동규칙 135
이두(吏讀) 274
이야기 237
이음(allophone) 31
이음말 153
이중모음 36, 52
이체자 277
이토(吏吐) 274
이투(吏套) 274

이형태 62
이화 283
인용절 168
인접동화 49, 50
인지언어학 13, 204
인지적 의미 205
인칭대명사 181
일관성 241, 250
읽기 265
입술가벼운소리 280
입술소리 280

ㅈ

자극-반응 203
자기대우법 181
자동사 88
자립성 71, 308
자립형태소 67
자유변이음 32
자음 32, 311
자음군 단순화 47
자음적 자질 41
자음적(consonantal) 41
자의성(arbitrariness) 13
자타 대립 19, 20
장단 29, 38, 39
장면 227
장음화 283
재귀대명사 139
전문어 105
전방적 자질 42
전설모음 51, 283

전성어미 93, 94
전제 223, 224
전체장 216
전치사 71
절 61
절대시제 188
절대적 동의어 214, 215
절충주의 관점 70
접두 파생어 73
접두사 17, 73, 307
접미 접생어 75
접미 파생어 73, 75, 77
접미사 73, 307
접사 17, 68, 73, 77
접속 254
접속문 158, 160, 164
접속부사 153
접속조사 63, 91, 95, 98, 99
접촉기능 239
정도반의어 217
정보성(informativity) 243
정서 대립 19
정서적 의미 206
정지음 34
제보기능 238
제약 46
제자해 277
조격조사 284, 285
조사 19, 71, 84, 85, 91, 307
조선관역어 282
조어법 72
조음 방법 32
조음 위치 32

조음방법 자질 42
조음위치 동화 49, 52
조음위치 자질 42
조음음성학 27
종결법 173
종결어미 16, 93
종성부용초성 280, 312
종속 접속문 160, 161
종속적 연결어미 93
종적인 교체관계 65
종지법 173
주격조사 63, 95, 284
주동문 190
주어 18, 136
주음 37
주제의미 215
주제적 의미 208
주체높임 69, 139
주체높임어미 92
주체대우법 173, 181, 182
준말 307
준실사 308
중부 방언 206
중세 국어 21, 281
중의문 223
중화 48, 218
중화위치 48
지배적 접사 73
지시 표현 246
지시관형사 89, 150
지시대명사 253
지시설 202
지시용언 253

지시형용사 88
지역 방언 272
지정사문 156
직접발화 229
진행형 89
질의 원칙 231

ㅊ

차용 표기 274
차자 표기 274, 276
처격조사 285
첨가 46, 54, 81
청유문 157
청유법 175, 179
청유어미 179
청유형 89, 93
청자 중심적인 언어 18
청자낮춤 181
청자높임법 154
청자대우법 173, 181, 182, 183, 184
청취음성학 27
체언 71, 84, 85, 147, 307
초분절음소(suprasegmental phoneme) 29, 38
초점 208
촘스키 134
최소대립어 29
축약 46, 52, 283
치조음 32, 33

ㅋ

쾌락 266

ㅌ

타동사 88, 145
타인대우법 181
탈락 46, 81, 283
태도의 원칙 231
텍스트 237
토 275
통사규칙 222
통사론적 구성 133
통사적 합성어 78
통시적인 연구 방법 20, 21
통시태 20, 272
통신언어 241
통합적 관계 65, 66

ㅍ

파생어 19, 54, 72, 73
파생접미사 17
파생접사 73
파열음 32, 34
파찰음 32, 34
평서형 93
폐쇄음 34, 54
표기법 299
표면구조 135, 224
표준 발음법 311
표준어 15, 302

표준어 규정 310, 311
표준어의 기능 303
표준이론 134
품사 71, 83, 122
품사의 통용 84
피동 표현 192
피동문 192
피동법 173, 192
피동사 77
피동접미사 54, 77
피동접사 54
피사동주 190
필수성분 140
필수적 부사어 147, 151

ㅎ

하강적 반모음 36
하대어 116, 117
하위어 126, 214, 215
한국어 15
한글맞춤법 302, 311
한글맞춤법 통일안 301
한자어 122, 123
한정적 접사 73
할당 143
함수관계 249
함의 126, 216, 223, 225
합성법 160, 72
합성어 54, 72, 78, 81, 307
행동주의 심리학 203
행동주의설 203
향가 275

향약구급방 282
향찰(鄕札) 275
허락형 93
허사 308
현대 국어 21, 283
현재 187
현토 275
협력 원리 230, 264
혓몸 자질 43
혓소리 279
형용사 17, 85, 88, 91
형용사문 156
형태 83
형태관계 214
형태론적 구성 133
형태론적 이형태 64
형태소 59, 61, 133
형태주의(표의주의) 303
호격조사 95, 97, 153, 284, 286

호소기능 239
화용론 236
화용적 변이 105, 116
화자 중심적인 언어 18
화자낮춤어미 92
화자대우법 173, 185
화제 228, 229
확인 의문문 248
환언 동사문 156
활용 54, 89, 91
활용어미 19
활음 36
횡적인 연쇄관계 65
후설모음 51
후핵 언어 18
훈민정음 276, 277
훈민정음해례 280
휴지 47

김태엽　대구대학교 사범대학 국어교육과 교수(문학박사)

저서로는 『경북말의 높임법 연구』(1996, 태학사), 『우리말의 높임법 연구』(1999, 대구대출판부), 『경북말의 문법』(1999, 도서출판 사람), 『국어 종결어미의 문법』(2001, 국학자료원), 『취업 작문』(2003, 대구대출판부), 『한국어 문법의 양상』(2005, 대구대출판부), 『한국어 대우법』(2007, 도서출판 역락), 『언어와 문학』(1992, 공저, 대구대출판부), 『내일을 위한 방언 연구』(1996, 공저, 경북대출판부), 『의사표현의 이론과 실제』(1997, 공저, 대구대출판부), 『영남지역의 언어와 문학』(2003, 공저, 대구대출판부)이 있다. 그리고 「국어 대우법의 체계화 문제」(2007) 외 70여 편의 논문이 있다.

국어학 개론

초판 1쇄 발행 2008년 3월 10일
초판 2쇄 발행 2009년 3월 10일
지은이 김태엽
펴낸이 이대현 | 편집 권분옥
펴낸곳 도서출판 역락 | 등록 제303-2002-000014호(등록일 1999년 4월 19일)
주소 서울시 서초구 반포4동 577-25 문창빌딩 2층
전화 02-3409-2058 | 팩시밀리 02-3409-2059 | 전자우편 youkrack@hanmail.net
ISBN 978-89-5556-593-5 93710

정가 13,000원
■잘못된 책은 교환해 드립니다.